ZERO

Zilch: The Power of Zero in Business

ゼロのちから

成功する非営利組織に学ぶビジネスの知恵 11

ナンシー・ルブリン
関美和［訳］

英治出版

ZILCH

The Power of ZERO in Business

by

Nancy Lublin

This edition published by arrangement with Portfolio,
a member of Penguin Group (USA) Inc.
through Tuttle-Mori Agency, Inc., Tokyo

はじめに

つい先日、**超巨大な多国籍企業**の本社で、会議に参加していたときのことだ。

私たち八人は、消滅寸前のどこかの熱帯雨林から採ってきたに違いない、信じられないほど立派な樹でつくられた、ゴージャスでバカでかいテーブルのまわりに座っていた。真ん中に置かれたおしゃれな電話機は、ほかの三つの都市につながっている――その会社の媒体担当者と、制作会社の代表者と、ブランド戦略の担当者だ。テーブルの上には、ホワイトチョコのチップ入りの超豪華サイズのオートミールクッキー。できたてほやほやの甘い香りが部屋に充満している。

私たちは新しいキャンペーンの立ち上げを話し合っていた。クラッカーでも鳴らすほどの祝賀ムードでもおかしくない。**しかし前日になって、広告予算がカットされたのだ。**部屋にいた人たちはみんな、がっかりしているか、パニックになっているかのどちらかだった。電話から聞こえるだれかの声は、おたがいにぶつぶつとなぐさめ合うものばかり。

部屋のなかでもっとも現実的にものを考えられる人――二人いた――は、まだ望みを捨てずに、この悩ましい「金欠」という問題への答えを見つけようとしていた（広告費はたった二〇〇万ドルに減らされていた）。いちばん偉い重役――彼は、見たこともないほど素敵なハンドメイドの革靴を履いていた。イーベイ[1]で片方だけ売れば、一年間ほどルワンダの家族を六世帯は養っていけそうだった――が、なんとかする方法を思いついた、と言いだした。みんなで他の部署に頼んで、いろいろな予算を削って金を用立ててもらおうと言うのだ(「ほんの一五〇万ドルのはした金だ」)。みんなが賛成した。一人はすぐにブラックベリー[2]をいじりはじめた。「よっしゃ、乗った」「スポーツ・マーケティング部の交際費からいくらか引き出せるはずだ。あと、グローバル・マーケティング部にも余ってる予算があるはずだから」だれもがほっとした様子だった。広告費が足りないときのベストな対応は? もちろん、もっとお金をもらってくることだ。

「カネがない」というのは、私にとってはおなじみの問題だったけれど、彼らにとって当たり前らしいこの対応は、私には当たり前ではなかった。これまでずっとNPOを運営してきた私にとって、どこかから盗んでこられるようなバカでかい予算などなかった。それで、おそるおそる熱湯につま先をちょっとつけるように、それなりにスマートで費用のかからない方法をいくつか、やんわりと切り出してみた。「ツイッター[3]などの無料のオンラインメディアを宣伝に利用してみたら?」沈黙。「流通チャネルとの提携はどう?」さらに沈黙。「イベントをやったり、流行のトレンドにのったりして、タダで口コミを広められないかしら?」

みんなが私を黙って見つめた。まるで、目が三つで腕が六本ある地球外生物を見るような目つきで。〝この変な生き物はいったい何?〟〝彼女がしゃべってるのは何語?〟〝どうやって警備にひっかからずにこの部屋に入ってきたの?〟

みんなが黙ったままなので、私も黙っていた。そしてハッと気づいた。私はみんなと違う考え方

1) eBay:米国の大手インターネット通信販売、オークションサイト。

2) BlackBerry:カナダの通信機器メーカー、リサーチ・イン・モーションが開発・製造する携帯情報端末。欧米ビジネスパーソンに広く普及している。

3) Twitter:米国ツイッター社が運営するソーシャル・ネットワーキングおよび簡易投稿サービス。140文字以内の短文を投稿・閲覧できる。2006年にジャック・ドーシーが創立。

をするのだ。私はここにいる人たちとは違う。たぶん、みんなにとってはエイリアンなのだ。変な場所からやって来た――「ゼロ」の国から。でも私だけじゃない。私みたいな変人はたくさんいる――非営利組織のリーダーたちは、みんなそうだ。

私はとくに才能があるわけではない。ただ単に、ＮＰＯは少ないもので多くをやることがうまいだけだ。だって「ゼロのちから」を知っているから。

私たちは、スタッフが五時を過ぎても一生懸命に創造力と情熱をもって働く気にさせる。しかもほんのちょっぴりの給料で。

理事会の役員たちに、ほんとうに組織のために価値のあることをしてもらう。しかも役員たちに一円も払わずに――逆に彼らのほとんどが私たちにお金をくれる。

寄付をしてくれそうな人たち（お客さまとも言う）をなんとか説得してお金を出してもらうけれど、ほとんど何もお返しを約束できない。できることといったら、知識をお返しすることと、「何か善いことをした」というあいまいな満足感を与えられるだけだ。

私たちはボランティアにおどろくような成果をあげてもらう。たとえば、お家や運動場をつくってもらったり、何百万ドルという寄付を集めてもらったりする。しかも、採用時に面接できびしくふるいにかけたり、報酬をはずんだり、やめさせるぞと脅したりするわけでもない。

そんなわけで、この豪華な本社会議室のテーブルの上で逆立ちしたり、側転したりするかわりに――おいしそうなクッキーを台無しにしたくなかったので――彼らのために、このＮＰＯエイリアンが伝えられる教訓を書きとめることにした。そして本にしようと思った――ビジネス本でないといけない。それこそ私がやってきたことだから。私はこの一七年間、NPOを経営してきたのだ。**もしあなたが「もっと善いことを行う」ための本だと思って読んでいるなら、それは見当違いだ。**この本は企業が社会にもっと貢献するよう説いた説教本ではない。「禅」とか「使命」とかいう言葉も出てこない。自己を発見し、よいカルマを生みだすための、スピリチュアル系の本でもない。蛍光ペンを手に読むのはいいけれど、ろうそくは持たないでほしい。

NPOは営利企業のようにふるまうべきだ、とだれもが口にする。そして、それは正しい。NPOはいろいろな文献を読んで、ベストプラクティスを学んできた——私自身、一九九六年にドレス・フォー・サクセス(4)を立ち上げたときには、ハーバード・ビジネススクールで扱われたダンキンドーナツ(5)の事例をお手本にした。産業界からすばらしい人材を採用して、組織を率いてもらい、ベストプラクティスを取り入れてきた。サービスに課金したり、競争優位をきちんと収益化して、持続可能な組織をつくることを学んできた。営利企業を見習って、自分たちをただの「変化のきっかけ」以上のものとして考えるようになった——つまり、私たちは変革を起こす組織だ。そう、変革者だと。

近頃、私たちは確立したブランドと輝かしい歴史を持つ多くの巨大営利企業が崩壊するのを目の当たりにしてきた。もしかして、そうした利益のない企業を「非営利」と呼ぶべきなのか？　**有能な非営利組織のリーダーなら決して犯さないような判断ミスや業務ミスを、営利企業の経営者は犯している。**

もちろん、営利企業がみんな倒産しかけているわけでもなければ、大量の首切りをしようとして

4) Dress for Success：著者ナンシー・ルブリンが創業した、低所得の女性にスーツ等の衣料品やキャリア開発プログラムを提供して自立を支援する非営利組織。米国、カナダ、メキシコ、英国、オーストラリア、ニュージーランド、オランダ、ポーランドなど幅広い地域の女性を対象とし、年間 5 万人以上を支援している。

5) Dunkin' Donuts：米国はじめ世界 31 カ国でフランチャイズ展開している世界最大のドーナツ店。

いるわけでもない。とはいえ、傾きかけていない会社でも、予算を削り、より斬新で効率的な戦略を探し、少ない人員で少しでも生産性を上げようと努力している。だれもが、一ペニーまで気にかけ、一セントからでもなんらかの価値を絞り出そうと必死だ。

こうしたことは、私たち非営利の世界で、何年もやってきたことだ。これまで何年ものあいだ、非営利セクターは、より組織的に、より利益を生み出し、より戦略的に、より営利企業のようになるよう言われてきたが、その振り子が今や反対に傾いている。**今では、聞く耳をもち、学びたいという企業に対して、私たち非営利組織が教えられることがたくさんある。**

私は、ほかのNPOの友人たちに話を聞き、営利企業にも役立ちそうな非営利の「仕掛け」を聞き出した。そして、非営利が与えられる知恵は、ひとつのコンセプトに集約されることに気づいた。それが、「ゼロのちから」だ。**人材も、費用も、職場も、仕事相手も、すべて、少ないものから多くを生みだすのが非営利組織だ。**ゼロから始めるのは当たり前。それは、私たちにとって日常的な問題だ。「ゼロ」から始めることで、私たちはより革新的に、より情熱的に、より創造性豊かになれる。予算の削減をグチるのをやめて、もし何もなかったらどうするか考えてみよう。ゼロのちからに驚くに違いない。

なにも、私はNPOのやり方でなんでも解決できると言っているのではないし、また非営利のやり方がすべて営利企業にあてはまるとも思っていない。NPOだって完全じゃないのだから！　それでも、企業経営者たちが非営利組織のベストプラクティスから学べることは多い。

NPOは、大企業と違って、買収によって拡大することはできないが、提携によって成長することはできる。

私たちは、大企業のように経験や能力のある社員に地位を与えることはできないが、胸に煮えたぎるような情熱を抱えた人たちを見つけて、その情熱を燃やせる仕事を与えることはできる。

私たちは、金のかかる市場調査を行ってブランドを構築するわけではないが、ユニークで、シンプルで、一貫性があって、今の時代に合うようなブランドを上手につくることができる。

私たちは、賢い企業と同じようにイノベーションを起こし、結果を出すことで生き残り、成功する——そして、この一〇年のあいだに、多くのNPOが、世界を変えるような、だれもが称賛するすばらしい成果をあげている。ＮＰＯがどれほど広く浸透し、影響をもつようになったかを知れば、読者のみなさんも驚かれるかもしれない。と言っても、赤十字や救世軍のような巨大な組織のことではない。私の頭にあるのは、この一〇年間に生まれたもっとも偉大な組織——だれもが知るブランドとして急成長し、ワンアンドオンリーの事業を行っている組織だ。その中のいくつか、たとえばウィキペディアやモジラ（インターネットブラウザのファイアフォックスをつくった会社）は非営利だ。

もちろん、NPOならなんでもいいというわけではない。どうしようもない非営利組織もある。非営利組織のリーダーの中には、まったく無能な人間もいる。そのことについて語るつもりはない。そうした組織やリーダーには取材していないからだ。そのかわり、**私は世界的に有名な非営利界の「スター」たちに話を聞いた。**ドナーズチューズのチャールズ・ベスト、ティーチ・フォー・アメリカのウェンディ・コップ、ウィキペディアのジミー・ウェールズ、ボランティアマッチのグレッグ・ボールドウィン、モジラのジョン・リリー、ウィメン・フォー・ウィメン・インターナショナルのザイナブ・サルビ、そしてその他の十数名のリーダーたちだ。彼ら彼女らの物語と戦略が、この本のいたるところにちりばめられている。また、ドレス・フォー・サクセスを創立し、一〇代の若者たちが社会変革に参加するためのアメリカ最大の組織、ドゥ・サムシング[6]を運営してきた経験から得た私の考えも紹介したい。非営利のリーダーたちが時間をとって率直に話してくれたことと、彼らの友情に感謝している。自分が変わり者だとしても、心根のやさしい友人がいることを幸運に思う。

私は、こうしたリーダーに共通の経験から、一一の教訓を引き出した。なぜ一一か？　非営利の世界は一〇では終わらないからだ。一〇では足りない。非営利以外の人々は、みな一から一〇の間をめざす。**非営利の世界はゼロから始まって一一の結果を出す**。もし無給のインターンに、何かを成し遂げるためにどのくらい必死に働けばいいかと訊かれれば、私は、二倍とか三倍とか言わないし、一〇倍とも言わない。この業界で成功したい？　ならば、何ももらわずに一一まで働くことだ。

6)　DoSomething：10代の若者のためのボランティア仲介サイトを運営する非営利組織。米国の俳優アンドリュー・シューが1993年に創立、2003年に本書の著者ナンシー・ルブリンがCEOに就任。

3 外部の人材を活用する 73

4 賢くお願いする 99

6 役員にもっと働いてもらう

7 能力を引き出す人事を行う

8 ストーリーを知ってもらう 201

9 財務を上手に管理する 231

CHAPTER

1

社員のやる気を最大化する

社員に給料を払えば払うほど、会社のためにたくさん賭けてくれる。これは長年の産業界の常識だった。二〇〇八年を振り返れば、それが大きな間違いだったことがわかるはずだ。ウォール街にとって、二〇〇八年は災厄の年だった。ベア・スターンズとリーマン・ブラザーズが突然破綻した。生き残った会社も何十億、何百億ドルというお金を失った。さらに何千億ドルもの時価総額――そして株主の貯金――が消えた。それなのに、ウォール街で働く人たちは、およそ一八四億ドルものボーナスを手にした。これは史上六番目に大きなボーナスの支払い額だ。最近の報酬調査によると、金融業界のエグゼクティブの平均給与は、実はこの年に三・七％上がっていた。実績に見合った報酬制度とやらはいったいどこにいったのだろう？

つまり、こういうことだ。**金銭による報酬は、すばらしい業績や目をみはるような結果につながらない。**自分の仕事を心から愛している人、そしてなぜその仕事についているかきちんと自覚している人を一〇人思い浮かべてほしい。給料は二倍だが仕事に対する愛や理解がない人たちよりも、その一〇人はきっと、勤勉で、発想が豊かで、結果を出しているはずだ。昔は、お金がやる気につながっていたかもしれないが、今ではそれ以外の要素が同じだけの、あるいはより大きなモチベーションになっている。ガールスカウト[1]の元CEOで、非営利経営のためのピーター・F・ドラッカー財団の理事長を務めたフランシス・ハッセルベインは、こう言う。「**お金だけでやる気になる人はほとんどいません。やる気のある社員のほとんどは、会社の目標と自分の目標が同じなのです**」ほとんどの人たちは、人生からお金以上のものを得たいと思っている。心の充足、達成感、成功によって得られる名声といったあらゆるものを。私たちの社会は変わっているのに、企業はそれ

1) Girl Scouts：1912 年に米国でジュリエット・ゴードン・ローが設立した少女教育団体。現在、ガールガイド・ガールスカウト世界連盟には 145 の国と地域が加盟し 1000 万人の会員を擁する。

に追いついていない。

アトランティック・メディアカンパニーとコーン社が行った最近の調査（AMP／Cone）によると、**回答者の七七％は企業の社会貢献が仕事を選ぶ上で重要な要素だと答えている**。そして、コーン社によると、アメリカ人は、景気が良くても悪くても企業が社会的に責任ある行動をとることを期待しているという。言いかえれば、企業を測る尺度として利益は唯一のものでも真っ先にくるものでもなく、必ずしもお金がいちばん大切ではないということだ。情熱をいちばんの理由にして仕事を選び、給料は二の次でいいという人はますます増えている。最近の『ニューヨークタイムズ』誌の記事によると、転職を考えているベビーブーマーたちは、これまでにないほど「やりがい」を求めて仕事を選ぶという。ミリアム・カトウィッツ(2)に、なぜストックオプションと名声を捨てて、マンハッタンのナインティセカンドストリートY(3)で地味な仕事についたのかと訊くと、こう答えてくれた。「ナインティセカンドストリートYは、活気にあふれているの。その建物に入ると、わくわくするようなざわめきが聞こえるわ」カトウィッツは言う。「ここは、私が情熱をもてる場所なの」

なにも私はお金が大切じゃないと言うのではない。お金は成功を測る重要な目安のひとつだ。この私だって、まともな家に住み、素敵な靴を買い、お隣さんと同じくらいには子供たちをちゃんと養っていきたいと思う。それに、給料が高いと生産性が下がるとも言っていない。ウン十億ドルも稼ぐ、途方もない高給取りもいる。しかし、実業界のスーパースターたち、たとえば、スティーブ・ジョブズやビル・ゲイツは、もっと金持ちになるために今の仕事をしているのではなく、それ

2) Miriam Katowitz：HSBCの役員を辞めて92nd Street Yの財務顧問となった。その後、非営利組織Educational AllianceのCOOに就任。

3) The 92nd Street Young Men's and Young Women's Hebrew Association：マンハッタンにある文化施設・コミュニティセンター。

が好きだからやっているのだと公言している。彼らが一日二〇時間も働き続けるのは、いまさらもっと金を稼ぎたいからではないだろう。先駆者になり、業界を変革し、新たな基準をつくり、顧客が目標を達成するのを助け……そして楽しむためにそうしているのだ。自分の仕事にプライドをもつ人たち――その仕事が自動車の製造だろうが、孤児を救うことだろうが――は、よりよい結果を残す。

多くの企業はこれに気づかないか、理解できない。**全員が金で動くと信じることで（そしてそのように行動することで）、社員のやる気を削ぎ、生産性を損ねている。**金銭報酬へのこだわりは、営利企業に深く根をおろしている――つまるところ、営利企業は利益を追求する組織なのだから――そして、私もそれをやめろと言っているわけではない。私が言いたいのは、企業が給与や報酬をより広い意味でとらえれば、働く人たちがもっとやる気になり、上をめざそうとするということなのだ。

非営利組織は、やむにやまれず、あの手この手で人々をやる気にさせてうまく働かせるやり方を学んできた。ほとんどのNPOは、スタッフに多額の給料を支払う余裕はない。もちろん、目が飛び出そうな例外もある。かつては非営利だったニューヨーク証券取引所（NYSE）の経営を任されたディック・グラッソは一億二〇〇〇万ドルを手に入れ、NFL（そう、ナショナル・フットボールリーグは正確には非営利組織なのだ）のコミッショナー（つまりCEOだ）、ロジャー・グッデルは一二〇〇万ドルの給料をもらっていた。法的にも倫理的にも、非営利組織が多額の給与やボーナスを支払ってはいけないという決まりはない。事実、グラッソの事件[4]では、非営利組織の

4） グラッソは巨額報酬への非難を浴び2003年にNYSE会長を辞任した。

給与は、理事会が類似企業との比較で決めていいことが認められた。法廷は、理事会が報酬を公正に決めていた以上、ディック・グラッソは、その山と積まれた札束をポケットにしまいこんでもいいと言ったのだ。しかし、ほとんどの理事会（と支援者）は、過大な報酬には眉をひそめ、社会貢献活動にその金が使われることを望む。だから、非営利組織は、ふつう社員にあまり給料をはずまない。非営利組織は、意義ややりがいを提供することで、人材を確保しなければならない。非営利組織のスタッフは営利企業の社員と遜色のない資格や情熱を持っている。**実際、いまアイビーリーグの大学の卒業生たちのあいだで、いちばん競争率の高い就職先はどこか？　ティーチ・フォー・アメリカだ。**(5) 給料は悲惨なほど安いのに、この組織の人気はものすごく、二〇〇九年には応募者の一割弱しか採用されなかった。

それでも、ティーチ・フォー・アメリカのスタッフはなんらかのお給料をもらっている。非営利のスタッフのほとんどは無給だ。そう。タダ。何ももらわない。ゼロだ。そうしたボランティアを使いこなすのは、ほんとうに難しい。まずい食事の後に出てくるとびきり美味しいデザートのような、相手をつなぎとめるための金銭的なインセンティブもないのに、才能のある人材をどうしたらやる気にできるのか？　ボランティアの場合は、クビにすると脅かすこともできない。その上、たとえばウィキペディアのように無数のボランティアの力で成り立っている場合などは、組織がボランティアを選べない。ボランティアがこちらを選ぶのだ。考えてもみてほしい。もし営利企業が求職者を全員採用しなくちゃいけないとしたら。その上お金で釣ることもクビにすると脅してやる気にさせることもできないとしたら。それこそ、私たちが直面する問題なのだ。

5) Teach For America（TFA）：優秀な大学卒業生を2年間、全米各地の教育困難地域の学校に赴任させる非営利組織。1990年にウェンディ・コップが設立。2010年には全米文系学生の就職先人気ランキングで有名企業を抑えて第1位となった。

では、それにどう取り組むか？　どうやって人々から最大限の力を引き出すか？　しかも、脅しも効かずお金もないとしたら？　**少ないお金で人をうまくやる気にさせる秘訣は、社員が何のために朝ベッドから起き出すのかを知ることだ——そしてそれをもっと彼らに与えることだ。**

良い製品やサービスを提供する

何かを信じる力を軽んじるなかれ。人々は、自分が愛し、尊敬するモノやサービスのために働きたいと思っている。オープンなインターネット環境をつくり、維持することに情熱を傾ける、モジラ・ファウンデーション(6)のCEO、ジョン・リリーは、自分たちの製品は「期待を裏切らない」と言う（彼の言葉を借りると）。みんな、最初はオープンソースの哲学や非営利の経営に惹かれてファイアフォックスを使いはじめるが、そのまま使い続けてくれるのは、ものがいいからだ、とジョンは信じている。同じように、ファイアフォックスをよりよいものにするために働いている社員とボランティアは、より多くの人たちに、よりアクセスしやすいインターネット環境を提供することに情熱を燃やしている。モジラのチームは自分たちの製品に自信を持っている。まるで信仰を固く信じる信者のように。社員は革新的でありたいと願い、参加の機会を求めているとジョンは言う。一人ひとりの植えた種が豊かに実ることに、すべての社員が強い自信を持っているからこそ、こうした情熱がめばえる。そして、製品そのものが、社員に誇りをもたらす。

営利企業は、非営利組織のように尊い社会貢献を掲げないかわりに、製品やサービスへの情熱を

6）Mozilla Foundation：オープンソースのブラウザFirefox、メールクライアントThunderbirdなどを開発、提供している非営利組織。2003年設立。

育てる必要がある。たいていの人がその業界で働こうと思い立ったのは、なんらかの形で製品に魅力を感じたからだ。広告や洋服や石鹸といった業界を、彼らは自分で選んだのだ。だから、会社が次にすべきことは、その興味を育てて、持ち続けられるようにすることだ。社員が目的に情熱を持ち続けられるようにすることがカギになる。プライスウォーターハウスに応募したのは、会計士として働きたかったからだ。そしてそこで働き続けるのは、プライスウォーターハウスがクライアントに最高のサービスを提供していると信じているからだ。自分がつくり出すものやサービスに誇りをもって働いていれば、社員は減給さえ受け入れる。

あなたの会社は四半期の業績や、事業部の目標や株価ばかりに目を向けていないだろうか？　それで社員の気持ちが高まるだろうか？　**数字ばかりに目を向けていると、社員は自分の価値も数字で測ろうとするようになる――つまり、報酬だ。**そうではなく、社員たちが生み出すもののクオリティに目を向けよう。みんな、家に帰って母親に自慢できるようなものやサービスのために働きたいと思っている。

大きな目的を掲げる――社会貢献でなくてもいい

やりがいを求めて非営利組織に入る人たちがいる。でも、やりがいといってもいろいろある。もともと「世のため人のため」に何かするのが好きな人たちもいる。そういう人たちは、クジラを救ったり、文盲の廃絶に取り組んだり、ホームレスを助けたりするかもしれない。だけど、人を動かすもうひとつの強力な力は、何か大きなものの一部になりたい――自分ひとりではできないことに参加したいという欲求だ。実際、世のため人のためというのは、非営利組織に社員を呼び込む「エサ」で、大きなことに参加することは、社員をつなぎとめる「留め金」だ。高い志をもってNPOに入っても、「善いこと」というただのあいまいな観念以上のものを得られなければ、そこで働き続けることも、力を発揮することもできないだろう。**みんな、何か大きなものや重要なものの一部になりたいと思っている**――たとえば、モジラの社員がすばらしい検索エンジンだけではなく、開かれたインターネット環境をつくっているように。これは壮大な目的だ。

どんな業界の企業でも、この「一人ではできない大きなこと」というコンセプトを必ず念頭に置くべきだ。社員は、なんであろうと、あっというほど壮大な目標のために働きたがっている。非営利組織のスタッフは、世界中の飢餓や伝染病といった自分の住む場所をはるかに超えた地球規模の問題に取り組むことにやりがいを見出す。大きな意義を感じることができる。自分の仕事は、世界にとって大切だ、と。同じように、シャンプーの会社で働いている社員は、自分の仕事が世界規模で人々の生活に影響するのだという興奮を感じることができるはずだ。企業は、社員に目的意識を上手に与えるべきだ。「大量の」シャンプーや、「いちばん売れている」シャンプーと謳うのではなく、たとえば、「ブラジル人の二人に一人が使っている」シャンプーという大きな意義を商品に与えてみてはどうだろう。**べつに、高尚でなくても、斬新でなくてもいい。「大きな」ことが、誇りにつながる。**その規模が大きければ、社員はやる気になり、その結果、もっと力を発揮できるようになる。

アダム・スターリングはスーダン・ダイベストメント・タスクフォースのリーダーとして、ダルフールの集団虐殺(7)に反対するためにスーダンから投資を引き揚げるよう呼びかけている。これは、何か大きな意義のあることが人々をひきつけている良い例だ。UCLA（カリフォルニア大学ロサンゼルス校）で、アダムはルワンダについての授業をとった。それが大虐殺に興味を持ったきっかけだ(8)。彼と仲間は、そこで起きていること、大規模な破壊、そして大虐殺を積極的に止めようとする人がほとんどいないことにショックを受けた。そして、この問題はあまりにも大きく重要で、見て見ぬふりはできないと考えた。彼らは、まだ「ただの子供」だった――契約も肩書きも組織もなかった――それでも、虐殺を止めることには重要な意義があると思い、何かせずにはいられなかったのだ。彼らはダルフールについてみんなに知ってもらうイベントを開き、国会議員に手紙を出すキャンペーンを立ち上げた。彼らの説得によって、これまでに六カ国一〇社の企業が、虐殺が止まるまでスーダンから投資を引き揚げることにした。アダムと仲間たちは、ほんの少しの給料しかもらえなくても、自分たちの行動が少しでも現実の殺戮を止めることに役立つと信じている。

　たとえ地球上の人命を救うわけでなくても、大きなことに参加することはできる。私が言いたいのは、**企業は、社員が意義を感じられるような目的を掲げ、自分たちの製品やサービスが人の役に立っていると思わせることができる**、ということだ。たとえば、プライスウォーターハウスの会計士は自分たちの出す数字の正確さに注意を払う。それが顧客との強い絆をつくることになるからだ。自分の製品やサービスの「インテグリティ（誠実さ）」は、意義を持つ――たとえ、その「意義」は一人ひとり違っても。

7）スーダン西部ダルフール地方で2003年に生じた反乱を機に勃発。スーダン政府とアラブ系民兵組織により40万人以上が虐殺されていると見られる。

8）ルワンダではフツ・ツチ間の紛争を背景に1994年、フツ系政府と過激派により、ツチと穏健派フツの50万人以上が虐殺された。

大きな目的といっても、私は職場の壁に感動的な引用句を貼り出すようなことを勧めているのではけっしてない。空に舞い上がる鷲や美しい夕日のポスターが貼られた職場には、皮肉屋でやる気のない社員がたくさんいると誓ってもいい（『ディルバート』[9]や『ジ・オフィス』[10]のダンダー・ミフリンのオフィスを思い出してほしい）。こんなポスターや経営陣がつくった中身のない標語は、ただのリップサービスだということを社員はすぐに見抜く。

それから、私は、意義を持たせるために収益の一部を慈善事業に寄付するようなことも勧めない。もちろん、社会のためになる慈善事業に寄付するのはすばらしいことだ。でも、そうしたからといって、退屈してやる気のない社員をバリバリのやり手に変えることはできない。たいていの場合は、上司が自分のひいきの慈善事業を選んでそこにお金を落とす――そして部下はその組織を支援することを強制されているように感じる。最悪だ。これではやる気にならない。社外の組織に意義を転嫁しようとする、手を抜いたやり方でしかない。

エスティローダーの社員はお化粧が女性に力と自信を与えると信じるべきだ。全米でテーマパークを運営するシックス・フラッグスで働く人たちは、みんなの人生に幸せと喜びをもたらすことに参加していると感じるべきだ。液体ハンドソープのピュレルをつくる人々は、自分たちの製品がバイ菌や病気を食い止めていると思えば心が安まるはずだ。これらはみんな、ほんとうにすばらしい企業の存在意義だ。人は、はっきりとした目的のある仕事なら、今より少ないお給料でもっと働くだろう。

9) *Dilbert*：スコット・アダムス作の漫画。企業社会を風刺して人気を博した。

10) *The Office*：BBC で放送されたテレビドラマ。架空の会社ダンダー・ミフリン社を舞台とするシニカルなコメディ番組。米国 NBC でリメイクされ大ヒットしている。

あらゆる階層の社員を参加させる

リンドン・ジョンソン大統領がある日ＮＡＳＡを訪れて、用務員のそばを通った。大統領は重要人物との会合のためにそこにいたので、用務員とはほんのすれ違い程度だった。その用務員は大統領にこう言ったという。**「私は人類を月に送る手助けをしました」** 彼は、自分の仕事が何かを語らなかった。手に持ったほうきや空ビンについても何も言わなかった。なぜなら、彼にとって、用務員の仕事は、大きな目的の一部だったからだ。そう。用務員も会社の目的に参加する一員なのだ。

営利企業の中には、新製品のことを社員に隠したり、下っ端の社員は会社のサービスを理解する必要はないと思っている会社もある。もしくは、製品やサービスについてきちんと伝える時間をとるつもりがないのかもしれない。

影響力のあるブランドを発信している企業では、どんな地位であっても、すべての社員が同じ目線で考え、強い目的意識を共有している。 自分の仕事が将来にどんな影響を及ぼすかを理解し、共通の目的に参加したいと願っている。ほとんどのＤＶ（家庭内暴力）被害者のシェルターでは、全員が——会計係からカフェテリアの職員まで——ＤＶの統計を把握している。学校では、カウンセラーだけでなく、すべてのスタッフが子供たちを危険な場所から遠ざけることが大切だとわかっている。営利企業は、非営利組織を見習って、あらゆる階層のすべての社員やスタッフにはっきりとした目的意識をもたせ、一人ひとりの行動がその目的の達成に役立つことを伝え続ける必要がある。その結果生まれる情熱、安心、そして責任感は、どんな企業にも恩恵をもたらすはずだ。

これは、多くの地域に拠点を持つ企業にとってはとりわけ大切だ。メイク・ア・ウィッシュ財団[11]は世界中に一〇〇カ所近い事務局がある。彼らが支える子供たちは、さまざまな病気に苦しんでいる末期患者や慢性的な疾患をもつ患者たちだ。当たり前だが、この子供たちは、みんなそれぞれにまったく違う願いを持っている。しかし、フェニックスでも東京でもブエノスアイレスでも、この組織のあらゆる階層の社員とボランティアは、ひとつの目的に力を注いでいる。それはひとりでも多くの子供たちの望みをかなえることだ。

非営利組織は、上から下へと情報を伝達しない。ただ共有するだけだ。社員にとって、自分が仲間に入れてもらえない、つまりわざとかやの外におかれたり、上の人たちにはぐらかされたりすることほど、やる気を失うことはない。それは幻滅と不信を生む。

バンク・オブ・アメリカのサポートスタッフが、もし銀行業務の内容をもっとよく理解していたら、と考えてほしい。今、ほとんどの行員は、自分たちの銀行は「金持ちをもっと金持ちにする」ためにあると思っている。だけど、もしこの銀行がサポートスタッフに無料で夜間授業を開き、金融の基礎を教え、サポートの仕事がその中でどう役立っているかを示したらどうだろう? スタッフはもっと上手に仕事ができるようになるのではないだろうか? 同僚ともっとうまく助けあえるのでは? もっと上をめざそうとするのではないか?

末端の社員にも組織のことをわかってもらうには、さまざまな方法がある。ニューヨークのリンカーンセンター[12]は、マンハッタンの中心で音楽と芸術の場を提供する総合芸術施設だ。リンカーンセンターでは、スタッフが自分たちの仕事の成果を必ず見られるようにする。数字を計算したり、

11) Make-A-Wish Foundation：難病の子供たちを支援する非営利組織。1980年に設立。本部アリゾナ州フェニックス。警察官になるのが夢だった白血病の少年を、死の直前に地元警察が「名誉警察官」に任命したことから始まった。活動は世界各地に広がり、日本でも1992年にメイク・ア・ウィッシュ・オブ・ジャパンが設立された。

12) Lincoln Center for the Performing Arts：劇場、コンサートホール、図書館などからなる総合芸術施設。

コーヒーを注いだりすることが仕事なら、その大きな目的を思い浮かべるのは難しい。そこでリンカーンセンターは、スタッフにチケットを渡し、彼らをオフィスの中から連れだして、観劇してもらう。**自分の仕事が、「何か大切なこと」へとつながっていると感じ、自分たちの考えが役立つばかりか、それに大きな力があると思えることが重要なのだ。**たとえば、プレイビル[13]で働く社員が、自分がつくった小冊子を観客が実際に手に持っているところを見れば、組織の中で自分が大切な役割を果たしていると実感できる。その社員は、やりがいを感じるだけでなく、力を与えられたと感じるだろう。

組織の階層をなくすことは、正しい方向への一歩だが、それがすべてではない。いわゆる「フラットな組織」の多くは、意思決定へ参加するよう社員にそれとなく呼びかけてはいるけれど、重要な決定を下すとなると（とりわけ、すぐに決定を下す必要があるときには）、古いトップダウンのスタイルにもどる。非営利組織はそれとは違う意思決定のやり方をとっている。**より多くの人々を参加させて、議論と実施の過程を全員で共有する。私は、会議に参加する人数は、少なすぎるより多すぎる方がいいと思う。**また、新人には、私にぴったりとついて一緒に行動してもらい、意思決定のプロセスや重要な提携先、そして私たちのやり方を知ってもらう。

それは学習の機会というだけではない。**だれかの「ために」働くのではなく、だれかと「ともに」働くと感じるとき、その仕事は意義を持つ。**社員がどれだけ多くの情報を共有しているかを試すには、決定や方向性が変わったときに彼らが驚くかどうかを見ればいい。驚きが少なければ少ないほど、彼らがより意思決定に参加していると感じている証拠だ。

13）playbill：演劇やミュージカルの案内パンフレット。

私は、自分の経験から、**こぶしを握り締めるよりも、手を開くほうがより多くを得られる**ことを知っている。社員を意識決定のプロセスに参加させることは大切だ。そうすれば与えるものより多くを得られることを、非営利の人々は学んできたのだ。

やる気を刺激する職場環境をつくる

職場は、自分たちが何ものかを表すものでなければならない。私の部屋の壁はガラスだ。ボランティアマッチ(14)とアイデアリスト(15)のオフィスは仕切りのない大部屋だ。そう。ほとんど壁がない。ボストンにあるシチズンスクール(16)の壁は車庫用のプレキシガラスで、ボタンを押せば天井まで上がるようになっている。かっこよく見せるためではない。透明性のシンボルなのだ。私は新人たちに自分の部屋のすぐ外の大部屋に最低三カ月は座ってもらい、会議を開くことや、近くにいることから学んでもらう。これは、新しく採用した人たちに社内のさまざまな面を見せるてっとり早い方法だ。なにも、すべてのCEOに部屋の壁をガラスにしろと言っているのではないし、必ず大部屋をつくれと言っているわけでもない。ただ、**密室での会議を減らし、マル秘の社内文書を減らし、役員だけの社外会合を減らすこと**をお勧めする。役員室のコンセプト、つまりお偉いさんは下っ端と別の場所で働くべきだという考えは、ぜったいに風通しを悪くする。

近代的で洗練されていても、非人間的な空間だと感じる職場がよくある。こうした空間では、社員にも顧客にも、その組織について何も伝わらない。それとは逆に、非営利組織には空間が余って

14) VolunteerMatch：ボランティアをしたい個人と受け入れ先NPOをつなぐマッチングサイト。1994年に創設。7万5,000以上の非営利団体へと人々をつないでいる。

15) idealist.org：非営利団体での仕事やインターンシップ、同じ関心を持つ人などを探すことができるサイト。1996年にアミ・ダーが創設。

16) Citizen Schools：米国各地の中学校をネットワークして教育困難地域の子供への教育支援を行う非営利団体。1995年にボストンで設立。

いることはほとんどない。それどころか、狭い場所に寄り集まったり、建物に収まりきれなくなって「どうにかする」方法を見つけようとする。すると、（たいていは）「どうにかなる」のだ。**「小さくまとまって働く」と安くつくばかりか、チームワークが育ち、知識が共有され、仲間意識が生まれる。**食器棚が足りない料理人のように、必要なものだけに目を向けることができる。「ボウルとお皿とコップはあるか？」と。

企業は、大きいことはよいことだと思いがちだ。企業は、社員に、個室やより大きな部屋をご褒美として与える。お互いが折り重なって働かなくてもいいように、広い空間に社員をばらばらに置く。このやり方が分離や孤独につながることが見えないのだ。肩書きや（たとえば役員フロア）、職種によって（デザイン部など）社員を分けると、運命共同体だということを感じられない。私は、さまざまな職種や職階の社員がみんな一緒に寄り集まって働くことに賛成だ。

たとえば、チャリティ・ウォーター[17]のオフィスは小さな大学の寮のようだ。このNPOは、世界中の一六億の人々に清潔で安全な飲料水を提供している。さわがしい工場一帯の近くにある窓のないオフィスには、ポンポンという規則的な音が響きわたり、大人数のスタッフが所狭しと動き回っている。この環境に文句を言うスタッフはいない。創立者兼CEOのスコット・ハリソンは、この職場を見れば優先順位がわかるという。つまり、井戸をつくることに金を使うということだ。「だって、そのためにやってるんだから」と彼は言う。

コントの出だしの場面にでもなりそうだが、建設作業員と金融アナリストが同じ部屋にやってくる。といっても、二人の出会いは、くだらないオチやどこかで聞いたような笑い話にはならず、

17）charity: water：開発途上国に清潔で安全な水を提供する非営利団体。20ドルで途上国の住民一人に20年間分の水を提供できると謳う。100%寄付により運営されている。2006年にスコット・ハリソンが設立。本部ニューヨーク。

何かを生みだすことにつながる。それが、リンカーンセンターのいつもの一日だ。そこの財務部は、地下で黙って電卓をたたいているスーツ姿の男性の集団ではない。財務部は、リンカーンセンターの他の部署、たとえば演目編成から設計まで、多くのグループの中心的な存在だ。**この「みんなが同じ場所で働く」という哲学は、経験とスキルの多様性を尊ぶことでもある。**

非営利組織は金欠で出せる家賃が限られているために、窮屈な場所で働かざるをえない。しかし、この狭い空間が、多様性を生み、創造力とチームワークを育てる。職場が狭いことは、嘆くようなことではなく、ありがたいことだ。

オフィス空間の形や、音楽、壁の色などが、社員の成長を促し、心を豊かにすることもある。どこに座るか、だれの横に座るか、どのように会話が流れるかで社員をやる気にすることもできる。反対に、仕切りのある場所は、想像させないための馬の遮眼革《ブリンカー》のようなもので、社員は頭を低くして主人が導くところだけしか歩かない。私たちが社員に望むのはそれだけだろうか?

知らず知らずのうちに、職場環境が、社員の生産性ややる気、そしてその結果生みだされる未来を損なっているかもしれない。反対に、想像力や居心地のよさ、そして喜びの源であり、今後何年も働き続けたいと思える場所かもしれない。

楽しいことが大切だ

杓子定規に仕事に取り組もうとする企業がこれほど多いのはどうしてだろう? 実際、なかには高校の教室のように、私語やおやつや笑い声を禁止する企業もある。こうした規則は重々しい雰囲気をつくり、たとえ意義のある仕事をしていても、社員から満足感を奪う。社員は与えられたことを片づければいいと思うようになり、その仕事をすぐにわずらわしく感じはじめる。

もちろん、真剣に取り組むべき仕事もあるし、それを軽々しく扱えば悪い結果につながりかねない。しかし、多くの企業は、もう少し仕事を楽しむことで大きなメリットを得られる。職場を楽しい場所にするには、数えきれないほどたくさんのやり方がある――といっても、コーンフレークの販売機やサッカーゲームの台を置くことではない。**たとえば、ドゥ・サムシングではバレンタイデーを公休日にした。**ここで働くすべての人が人生に愛を感じられるように――その特別な相手がたとえ母親であっても。愛のために一日会社を休みにすることは大切だと私は思う。それから、職場のキックボール[18]チームもある。そしてこれにはまったくお金がかからない。私たちはリーグに所属していない。そのかわり、知り合いになりたい会社に試合を申し込む。まず断られることはない。

ロドリゴ・メンデスは、アートを使って身体や心に障害がある若者を導く組織[19]をブラジルで運営している。社員の多くはアーティストなので、ロドリゴは画材を調達してあげたり、創造のための時間を与えたりする。社員は子供を自分の授業に連れてきてもいい。アートが好きで、子供にもそれに触れてほしいと思っている人にとっては、ありがたいご褒美になる。メンデスと組織にかかる費用は――ゼロだ。

企業がおぼえておくべき単純な真実はこれだ。職場が楽しければ楽しいほど、社員は会社に来たくなる。社員があまり働かず企業目標に熱心に取り組まないと嘆く会社は、たいてい仕事を歯医者

18) ピッチャーがボールを転がしバッターが蹴る、野球に似たスポーツ。キックベースボール。

19) Rodrigo Mendes Institute：芸術的活動や教育、職業訓練、ワークショップを通じて若年層をエンパワーするブラジルの非営利団体。1994年にロドリゴ・メンデスが設立。

のように生真面目にとらえている。楽しい職場はそれと反対で、熱心さと興奮を呼びおこし、新しいことへのチャレンジ精神を育み、社員に時間を忘れさせ、仕事に集中させる。

人々は楽しい仕事環境に惹かれ、そこで働き続ける。ダレル・ハモンドは、カブーム[20]の創業者兼CEOだ――カブームは、アメリカ各地の恵まれない地域で遊び場をつくる組織だ。ダレルは、貧困層の問題にうまく取り組んでいるだけでなく、社員に魅力的な見返りを与えている。**カブームでは、社員の誕生日を必ず祝い、毎月ピーナッツバターとジャムのサンドイッチの日を催す。**ほんの些細なことのように見えるが、そうすることで、社員にとって組織がどんな存在かがはっきりする。お誕生日ケーキは小さなプレゼントだが、誕生日を第二の家族と祝うことは大きなプレゼントだ。

職場を楽しくする方法は百万通りもある。卓球やビリヤードやビデオゲームができる部屋をつくる、ジムを使わせる、無料の映画や読書会や昼食会など、さまざまだ。私たちの職場では、ふざけたコンテストをやる。あるときは「四角いもの」をつくることに挑戦し、またあるときは「フルーツの入ったもの」をつくって競い合う。こうした自主的なチームづくりの活動はまったくお金がかからず、笑いと友情がおまけについてくる。

スキルを育成する

社員が新しいスキルや知識を身につけることを助けるのは、もっとも価値がある。スキルは、あなたの組織でもそれ以外でも、より大きな成功を約束する。世界がますます知識によって動かされ

20）KaBOOM!：子供のための遊び場・公園づくりを支援する非営利組織。1996年にダレル・ハモンドが設立。これまでに350万人の子供たちのために1,900以上の公園を建設。

るなかで、重要な分野の専門性を身につける機会があれば、社員のキャリアは格段に違ってくる。非営利組織はそこで働く人たちがスキルと知識を身につけることを助ける方法をいくつも持っている。たとえば組織内で授業を行ったり、セミナーやワークショップの授業料を払ったりする。なかには、転職や研修のプログラムを正式に備えた組織もある。スタッフたちは、スキルと知識がキャリアを築くための基礎になることを骨身にしみてわかっている。そのどちらも身につける機会があるのなら、たとえつまらない仕事でも有意義なものだと思えるだろう。

私の会社では、ゲストに指導をしてもらうプログラムがある。オピニオンリーダーやイノベーターたちに定期的に来てもらい、スタッフと一対一の時間をもってもらう。たとえば先日は、写真シェアのサイト、フリッカー[21]の創業者のカテリナ・フェイクが最高技術責任者（CTO）と一時間ほど親しく語り合い、ウェブサイトのデザインについてアイデアをくれた。グーグルの創業メンバーの一人でGメールをつくったジョージ・ハリックも、CTOにいろいろと教えてくれた。最近では、二人のコンテンツ・ライターがCNNのオフィスでピューリッツアー賞を受賞したプロデューサーと半日を過ごした。**スタッフには、とくにこれといった目的を定めずに、ゲストに質問し、経験を共有してもらう機会を与えるだけだ。**非営利組織は、組織強化のためだけでなく、人材育成のために専門家たちをどう有効に活用できるかを知っている。十数名のオピニオンリーダーたちが、私のオフィスにやってきて、自由な時間を過ごし、スタッフや活動を知り、アドバイスを与えてくれた。これこそ、お金では買えないすばらしいご褒美だ。

営利企業も有名人や芸能人を招く（たいていものすごいお金を払って）。だけど、その人たちは

21）Flickr：2005年にヤフーに買収された。

経営陣以外の社員と少人数で時間をすごすだろうか？　私なら、ジミー・バフェット[22]にはギターを持たずに来てもらう。タイムワーナーのクリスマスパーティーで歌を歌うより、編集スタッフと知り合い、創作活動について話し、書けないときにどうするかを教えてもらうほうが、有意義ではないだろうか？

好きな肩書きをあげる

肩書きを持つと、たいてい人はそのつもりになるし、その人に合った肩書きをあげて誇りを持ってもらうことにはなんのお金もかからない。平社員から、課長になり、部長になり、そのうち（願わくば）役員になる。こうした肩書きが悪いわけではないし、まさにこれが社員の望みだ。**人々はより高い肩書きを求める。だったら、あげればいい。**スタッフをヴァイスプレジデントと呼ぶことには、一セントもかからない。

でも、社員に自分の価値を感じさせるような新しい肩書きをつくるほうがもっといいかもしれない。広報課長を、ほんとうは「口コミ担当部長」と言った方がいいこともあるだろう。ジェリー・ヤンが、自分をヤフーの最高経営責任者（CEO）ではなく、チーフ・ヤフーと呼ぶのは有名だ。肩書きのつけ方で考え方も変わり、視野が広がり、自分が役に立っていると感じることもできる。私はインターンやボランティアにも名刺や肩書きを与える——すると、彼らが誇りをもって他の人たちと関わり合い、顔を少しだけ上にあげるようになる。それを見ると、信じられないほど気持ち

22）Jimmy Buffett：ミシシッピ州出身のカントリー歌手兼ベストセラー作家。実業家としてもレストラン経営で成功し、慈善活動家としても有名。

がいい。

もちろん、みんなに肩書きを与えればそのありがたみは減る。肩書きは、その人の才能や価値を表すべきで、経営者からの感謝のしるしというだけではないはずだ。だから、その人に合った肩書きをあげよう。非営利組織のスタッフは自分をかなり特殊な、狭い範囲の専門家と見なしていることも少なくない。そのため、たとえば、寄付金戦略部長と呼ばれたい人もいれば、イノベーション専門家やチーム構築家と呼ばれたい人もいる。私の肩書きは、「最高経営責任者（CEO）兼最高齢責任者《チーフ・オールド・パーソン》（COP）」だ。ユーモアがあって楽しいし、それが職場の雰囲気にも影響する。肩書きは社員に職場でのアイデンティティを与える。その人に合う肩書き（従来の古い肩書きにとらわれずに）を見つけることにはそれなりの価値がある。

ある友人は、肩書きを目立つところに飾るともっといいと言う。机の上に華やかなネームプレートを置いたり、賞状を与えたりすればスタッフは感激する。自分の働きや知識が認められたことがうれしいだけでなく、他の人たちにもそれを伝えることになるからだ。社員が出社したときに、そうした賞状や盾を見て自分を励ませば、職場の雰囲気も明るくなるだろう。

目標を達成することは、お金よりも価値がある

私の組織には、セミプロの長距離走者がいる。ただ走るために走る——アメフトやテニスのトレーニングのためではなく、ただ走るだけ——ことを理解できない人もいるが、ランナーは、目標

を立てて、それを達成することがただ好きなのだ。職場でも、同じように目に見える目標が彼らのやる気につながる。

目標を数値化して、それを超えるのが好きな人がいる。そうすることで、気分がよくなったり役に立っていると感じたり、チームの一員だと思えたりするからだ。たとえその数字が組織全体の目的や他の仲間にとって意味がないものであっても。

たとえば、「一マイルを四分で走る」と決めて、自分を前進させることにこだわる、いわゆる「達成オタク」もいる。それならば、目標を与え、それを達成することを助けよう。そうすれば、彼らは、四半期の終わりにボーナスをもらうよりも満足する。

とはいえ、長距離走者に一マイルを三分未満で走るといった目標を与えてもまったく意味がない。**不可能なことを頼んでも仕方がない。そのかわり、私たちは達成できる目標――やさしすぎず難しすぎない――を与える。**

自分で目標を立てるのが好きな人もいる。四半期の売上目標を与えるかわりに、営業チームに目標設定の手助けを頼んでみよう。もちろん、これには限界がある。社員はそれぞれ、組織全体の利益に貢献しなければならないからだ（少なくとも理論上はそうだ）。財務部の人間が、新製品を開発したいからといって、財務の責任を放棄することは許されない。

しかし、リーダーが細かいことまで命令しすぎると、社員は達成感を得られない。くり返すが、社員は、**だれかの「ため」でなく、だれかと「ともに」働くほうがいい**。非営利組織のリーダーは、もっと柔軟だ。前線の社員がいちばん先に市場の変化を感じることを知っている。

あなたの会社の社員は、全社的な目標やそれを達成するための自分の役割を知っているだろうか？　もしそうなら、社員は自分自身の目標を簡単に設定できるだろう。あなたの会社は市場と技術の制約について社員の意見に耳を傾けているだろうか？　もしそうなら、実現可能な全社目標を設定するのは難しくないはずだ。平たく言えば、目標設定は妥協点を見つけるための交渉ではない。それは意思決定につながる生産的な会話であるべきだ。

仕事以外の仕事時間をつくる

職場の外でのイベントに参加することは、その組織人としてのアイデンティティを築くうえで欠かせない。**展示会や販促イベント、マーケティング週間などの活動に参加することは、これまでとは違う新鮮な形で社外から自分の組織に関わることができる、とても充実感のある体験だ。**展示会のブースで働いたり、毎年恒例のカンファレンスに参加することを、社員はとても喜ぶ。だが、営利組織ではこうした場所に参加できるのはほんの少数の人たちだけで、社員の大多数はこうした活動に参加する機会がない。

たとえば、展示会は新入りを会社になじませる絶好の機会だ。会社の代表として展示会に参加させることで、信頼していることを伝えられる。社員自身も、自分の会社に関する知識を再確認することができるし、ベテラン社員と絆をむすぶ機会もできる。

いろんな社員をＮＡＳＣＡＲ[23]のレースに行かせてあげれば、彼らも役得を実感できるのではない

23) National Association for Stock Car Auto Racing：全米自動車競走協会。米国最大のモータースポーツ団体。

だろうか？　たとえば、M&Mが車のスポンサーだとすると――レース場に行けるのはいつもマーズ[24]の役員だけだろうか？　マーズは、チョコレートの配送係や、総務の屋台骨になる役員秘書たちにその特権を与えているか？　これはすごい役得だ。そして社員に感謝を示すまたとないチャンスだ。ブランドを宣伝する上で彼ら以上の適任者はいないし、彼らの力を借りて会社がひとつになることにもつながるだろう。

年に一日だけのイベントでは意味がない。企業はよく、社員のためという名目で年に一度の日を定めて、その効果が一年中続くことを願っている。献血の日やサマーピクニックの日、といったように。これらは名ばかりの努力でしかない。社員を職場から連れ出すだけでは、「仕事場からとっとと脱け出すこと」が連帯感を築く唯一の方法だと示しているだけだ。そのかわり、社外での仕事を与えたらいい。組織は、仕事上の関係を育てるべきだ。個人的な関係を育てようとしたり、ホットドッグの早食いの技術を身につけさせたりしなくてもよいのだ。

若者の創造性とエネルギーを活かす

お金をかけずに人材を活用する方法のひとつは、ミレニアム世代[25]を上手に使うことだ。**高い成果を上げている非営利組織のほとんどは、若くて、貪欲で、金のかからない人材を上手に活用している。**一九八〇年から九〇年代生まれの世代の活用法については、たくさんの本が書かれている。『トロフィーキッズの成長[26]』の著者、ロン・アルソップによると、この世代は電子メール、携帯

24）Mars：M&M チョコレートの製造元。

25）millennials：主として 1980 ～ 90 年代に生まれた世代のこと。

26）Ron Alsop, *The Trophy Kids Grow Up: How the Millennial* Generation is Shaking Up the Workplace (Jossey-Bass, 2008).

メール、フェイスブック[27]、ツイッターの時代に育ってきた。大企業も、多くの非営利組織を見習って、この世代の活力と知識を取り込み、それを目標達成のために活用することができる。

非営利組織で働くスタッフの非常に多くがミレニアム世代だ。賢いリーダーは、こうした若者に特有の志向や好みを組織が満足させなければいけないことを知っている。非営利組織は、若い世代にとって仕事が意義深いものであり続けるようにさまざまな努力をしている。

たとえば、ハイドリック・アンド・ストラグルズ[28]の統計によると、ミレニアム世代は四〇歳までに平均で一六の仕事を転々とするという。より先行きのよさそうな仕事があれば、彼らはそちらに移る。すぐに飽きてしまうのだ。六カ月もひとつの仕事についていれば、もうそれを身につけたと思いこむ。仕事をビデオゲームのようにとらえていることも多い。さっさと動き、目標を達成し、得点をかせぎ、失敗してももう一度やり直せると思っている。

バーチャルな世界に生きる若者から、どのように力を引き出したらいいのか？　**彼らがほしいのは、本物の責任だ（それはなかなか手に入らない）。私が取材した非営利組織の多くは、ご褒美として責任を与えている。つまり、彼らを信じて重要な仕事を任せるのだ。**こうした非営利組織は、若者にいちばん責任の重い仕事を与え、彼らの能力と資源を活かして成果をあげている。サンフランシスコに本拠を置くボランティアマッチは、ワシントンDCに重要な拠点がある。ホワイトハウスやナショナル・アンド・コミュニティサービス公社[29]（ＣＮＣＳ）との関係を監督し、他の大規模な非営利組織と協力して、ボランティア活動や公的資金の使い道に影響を与える法律や政策を後押しするのがその役目だ。ちょうど三〇歳になったばかりのひとりの女性が、今その拠点を率いて

27）Facebook：米フェイスブック社が運営するソーシャルネットワーキングサービス（SNS）。ハーバード大学の学生だったマーク・ザッカーバーグが 2004 年に学生向けサービスとして開設、2006 年に一般公開され、2011 年 1 月時点で 6 億人以上のユーザーを持つ世界最大の SNS となっている。

28）Heidrick & Struggles：1953 年に米国シカゴで設立された大手人材紹介（エグゼクティブ・サーチ）会社。

29）Corporation for National and Community Service：クリントン政権下でコミュニティサービスを推進するために 1993 年に設立された公社。

いる。そして彼女はめざましい成果をあげている。彼女はその責任を楽しんでいる。相手から自分が若いと思われることを理解して、いつもパリっとしたスーツに身を包み、時間に遅れず、会合の後には礼儀正しくメールを送る。彼女は若さというハンデをまったく感じさせず、たいていその場でもっとも成熟したプロフェッショナルだと思われる。**野心的なミレニアム世代は責任を糧にする。**私たちが食べ物と水を糧にするように。

多くの企業は、社員の肩書きにしたがって責任を与える。上層部にいる人たちは、これまでにたくさんの授業料を払って、意思決定の能力や、プロジェクトの遂行力を証明してきた。ミレニアム世代は、新鮮な視点で問題解決に取り組む。「いつもこういうやり方をしてきたから」という言葉を聞くと、彼らはそれを挑戦と受け止める。**伝統とは固執すべきものではなく、改善のチャンスだ。**こうした野心満々の若者を無理やり企業文化に合わせようとするのは、辞めてくれと言うようなものだ。しかし、その野心を利用すれば、新しい戦力を手に入れることができる。

もちろん、なんでもかんでも若い人に責任を与えればすべてが解決するわけではない。また、成功とは何かということについてもはっきりさせる必要がある。営利企業は、たいてい目標を明示していても（これこれをやりなさい）、何が成功なのかを明確に伝えていない。どうなればその仕事をうまくやり遂げたと言えるのかをだれも理解していない——それは仕事が終わった後にはじめてわかる。

このやり方はミレニアム世代には通用しない。彼らは、プロジェクトの期限がいつまでか、何を達成すべきか、その目標を達成したら何が起きるのかについて、はっきりとした説明を求める。**た**

だ「これこれをやりなさい」というのではなく、なぜそれが大切なのかを伝えよう。あなたが解決しようとしている問題を彼らに教えよう。たとえば、「パッケージのデザイン変更のプロジェクトを率いてほしい。期限は来週まで」と言うかわりに、どうなればデザインの変更が成功と言えるのかを説明しよう。とくに、だれがこのプロジェクトを評価し、その人たちが何を求めているかをはっきりとさせること。ミレニアム世代は認めてほしいと思っている。**何が成功なのかをあらかじめはっきりさせておけば、獰猛《どうもう》にその目標を追いかける。**重要な仕事を任され、成功の定義が明確ならば、ものすごくやる気になる。

ミレニアム世代を例に挙げたのは、営利企業で働く友人が、若い部下が怠けものだと嘆いていたからだ。そして若い世代はすぐ転職し、チームプレーができず、管理されるといやがり、責任をとりたがらない、と言っていたからだ。だけど、今すぐにすべてを手に入れたがる若者をやる気にさせるには、少しずつ与えられることに満足している社員をやる気にさせる方法ではダメなのだ。非営利組織は、若者は怠惰でやる気がないなどと愚痴らない。反対に私たちは、若い世代に大切な仕事を担ってもらう。なぜなら、彼らはお金がかからず、情熱があるからだ。そして、彼らはものすごい成果をあげてくれる。でも、彼らを刺激して成果につなげられるかどうかは上司次第だ。

ありがとうと言おう（ほんとうに簡単なこと。そしてタダ）

社員は、上司が自分の貢献を認めているかどうかを知りたがる。バッジを配ったり、広報誌に名前を載せて社員を表彰する会社もある。こうしたことは、あまりお金がかからず、ありがたがる社員もいるだろう。

私が考えているのは、もっと基本的でもっとお金のかからないやり方だ。昔からしてきたこと、つまり、**親しみをこめて「ありがとう」と言うこと**だ。**面と向かってでも、手紙でも、電話でも、上司が部下に心からの感謝を伝えれば、人は何カ月間もやる気になるものだ。**

私の部下の一人、メラニーは、この二カ月で三つの重要な提携を成立させ、すべての四半期目標を達成した。彼女は私に直接報告しないが、私は彼女の成功に気づいた。私は彼女にメールを送り、最近の彼女の成果を高く評価し、とても感謝していることを伝えた。それからというもの、メラニーは、スタッフ会議で自信をもって自分の考えを言うようになった。先週は、私の部屋に顔を出して、新しいアイデアを提案した。もし給料を上げていたら、同じことが起きただろうか？　起きたかもしれない。だが、もしそうしていたら、彼女は将来の自分の貢献に際して、違うことを期待するようになるだろう――そして同僚たちに対しても。それに率直にいって、給料を上げるのはお金がかかる。ありがとうと言うのはタダだし、感謝をどう表すかは私の腕の見せどころでもある。

仕事だけでなく人間を評価する

企業は定期的に社員の業績を評価するが、私が取材した非営利組織のリーダーの幾人かは、仕事以外の目標も評価に取り入れると答えた。部下を社員としてではなく人間として考えれば、評価の方法も変わる。人事評価が、一方的に判断を下すものではなく、意義のある情報をお互いに交換するプロセスになる。ブラジルのロドリゴ・メンデス・インティテュートのロドリゴ・メンデスは、私にこう言った。「**社員はまず人間で、次に働き手なんだ**」彼らには夢も希望も、問題も不安もある。それらを無視することは、彼らの夢や希望、問題や不安など組織にとってはどうでもいいと伝えるようなものだ。これでは人の心は必ず離れる。あなたは金だけが目的の社員がほしいだろうか?

そのかわり、人事評価のときに次の質問をしてみよう。

- 仕事以外で情熱を持っていることはなんですか? それを実際にやっていますか?
- 最近、趣味のために時間をつくりましたか?
- 学びたいことは何かありますか?
- 今後三カ月のあいだに人生の転機になるようなことを計画していますか?——結婚や家を買うというような?
- 五年後にどうしていたいですか?
- 墓石になんと刻まれたいですか?

もちろん、一線を越えて個人的なことに立ち入らないよう注意することは必要だ。もしプライバシーを侵害しているようなら、すぐに引き下がること。でも、たいていの場合は、どんな肩書きの社員でも、人生の大きな出来事や目標について喜んで話したがる。**このような質問をすることで、社員は良い仕事をして褒められたように、自分に価値があることを認めてもらった気持ちになる。もっとすごいのは、これによって社員が仕事と私生活のバランスをとれるようになることだ。**私生活が大変なときには（離婚、子供の病気）、その社員に出張や残業などの負担をかけないように配慮できるようになる。意志疎通がうまくいっていれば、これ以上の責任を負いたいかどうか、本人に訊くこともできる。こうした会話を避けたり、まったく無視したりしていると、しだいに不満がつのるかもしれない。自分が組織に役立つ人材で――価値ある人間でもある――ことは、人生の辛い時期には大切な支えにもなる。逆に、私生活が順調なときには、本気で没頭できる仕事に取り組みたいと思うかもしれない。どちらにしろ、上司が社員の状況に合わせて仕事を与えてあげれば、社員はありがたいと思うはずだ。

社員も、上司の感情や要求をよりよく知れば役に立つ。職場の外での直属の上司の人となりを知れば、その人とどうつきあえばいいかがわかるようになる。仕事以外の人格を知れば、何がその人をやる気にさせるかがわかる。大きな課題に挑戦したい人もいれば、小さなことに取り組みたい人もいる。締め切りのプレッシャーがある方がいい人もいれば、時間をかけたほうがうまくいく人もいる。そして、いちばん大切なのは、四半期ごとの人事評価で得られる情報は今現在のものであることだ。間違った思い込みや、数年前に入社したときの情報にたよらずに、組織を運営できる。

採用後も、こうした見直しを継続的に行うべきだ。個人的な質問をしてみよう（だが、プライバシーに気をつけよう）。入社後も、社員をよく知り、組織と相性が合うか確かめる努力を続けよう。

採用は関係の始まりにすぎないのだから。

あなたへの11の質問――社員のやる気を最大化する

ボランティアや安月給のスタッフ（賃上げもボーナスも期待できない）を使いこなすのは、ある意味で芸術だ。それは、腕のない人がボクシングの試合に参加するようなものだ。いちばん大切な目に見える武器がないのだから。しかし、非営利のリーダーは、分厚い給料袋がなくても社員をやる気にさせ、満足させるすべを知っている。私たちは、彼らの時間や労力やアイデアや成果に報いる、お金以外のインセンティブを見つけている。

あなたがとくに懸念している部署のことを考えてほしい（たとえば、エンジニアのグループ、営業部のみんな、○○支店のスタッフ、など）。そして、次の一一のことを自問してみよう。

1 目標はきちんと定義されていますか？
2 だれが、どのようにその目標を定めましたか？
3 部下をきびしく締め付けていますか、自由にさせていますか？
4 彼らは自分の評価に納得しているでしょうか？ 評価方法は最善のものですか？
5 彼らの成果や質問や意見（大きなものでも小さなものでも）に、最後に「ありがとう」と言ったのはいつですか？

6 最後に彼らの笑顔を見たのはいつですか？

7 彼らの職場の壁の色は何色ですか？　それを思い出せますか？　目を閉じて、その部屋のレイアウトを思い浮かべることができますか？

8 彼らが最後にオフィスから現場に出て、顧客と触れ合ったのはいつですか？

9 あなたは自分の製品や仕事を誇りに思いますか？　その仕事は、自分を業界のリーダーだと感じさせてくれますか？

10 今、彼らが学んでいる新しいこととはなんですか？

11 彼らは、名刺に書かれた自分の肩書きに誇りをもっていますか？　その肩書きは彼らにぴったりだと思いますか？

CHAPTER

2

お金をかけずにブランドをつくる

ある時『フォーブス』誌のカンファレンスで、オグルヴィ・アンド・メイザー[1]のCEO、シェリー・ラザラスの話を聞いた。彼は、ブランドとは「三六〇度――企業が外の世界にかかわるすべての接点」だと言う。ブランドは、製品やサービスをはるかに超える存在だ。ロゴやキャッチフレーズよりももっと大切なものだ。受付嬢の電話の声の雰囲気、消費者一人ひとりの経験、寄付者への手紙の中の誤植、企業の看板になる有名人の評判、活動の質、取締役会の役員の顔触れなど、すべてがブランドの一部だ。**ブランドとは、私たちがするすべてのこと、そしてしないことだ――意図した結果も、意図しない結果もすべてここに含まれる。**ブランドはそれほど大きなものだ。

だからこそ、大企業は何十億ドルもかけて市場調査を行い、デザインや物語を創作し、媒体の企画や買い付けや評価を行い、設計をやり直す。これだけの大金を使っていれば、大企業はブランドのことならあらゆる知識と知恵を手に入れているはずだろう。それなら、強いブランドをつくり、維持することについて非営利組織から何を学べると言うのだろうか?

それは、ゼロの費用で強いブランドをつくることだ。

アイデアを実行に移す過程で、巨大企業は方向性を見失いがちだ。**費用のかかった企業ブランドや広告キャンペーンは、たいてい、あまり心に残らない。**ごまかしたり、偽ったりしているものもある。少人数の戦略会議でなら、伝えたいことは伝わるかもしれないが、ブランディングの規模と範囲を拡大するあいだに、メッセージは弱まり、歪曲されてしまう。自分たちの製品が人々のよりよい生活につながると伝えたかったのに、消費者には、自己満足で大げさなものに映ってしまう。企業が巨額を投資して打ち出すキャンペーンは洗練され過ぎて、近寄りがたい。まったく関係のな

1) Ogilvy & Mather：ニューヨークに本社を置き世界 120 カ国に 450 カ所のオフィスを持つマーケティング・コミュニケーション企業。

いあまりにも多くの人たちがかかわっているからだ。

それと反対に、非営利組織はほとんどお金を使わず、市場調査もせずにブランドをつくる。それは戦略的な決定ではない――お金がないか、お金があっても実務に使うからだ。非営利業界は、ブランドをつくり、守り、評価するための多額な予算などないのに、強力なブランドや、世界にその名を知られ、みんながあこがれる組織を生みだすことに成功している。メイク・ア・ウィッシュ、ハビタット・フォー・ヒューマニティー[2]、そしてティーチ・フォー・アメリカなどが良い例だ。

読者のみなさんは、なぜ強いブランドが非営利組織に必要なのかと思われるかもしれない――非営利組織に必要なのは、大義であって、組織の宣伝ではないだろう、と。だけど、ボランティア、寄付者、そしてスタッフはみな強いブランドにひかれる。ブランドの認知度が高く、顧客のロイヤリティが強い組織は、それほどお金をつかわなくても、言いたいことが伝わる。つまり、財務効率がいいのだ。強力なブランドは、高い参入障壁になる。強力なブランドがあれば、営利企業とタイアップして社会貢献のキャンペーンを立ち上げることもできる。**しかし、ブランドが大切なのは、なによりそれが非営利組織にとってたった一つの資産だからだ。**

ほとんどの非営利組織は何もつくらず、何も売らず、なんの財産も持たない。善意を売り買いしているようなものだ。秘密のレシピもなければ、特許で守られたプロセスもない。組織の名前、歴史、使命――こうした形のないものが私たちのほんとうの価値だ。だからこそ、最高の非営利組織は自分たちのブランドを必死に守る。

ブランド評価会社のインターブランドは、二〇〇一年にハビタット・フォー・ヒューマニティー

2) Habitat for Humanity：貧困や災害に苦しむ人々に住居を提供する非政府組織。

の価値を二〇億ドルと試算した。ハビタットはほとんど何も持たない——建てた家を所有するわけでもなければ、建設用のフォークリフトやトラクターや資材を持っているわけでもなく、設計のプロセスもない。持っているものといえば、グローバルな知名度（と二〇〇〇を超える協力団体）と、親近感と、そして信頼だ。これらを築くのに使った調査や宣伝の費用は、同じような評判や知名度の営利企業に比べると、驚くほど少ない。

非営利の有能なブランド担当者は、巨額の費用を使わずに、どうやって強いブランドをつくるのか？　そんな錬金術師のようなトリックはなんなのか？　ゼロの予算で、どうしたら数十億ドル規模のブランドがつくれるのか？

シンプルさを保つ

シンプルなブランドは心に残る。しかし、大企業にとってシンプルであり続けるのは難しい。規模が大きくなれば、物事はややこしくなり、地域的にも複雑になる。五〇カ国に支店があり、何万人もの社員がいて、二〇社の企業を買収しようと交渉中で、世界中の一〇の事業部をリストラ中なら、シンプルであり続けなさいと言うのも無理な話だ。

解決策は、一点だけを見つめること。つまり、いちばん大切な使命に集中し、それを決して見失わないことだ。良い非営利組織は、さまざまなメディアを使って、複雑な広告を押し付けない。いちばん伝えたいことだけを、わかりやすく伝える。最良の非営利組織は、みんながその仕事や目的を短い言葉で言い表せる。それが、偉大でシンプルなブランドかどうかの分かれ目だ。

組織が一つの役割にこだわるからこそ、ブランドをシンプルに保つことができることもある。たとえば、ボランティアマッチは、その名のとおりの組織だ。六万を超える非営利組織がこのサイトに登録しているので、ボランティアの紹介以外の機能、たとえば求職情報の掲載やそれ以外のサービスを提供しようと思えばいくらでもできる。共同創業者でCEOのグレッグ・ボールドウィンは、こうした新しい商品やサービスを考えたこともあるけれど、結局ひとつの分野を深掘りすることに決めた、と言う。「ボランティアの市場を独占したいんだ」ボランティアマッチがキャリア探しの総合サイトになれば助かる人もいるだろうが、長く人の心に残ったり、友人に紹介するときに一五秒で説明できるものになるだろうか？　それで強いブランドになるだろうか？

ドレス・フォー・サクセスも、女性だけに特化してきた。立ち上げ当初、ある役員が男性にもスーツを提供すべきだと強く勧めたことがある。私たちのサービスを紹介する機関はたいてい男女両方を対象としていたので、男性も私たちの顧客に充分なり得た。この需要に応える組織は他になかった。スーツを集める支援活動に参加してくれた法律事務所、銀行、その他の職場は男性がほとんどで、みんな洋服もお金も喜んで寄付したがっていた。理事会ではこのアイデアを慎重に協議したけれど、結局はブランドを複雑にしないことに決めた。そのかわり、それを提案した役員が新しい組織を立ち上げる手助けをした。それが、男性に特化したキャリアギアだ。そして、ドレス・フォー・サクセスは女性だけを対象にする組織でありつづけた――めざすところを明確にして、ブランドのシンプルさを守ることに決めたのだ。

シンプルであっても、小規模とは限らない。実際、シンプルさが規模の拡大につながることも少なくない。国中のさまざまな地域の人びとが、地元にドレス・フォー・サクセスを開きたいと言ってきた。私たちは、どう拡大すべきかを考える必要にせまられた。新しい市場で直営店を運営することも考えたが、それはやめた。利益もないのに新たなリスクを負うことになるからだ。エイボン(3)の聡明な重役が、ただで相談に乗ってくれ、私たちはフランチャイズの形式をとることにした。その方が急速な拡大にふさわしい《スーツ》（駄洒落じゃないけれど）ように思えたからだ。それから二年もたたないうちに、拠点は国内四〇カ所に広がった。これほど急に拡大すると「成長の痛み」があっただろうと思われるかもしれない――たしかに苦労はした。とりわけ、私たちの申請手続きとライセンシングの契約はかなりお粗末だったので。それでも、組織の目的がシンプルだったおかげで、ロンドンからラッカワナ(4)まですべてのドレス・フォー・サクセスの店舗でブランドを貫くことができた――面接を受けに行く女性にスーツを提供することに集中できたのだ。

　理想をいえば、すべての営利企業は、ボランティアマッチやドレス・フォー・サクセスのように、ひとつの得意分野に的を絞るべきだ。しかし、いまのビジネスの現実は必ずしもそうはいかない。新製品の開発や急成長分野の収益機会を追い求めれば、ビジネスは複雑になる。だが、複雑なビジネスモデルでもシンプルなブランドを持つことはできる。

　たとえば、ユニセフがそうだ。この巨大な組織は一九〇カ国に支部があり、ニューヨークの本部には一〇〇人以上のスタッフがいる――国連の一部なのだから、効率が最優先でないのは仕方がない。ユニセフ・アメリカのウェブサイトによると、この組織は二〇〇七年だけで三〇億ドルも使っ

3）　Avon：化粧品企業。ダイレクト販売をグローバルに提供している。

4）　Lackawanna：ペンシルバニア州の町。かつては鉄鋼や鉄道交通の要所として栄えた。

ている。どこから見ても、これは大きな金額だ。そして非営利の人間にしてみると、これはめちゃくちゃにバカでかい金額だ。二〇〇七年にユニセフはある賢いことをした。次のように問いかけて、組織をひとつにまとめようとしたのだ。**「私たちがいちばん得意なことはなんだろう?」**その答えは、「子供たちを救うこと」だった。

すべての子供たちが救われる未来をつくることがユニセフの使命だ。ユニセフの組織はものすごく複雑だけれど、同時にとてもシンプルだ――それに気づいたことから、新しいキャッチフレーズが生まれた。「ゼロを信じる《ビリーブ・イン・ゼロ》」つまり、予防できる病気で亡くなる子供が一人もいなくなること。子供を救うためにできることをなんでもする、という意味だ。このキャッチフレーズは、みんなの合言葉になった。スタッフたち――さまざまな活動、文化、地域、考え方の人々――がこの言葉に励まされて、ユニセフというひとつのブランドのもとに一丸となっている。全世界のあらゆる地域のすべてのスタッフがひとつの数字を心にとめている。それが、ゼロだ。

私は、シンプルさの重要性を、**「フェデックスの法則」**と呼んでいる。フェデックスは、大きな初期投資を必要とする、とても複雑なベンチャーだった。世界中のあらゆる場所に書類をひと晩で届けなければならないのだから、当然だ。フェデックスは、多くの航空機を運用し、機材まわりのすべてのこと、たとえば、安全性から燃料費、天候から労務までを管理しなければならない。また、それはとても季節性の大きなビジネスだ。曜日まわりや景気の波、そして消費者のきまぐれによって拡大したり縮小したりする。みなさんは、空港のセキュリティで靴を脱ぐのは面倒だと思うだろう。では、行き先がばらばらな小包ばかりを運ぶ航空会社を経営することを考えてみてほしい。それは複雑で難しい商売だ。でもみんなはフェデックスをどう思っているか？「ひと晩でものを届けてくれる会社」だ。必要なのはそれだけだ。これこそ、フェデックスが私たちに伝えるシンプルなブランドだ。それを実現するために、信じられないほど複雑なインフラが必要だとしても。

大企業は、さまざまな地域で複雑なビジネスを行っていても、シンプルなコンセプトのもとにひとつにまとまることができる。**そのひとつのコンセプトに忠実であることが、ブランドをより強くする——そして長い目で見ればお金もかからない。**

ユニークであること

いわゆる「世界を救う」業界は、ライバルが多く、競争も激しい。組織はこう自問しなければならない。「**私たちの組織は、ほかの同業組織とどこが違うのか**」と。差別化できているかどうかは、次の言葉が少なくともひとつはあてはまるかどうかでわかる。それは、「**はじめての**」「**ただひとつの**」「**より速い**」「**より良い**」「**より安い**」ということだ。私はこれを「五つのこと」と呼んでいる（なぜって？　名前をつけてあげれば——「五つのこと」なんていうくだらない名前でも——中身を思い出しやすくなるから）。このなかのひとつでもしっかりと自分のものにできれば、あなたはニッチを見つけたことになる。

バルタナ(5)はアーロン・ペレイラによって三年前に創立された、カナダで「非営利セクターのニーズに応えるはじめての金融機関」だ。バルタナができる前には、カナダの非営利組織は銀行からお

5）Vartana：社会セクター向けの融資に特化した金融機関。2004 年にカナダでアーロン・ペレイラが設立。

金を借りることができなかった。これは大きな問題だった。非営利セクターは借入や資金調達の道が閉ざされていたために成長できずにいた。バルタナは、この問題をはじめて解決し、銀行と非営利組織が、お金の貸し借りができる可能性を開いた。彼らは新たなビジネスを開拓し、非営利に投資することは安全で、しかも儲かることを示したのだ。

読者のみなさんは、この「はじめて」という言葉が気になっただろうか？　これこそ、バルタナの魅力だ。「カナダ初」ということが、バルタナを特別な存在にする。バルタナがしていること、バルタナが重要である理由を、みんなにおぼえさせる。バルタナは先駆者なのだ、と。

ニューヨーク・ロード・ランナーズ[6]（NYRR）は、ニューヨーク市に住むランナーたちのために競技会を組織する唯一の組織だ。ランナーが競技会に参加したいときや、トレーニングのコツを知りたいときに、いつでも頼れるただひとつの場所だ。NYRRは、自分たちのニッチを「市内のすべてのランニングのニーズ」と定めている。そしてこの市場を独占している。ランナーやスポンサーやボランティアのだれもが知っている、信頼できるブランドだ。

こう自問してみよう。もしあなたの会社が「ただひとつの」何かだったら、それは理想ではないだろうか？　あるいは「はじめての」と言えたら、すばらしいのでは？

あなたの会社は、「はじめての」や「ただひとつの」存在になることはできないかもしれない。それなら、「より速く」「より良く」「より安く」はどうだろう？　スイスに本拠を置く「国境なき医師団[7]」は、医療の手が必要な場所にだれよりも早く到着するよう必死に取り組んでいる。さまざまな地理的な障害や官僚制の壁にもかかわらず、見返りも求めずに、危険地帯に迅速に向かうこと

6) New York Road Runners：ニューヨーク・シティマラソン等を主催している。1958年に設立され、現在は45,000人以上の会員を擁する。

7) Médecins Sans Frontières（MSF）：貧困地域や災害・紛争地における緊急医療を中心に世界各地で活動している非営利団体。1971年にフランスで発足。日本では1992年に支部が設置された。

で、この組織はみんなに知られ尊敬を集めている。支援者が国境なき医師団に寄付し続けるのは、それを知っているからだ。

市場にはライバルがひしめいているが、それはたいした問題ではない。やり方次第で競争に勝つことができる。オンラインの求人ビジネスを例にとってみよう。求人求職サイトはごまんとある。その中には、世界最大級のグローバル求人情報サイトであるモンスタードットコムやヤフーが運営するホットジョブズ(8)もある。だけど、非営利の分野ではアイデアリストが「ベスト」のサイトだ。その分野の求人の掲載がもっとも多い。サイトのナビゲーションがわかりやすい。そして一八〇カ国から九万もの組織が求人を行う、もっともグローバルなサイトでもある。とにかく、ベストなのだ。

もっとも安い製品やサービスを提供することも差別化の要因になる。クレイグズリスト(9)は、正直いって、見た目は最悪だ。美しいデザインに与えられる賞をとることは、ぜったいにないだろう。サイトの上品さを褒める人もまずいない。その巨大なサイトには、余分な飾りはまったくない。では、なぜ毎月一〇〇〇万人を超える人々がこのサイトを利用するのか？　それは、もしあなたが車を買いたいと思ったり、ルームメートを探そうと思えば、クレイグズリストがいちばん安あがりだからだ。タダにかなうものはない。タダというのは、特別な価値だ。クレイグズリストばんざい！

営利企業も自分だけの特別なものを見つけることができる。たとえば、アイスクリームの会社は、独自性を出すのがとてもうまい。ハーゲンダッツは、金色の縁取りのパッケージと高級感のあるフレーバーのおかげで、ぜいたく品として定着している。ベンアンドジェリーズは、歯ごたえのある

8)　HotJobs：2010年8月、モンスターに買収された。

9)　Craigslist：米国発のコミュニティサイト。サンフランシスコの地域情報の交換のために始まったが他の都市向けのものが相次いで発足、現在は世界50カ国、570都市に広がっている。1995年にクレイグ・ニューマークが設立。

クッキーやナッツが入っていて、ちょっと高級でおもしろい。変わったフレーバーの組み合わせや、ふんだんな歯ごたえや、マンガチックなパッケージが特徴だ。コールドストーンは、スタッフが歌を歌いながら冷たい石板の上でアイスクリームをかき混ぜる、めずらしいチェーン店だ。カーヴェルは、ソフトサーブ(柔らかいアイスクリーム)とディップを最初に発売したブランドだ。バスキン・ロビンスといえば、はじめて三一のフレーバーを生みだしたブランドで、今はいちばん安いことで知られている。

こうした会社はみな、おいしくて愛情のこもったアイスクリームをカップかコーンに入れて販売している点では同じだけれど、それぞれのブランドが際立っている。各社が「五つのこと」のうちの少なくともひとつの特徴を自分のものにしているからだ。私たちは、実際にその違いを肌で感じることができる。それこそが、長年のブランド開発にとても成功している証拠だ。

ぶれないこと

二〇〇八年の秋に、さまざまなニュースでもっとも頻繁に使われた言葉は、おそらく「チェンジ」だろう。ワシントンを変える。政治を変える。社会を変える。ビジネスのやり方を変える。チェー～～ンジ! それはまるで、一九七二年のデビッド・ボウイがアメリカの報道を乗っ取ったようだった。[10] 有権者はこの考えに取りつかれているように見えた——変化はいいことだ。違うだろうか?

10) ロックスターのデビッド・ボウイは1972年に架空の人物「ジギー・スターダスト」として活動し一世を風靡した。

実際は、変化が必ずしもいいとは限らない。社会は深く考えずに新しいものや変化にとびつくこともあるが、ブランディングに関して言えば、ぶれないことが何よりも大切だ。消費者はパッケージ、味、価格などに思い入れがある。コーラ対ニューコーラの論争(11)や、最近のトロピカーナの新しいパッケージへの批判(12)を思い出してほしい。消費者のこうした期待に応えないと、ただみんなを失望させるだけでなく――永遠に失うことになる。彼らに忠実でなければならない。

とはいっても、盲目的に伝統に従えばいいわけではない。組織は変化する市場に柔軟に応える必要があることは間違いない。私は企業構造や製品を新しい現実に合わせることに断固反対しているのではない。たとえば、ドゥ・サムシングは、かつて全米の二〇都市にオフィスがあった。その後、インターネットが爆発的に拡大し、子供たちがそれに時間を使うようになった。私が二〇〇三年にドゥ・サムシングを引き継いだとき（フレンドスター(13)の翌年、フェイスブックの前年だ）、支店を閉鎖して、すべてをオンラインに移すよう役員たちに勧めた。それは、組織名に「ドット・コム」をつけるより、もっと大切なことだった。根本的な運営方法の転換だった。しかし、私たちは顧客に忠実でありたいと思った。その顧客とは、社会を変えようとする若者たちだ。流通チャネルをテクノロジーの進歩に合わせることが、ティーンエイジャー向けのブランドとしてぶれないことの証明だった。自分たちの市場に正直に行動したのだ。

ブランドの一貫性は、必ずしもパッケージや言葉や運営方法や人材というだけではない。形のないものだ。それは、自分たちの得意分野に集中するということだ。八カ国一〇〇都市にあるドレス・フォー・サクセスのすべての拠点では、採用面接に向かう女性にスーツを支給する。拠点のボ

11）1985年にコーラの味がリニューアルされて「ニューコーク」が発売されたとき、従来のコーラファンから猛烈な抗議と苦情が殺到した。

12）オレンジジュースの代表的なブランドであるトロピカーナは2010年にパッケージを一新したが、消費者から強い批判を受け元のデザインに戻した。

13）Friendster：ソーシャル・ネットワーキング・サービス。2002年にジョナサン・エイブラムスが開設したSNSの草分け的存在。

ランティアたちは、「パーソナル・ショッパー」だ。洋服売り場の店員よりもていねいにお客様に接しながら、上司のように押しつけがましくならないように気を配る。お客様は、ほとんど他のNGOからの紹介でやってくる。地域によって違いはあるか？　もちろん。タンパベイ[14]で支給する上着はニューヨークよりもずっとカラフルだ。資金集めのイベントというとテキサスでは毎年フライフィッシングに行くけれど、ボイシ[15]では、ティーポットのオークションをする。

しかし、基本はどこでも同じだ。ぶれないブランド――スーツを着て自分に自信を持つこと――が、ドレス・フォー・サクセスにアフィリエート（提携組織）が参加する理由だ。実際、アフィリエートのうち一〇数組織は、サンディエゴのスーツユーや、デンバーのテイラード・トランジションといった、もともとは別の組織だった。しかし、彼らはより大規模で知名度も高い全国的なブランドに参加することに価値があると考え、ドレス・フォー・サクセスに参加した。それは、このブランドの価値観を実践することでもあった。

「ぶれないこと」は、営利ブランドにとっても活力を与えるために欠かせないものだ。ブランドは何かの象徴でなければならないし、その何かがころころと変わってはいけない。それが、消費者の期待を適度に保ち、ロイヤリティーを育てることになる。

ここで注意しておくことがある。企業はよく「ぶれないこと」を言い訳にして、たくさんの規則や手続きを設けがちだ。しかし、**大切なのは、ぶれない製品やサービスを提供することであり、旧ソ連のように官僚的なやり方で社員を苦しめることではない。**

14）Tampa：米国フロリダ州の観光地・保養地。

15）Boise：アイダホ州の州都。

顧客に合わせよう

エルサレムに豚肉屋を開いたり、ネブラスカにサーフショップを開いたりしても、まったく意味がない。(16) 顧客を知り、その好み、ニーズ、欲求を知ることは、ビジネスの基本中の基本だ。顧客を忘れると、ブランドに傷がつく。ブランドは、それを求める人がいなければ価値がないからだ。そして、もう一つの基本は、**あまりお金を使わずに、顧客を知る方法を学ぶこと**だ。

良いブランドは、驚くほど長いあいだみんなに愛される。リンカーンセンターは、一流の舞台芸術が集まる、ニューヨークの、あるいはアメリカの中心地だ。バレエも、オーケストラも、オペラも楽しめる。ほとんどの舞台は夕食時にはじまるので、リンカーンセンターの運営者は、これがビジネスチャンスでもあり、ブランドを磨く機会だとも考えた。リンカーンセンターの後援者たちは、タコベル(17)やケンタッキーフライドチキンに行くような人たちではない。だから、入口の横で、手作りの軽食や上質のワインやパフェをふるまっている。リンカーンセンターは、顧客の特性を理解することに力を注いでいる――年齢、職業、住所だけでなく、食習慣やショッピングの嗜好も把握する。こうした情報が、すべての意思決定に影響する――舞台編成(もちろん)や、コーヒーの種類(なるほど……)、そして招待状の内容も(すごい!)。

では、リンカーンセンターはどうやって顧客を知るのか? 理事会の役員は後援者だ。スタッフたちも舞台を見る。さまざまな人たちがフィードバックを寄せる。つまり、リンカーンセンターは、**すべてに耳をかたむけ、よく観察し、学習している**のだ。可処分所得が減っているのに多種多様な

16) ユダヤ教では豚肉の食用が禁じられている。ネブラスカは米国中部の州で海はない。

17) Taco Bell:米国の大手ファストフードチェーン。メキシコ風料理を提供する。

文化イベントが開かれる中で、リンカーンセンターは、顧客が自分たちの成功を左右するとわかっている。顧客に意味のあるものを提供しなければ、生き残れない。おなじみのフレーズではないだろうか？

時代に合わせようと真剣に努力する企業は、顧客のニーズやウォンツに合わせて意思決定する。私たちは顧客中心の視点をつねに持たなければならない。これは、顧客が離れるかもしれないと戦々恐々と思い悩むことではなく、むしろその逆だ。顧客が幸福になり、またロイヤリティが高まるように、積極的に時代に合わせて顧客を追いかけることだ。

小売大手のベストバイ[18]は、ターゲットの消費者が考えていることを知ろうと努め、顧客層に名前をつけている。たとえば、「ジル」は郊外に住む主婦で、そこそこの値段で品質の良いものを手に入れたいと思っていて、子供がテレビゲームで遊ぶことに頭を悩ませ、自分が最近の流行に追いついているかちょっと自信がない。あなたは顧客を知っているだろうか？ 何が彼らの購買に影響を与えるかだけでなく、だれが影響を与えるかを知っているだろうか？ 親しい友達やお隣さんと同じくらい、彼らのことを詳しく知っているだろうか？

次の段階は、ブランドの社会性だ。**ブランドはその時代に合ったものでなければならず、今のトレンドに応えていなくてはならない**。ターゲットとする顧客の「かゆいところに手が届く」ことはもはや欠かせない――それができなければ、時代遅れになり、商売がたちゆかなくなる。

ヨルダンのラニア王妃[19]が率いるマドラサティは、新しい時代に合わせてすばらしい試みを行っている。この組織は、短期間のうちに、中東最大の社会貢献組織のひとつになった。以前、私はマドラ

18）Best Buy：全米最大の家電量販店。

19）Rania al-Abdullah：ヨルダン国王アブドゥッラー２世の王妃。シティバンク勤務を経て王妃に。マドラサティ（私の学校）イニシアチブをはじめ女性と子供の支援に取り組む。ユニセフ親善大使。

サティの支援で改修されたばかりの、アンマン郊外にある聴覚障害を持つ子供たちの学校を訪れたことがある。教室にはインターネットにつながった新しいＰＣが設置され、聴覚障害の子供たちに手話や読み書きを教えるソフトウェアが搭載されていた。子供たちはみな幸せそうで、教師は熱心だった。

常識に従えば、マドラサティはソフトウェアを改良し、教師をサポートし、それまでどおりに学校を運営し続けていただろう。しかし、マドラサティは教室での学習を補う方法を発見した。それが、人工内耳移植だ。統計によると、内耳移植によって高い確率で読み書きができるようになり、話せるようにもなるという。学校とマドラサティのリーダーたちは、これが活動の目的にかなうと考え——それまでも、すでにすばらしい活動だったが——予算の一部を、子供たちの内耳移植に充てることにした。最新の情報にいつも注意を払っていたからこそ、この決断ができた。顧客のニーズ——とその可能性——をしっかりと理解していたからこそ、優先順位をはっきりさせ、正しい選択をすることができたのだ。

成功している製品やサービスをあきらめたり、変えたりすることは、ほんとうに難しい。会社も人と同じくらい、感情に流されやすい。企業はリスクを回避しようとし、昔うまく行ったことをそのままやり続ける傾向がある。しかし、**企業が忠実でなければならないのは、顧客やブランドに対してであって、今ある製品やサービスに対してではない**はずだ。

指針を明記する

企業が必死に努力して、シンプルで今の時代に合った独自のブランドをつくる――すると二カ月後に新製品や新しい技術が出てきて、すべてが変わる。そうなると、企業は食べ放題のビュッフェにやってきたダイエット中の人のように、節度がなくなってしまう。これをブランドの「リバウンド」と私は呼んでいる。身のまわりのいろんなチョイスが突然解禁になって、やたらおいしそうに見えるという意味だ。

シンプルで、ユニークで、今の時代に合うブランドとは何かを、明記しておくことはとても大切だ。くれぐれも「ミッション・ステートメント」などとは呼ばないでほしい。そうした、うさんくさくて中身のない「ミッション・ステートメント」は、アニュアルレポートの内表紙に見映えよく太字で書かれていたり、本社のロビーの壁に目立つように飾られているけれど、社員はこれを陰で揶揄するだけだ。こうした中身のない言葉は実践されることはなく、深い意味もない。

私が勧めているのは、実践的な指針だ。社員が実際に使えるものだ。

国連傘下のナッシング・バット・ネッツ[20]は、マラリア根絶のために途上国で蚊帳を配布している。この組織は、スタッフ用のブランド小冊子をつくり、その中ですべてのフォント、ロゴ、公式カラーを指定している。たとえば、とてもささいなことだが、Bednet（蚊帳のこと）ではなくBed Netという単語を使うよう指示したり――なぜスペースがそれほど重要なのかはわからないが、明らかにそれが決め手になる――組織名のバットのBを大文字にすることが決められている。ホーム

20）NothingButNets：国連基金により2006年に発足。2011年1月時点で累計350万以上の蚊帳を途上国に配布しマラリア防止に取り組んでいる。

ページ、商品、メールなどはすべてこの指定に従わなければならない。書類や資料に使える色は、黒かグレーか白、そして指定されたオレンジ色の網がけだけだ。この小冊子には、それ以外のさらに深い内容も書かれている。ボランティアの支援の方法や組織の歴史を説明し、重要な事実や統計も提供する。そして仕事で使う言葉や態度についても書いている。たとえば、スタッフはいつも緊急の要請にきちんと対応する必要があるが、支援者を説得するときに罪の意識に訴えてはならない、といったことだ。

これでは、あまりにも細かすぎると思われるかもしれない。とりわけ、ナッシング・バット・ネッツのスタッフはみんないい大人なのだから。でも、組織の際立ったアイデンティティを守ることはなによりも大切だ。文法、色、言葉の使い方などはささいなことに見えるかもしれないが、考えてみてほしい。ナッシング・バット・ネッツは世界中のバスケットコートでもよく使われる言い回しだ。おぼえやすいけれど、勘違いしやすい言葉でもある。では、この組織をどのように差別化するか？　細かいことに気を配ることによってだ。

次に気をつけなければならないのは、こうした小冊子が居心地のよい場所に眠ってしまわないことだ。その場所とはマーケティングや宣伝部門の社員の机のいちばん下の引き出しだ。ナッシング・バット・ネッツのブランド小冊子はすべてを網羅していて、とてもよくできているけれど、要点を一ページにまとめられればもっといい。私は、一ページの指針を各部屋か社員全員のパティションに貼りつけるべきだと思う。**これらはマーケティング部門だけのものではない。すべての社員がブランドの一貫性を保ち、これを守る責任を負うべきだ。**この指針を取締役全員に配布すれば、彼らも、ブランドを簡潔に説明できるようになるし、その独自性や、顧客への重要性をはっきりと認識できるようになるだろう。

ブランドの立ち位置を定期的に見直す

あなたのブランドは、今も「ただひとつ」で、ライバルよりも「安い」だろうか？　新製品やサービスが追加されて、シンプルなブランドが、複雑になっていないだろうか？　ターゲットとする市場が変わっていないだろうか？　もしひとつでもわからない質問があるならば、――もしだれかに訊かないとわからないなら――それは問題だ。

毎夏、ドゥ・サムシングのスタッフは丸一日を使って統計を分析し、ターゲット市場について話し合う。これは「データが教えてくれること」を深く考えるための時間だ。二年前、私たちの組織の利用者は、トゥイーンと呼ばれるティーンエイジャー前の世代で、その中でも一二歳から一三歳の女子が中心だった。今、データが教えてくれるのは、利用者の年齢が上がり、一三歳より上のティーンエイジャーの利用が増えているということだ。これは私たちにどう影響するのか？　データによると、提供する活動や、サイトで使う言葉、また場合によってはポリシーや手続きも変える必要があるということだ。**顧客が変わればブランドも変わる。**

ブランドの指針も毎年見直すべきだ。みんなに要約だけを伝えるのではなく、全員がきちんと読むようにしなければならない。社員は、ブランドの表現やターゲット市場、使うべきキーワードや使ってはいけないキーワードの議論に参加すべきだ。社内の隅々からすべての社員がこの議論に参加すべきだ。なぜなら、ブランドは会社の心だからだ。すべてに影響を与えるからだ。

ブランドの指針に合った相手を選ぶ

私たちは学生時代に、だれと仲良くするかで自分も判断されることを学ぶ。ビジネスも同じだ。**会社の評判は、孤立したものではない。評判は周りに左右されやすく、会社が関わるあらゆる人やパートナー企業によって変わる。**

寄付金が集まるかどうかは組織の評判にかかっているため、非営利組織はとりわけ提携相手を選ぶのに慎重だ。ただの支援でさえ、受け入れるかどうかを注意深く決める(この点で慎重なのは非営利組織だけでない。今は政治家も、怪しい支援者とかかわるのは危険だと思うようになった)。ひとつの間違った行動がブランドを変え、薄め、傷つけることを私たちは知っている。目先の利益になること(そして大金が入ってくるかもしれないチャンス)でも、ある活動やひとつの支店を傷つけるだけでなく、長い目で見ればブランド全体に悪影響をもたらす場合もある。

非営利組織は寄付金を集めるとき、ブランドを守るために難しい決断を強いられることもある。もしオサマ・ビンラディンが一万ドルくれるといったら? ぜったいに受け取らない。ビンラディンが一〇〇万ドルくれると言ったら? たぶんもらわないだろう……でも、少しは考えてみようという気になるかもしれない。では一〇〇〇万ドルくれると言ったら? 「だれからもらったか開示する必要があるだろうか?」と考えるはずだ。

これは極端な例だ。では、もしタバコ会社が、あなたのDV被害者のシェルターに寄付したいと申し出たらどうするか? タバコ会社はがんの原因になる製品をつくっているけれど、家庭内暴力に直接関係があるわけではない。悩ましいところだ。**ティーチ・フォー・アメリカは、タバコ会社から寄付を受け取らないと公言している。**これは二つの点で理にかなっている。まず、彼らは子供たちの健全な成長に貢献する組織だ。タバコという未成年に禁じられた製品を販売する事業はこの組織の目的に反する。次に、ティーチ・フォー・アメリカの理事や大口の寄付者が、タバコ産業の害悪に強い反感を持っていることだ。

実際に、お金になりそうな支援者がいれば、いいわけや理由をこじつけて、妥協点を見つけたいと思うものだ。「原理原則を大切にする」べき非営利の世界は、お金儲けを優先することはないけれど、拡大という誘惑には弱い。高い財務目標を達成して、関係者を満足させなければならないし、顧客の需要にも応えなければならない。お金だけもらって、さっさと逃げようと思うことも少なくない——良心とブランドから目をそむけて。

現実は、こうした極端な例よりも、もっと微妙なものだ。ドレス・フォー・サクセスを立ち上げるとき、私には祖父が残した五〇〇〇ドルの遺産とアイデアしかなかった。理事会の役員だったとてもやさしい修道女は、利子がいいからとその五〇〇〇ドルでCD（譲渡性預金）を買うようアドバイスしてくれた。それで、五〇〇〇ドル全部を六カ月もののCDにつぎ込んだ。この話の教訓は何かって? 修道女からお金の忠告をもらってはいけないということだ。その忠告は神のお告げかもしれなかったが、私は組織を立ち上げたものの使えるお金がなくなってしまった。

すると大手デパートのシアーズ[21]が私たちと組みたい、そのうえ一万ドルを寄付したいと言ってきた——私たちの総資産の二倍の額だ……しかもその資産には手が出せないときている。シアーズは私たちの顧客と有名ファッション誌一二誌の編集者を引き合わせると提案してきた。顧客とファッション誌の編集者がシアーズの洋服売り場をめぐり、採用面接のための新しいスーツを選ぶという企画だ。つまり、私たちの顧客は、『ヴォーグ』誌のアンドレ・レオン・タリー[22]のような有名ファッション編集者に、シアーズの「ソフトな面」を見せるための「エサ」だった。お金だけでなく、各編集者が体験を記事にすれば、私たちは多くのメディアに取り上げられることになりそうだった。

私はその提携を結局断った。短期的にはメリットがあるが、長期的にはブランドのためにならないと思ったからだ。私たちにはたくさんのスーツが必要だった——敷居の高そうな有名企業へ面接に行くためのスーツが。シアーズと組めば、そのイメージが固定して、私たちがほんとうに手を組みたかった高級ブランドが寄ってこなくなるのではないかと思ったのだ。シアーズと組むことで、ドレス・フォー・サクセスを大衆的なブランドとして立ち上げることもできた。そうなれば、「カテゴリーキラー」になっていたかもしれない。シアーズと正式に提携すれば、他の大手小売企業は私たちを「シアーズのもの」と見なし、近寄れなくなっていただろう。それで私は、非営利の業界ではめったに言わないことを言った。「ノー」と言ったのだ。

その後間もなく、私たちはコーチとフェラガモと提携した。顧客はみな新しいコーチのバッグを持って面接に出かけた——それは上をめざすことの象徴として、彼女たちに自信と誇りを与えた。

21）Sears：高級百貨店ではなく中下層向け廉価量販店のイメージが強く、店舗も郊外にあることが多い。

22）André Leon Talley：ファッション界の大物。派手で奇抜なセンスで知られる。

そして多くの女性が、おしゃれで履きやすいフェラガモの靴を履いて出かけていった。その靴を履くとみんな笑顔になり、背筋をピンと伸ばして、顔を少しだけ上に向けて歩くようになった。

いい話はこれで終わらない。シアーズは私たちのために企画したアイデアを他の組織に持ちかけたが、うまく行かなかった。ほんの少しだけ記事になっただけだった。翌年シアーズはまた話を持ちかけてきた。今回は、一五万ドル（!!）の寄付と、五万ドル相当の大きなサイズのスーツとブラウスを提供するという。私たちは、のどから手が出るほど、大きなサイズの洋服が必要だった。私たちの顧客の平均サイズは一八だったからだ。このときすでに、私たちは高級な洋服と靴を提供して就職活動を助けるという評判を確立していた。提携を考えている企業も、私たちを、上品でプロ意識があっておしゃれな組織——安心して手を組める相手——だと思っていた。そして働く女性たち——や個人の寄付者も——彼女らの思い出の詰まった大切なスーツを、必要な人に提供する組織として私たちを信頼してくれていた。

そこで、私たちはシアーズと共同でキャンペーンを打った。大成功だった。図体も態度も大きなアンドレ・レオン・タリーが、アクセサリー売り場をしゃなりしゃなりと歩くすがたを、私は決して忘れないだろう。

この教訓は、**「ノー」と言うのを恐れてはいけない**ということだ。ブランドとは、ほんとうに貴重なもので、それを守るのにはとてつもない努力——ものすごく強い意志——が必要だ。手を組む相手を慎重に選び、提携の時期を見極め、その影響を長い目で見ること。顧客への影響だけでなく、将来の提携に与える影響も考えること。

あなたへの11の質問──お金をかけずにブランドをつくる

世界でもっとも価値のある、知名度の高いブランドのいくつかは非営利組織のものだ。それらはたいてい巨大な組織ではない。とりわけ典型的な大企業と比べると規模は小さい。たとえば、ウィキペディアの年間予算は五〇〇万ドルだ──五〇億ドルではない。強いブランドをつくるのに、何百万ドルものお金はいらない。社名にびっくりマークをつけたり、新しい便箋をつくったり、ロゴを考えたりするのにコンサルタントを雇う必要もない。キャッチフレーズや、広告や、ブランド戦略をつくるのに、外部の代理店に（そのチームに）大金を払う必要もない（社内でコンペを開いて、社員に応募させるのもひとつのやり方だ。会社のことをいちばんよく知っている、金のかからない社員からアイデアを募るのだ）。

これらを全部やっても、消費者に信頼されるよりよいブランドをつくれるとは限らない。強いブランドとは何か？　創造性、細かい気配り、魂、そしてこの章に書いたような賢い戦略。次の項目を自問してほしい。それには一円もかからないから。

1　あなたのブランドを自動車にたとえると、どんな自動車ですか？　どんな色ですか？　中古車ですか、新車ですか？　価格は？　社員のみんなが同じ答えを出すでしょうか？

2 あなたのブランドは「はじめての」、「ただひとつの」、「より速い」、「より良い」、「より安い」うちのどれかに当てはまりますか？

3 あなたのブランドにぴったりの人はだれですか？　できるだけ細かくその人を説明して下さい。その人は何歳くらいですか？　毎日をどう過ごしていますか？　夜は何をしていますか？　週末は？

4 管理人や、受付係、カフェテリアのスタッフにあなたの会社を一言で言い表してもらいましょう。彼らは、すべての部署のあらゆる肩書きの社員をよく観察しています。彼らの答えに耳を傾けましょう。

5 職種も職階も異なる社員たちが、二時間以上、議題を決めずに、一緒にデータを調べたり、ブランドについて最後に話し合ったのはいつでしょう？

6 もっとも目立つ提携企業五社はだれですか？　あなたの顧客は、この提携相手をどう見ているでしょう？

7 提携相手を選ぶ基準はありますか？　その基準はさまざまな要素を組み入れていますか？　それともお金？　規模？　便利さだけでしょうか？

8 お母さんやご主人や子供はあなたの会社をどう言い表すでしょうか？　それは、あなたが思うものよりも、シンプルで正確でしょうか？

9 ブランドの指針を書いたものはありますか？　ブランドの小冊子は？　一ページのメモは？　昨年「全員に」あてた電子メールは送られましたか？　その送り主はだれですか？

何が書かれていましたか?

10 ブランドについて禁止されていることはありますか?（たとえば、サッカーでゴールキーパー以外の選手が手を使うのは禁止、というように）禁句はありますか? それは必要ですか?

11 データから何を学べますか? 最後にこれを自問したのはいつですか?

CHAPTER 3

外部の人材を活用する

企業は何万ドルも払ってブランドの広告塔を雇い、もしそれが映画に出るような有名人なら、金額は何百万ドルにも跳ね上がる。アスリートも、袖のところにロゴを入れるだけでお金になる。景気がいいときには、多くの営業マンが歩合をため込む。でも、あまりお金のない小さな非営利組織でも、何百万人もの営業マンと同じくらいの営業力を持つことができる。しかもまったくお金を使わずに。

その仕組みを知りたければ、アメリカのスポーツジム（アメリカ人でいっぱいのドバイのジムでもいい）に、いちばん混雑している時間帯に行ってみるといい。読者のみなさんもきっと同じものを目にするに違いない。ウェイトトレーニングの機材、ウォータークーラー、タオル、鏡、ランニングマシン――そしてたくさんの汗にまみれた大学名の入ったTシャツ。**アメリカの大学はブランディングのもっとも賢い仕掛けのひとつを編み出した。大学は、生涯にわたる広告塔を無数に生みだしている。**しかも彼らに給料を支払っているわけでもない。逆に、この汗臭い男たちは、何万ドルもの授業料やら手数料を払った上に、わざわざTシャツを買って、身につけているのだ。

たしかに、大学は広告塔になってくれる人材を育てるために巨額の投資をしている。同窓誌を配ったり、同窓会を組織したりする。イベントも開く。オンラインで組織をまとめる。在校生の両親は毎年一度は学校に招かれる。地元の人たちとの関係を築くために専任の担当者が懸命に働いている。地元企業、政治家、住民、メディアを敵にまわさないことが大学のためになることは間違いない。そして大学となんらかの関係がある人たち、たとえば建築業者や資材販売業者、同窓生の家族や友人、たまたま以前に大学を訪問して大学の名前の入ったラクロス用の半ズボンを買った人などもいる。大学の地域周辺の人たちはみな、土曜の朝のスポーツクラブで運動をするとき、庭の芝を刈るとき、スーパーで卵を買うとき、大学のロゴ入りのものを身に付ける可能性がある。彼らこそ、非営利組織が「外部の人材」と呼ぶ人々だ。その一人ひとりが広告塔になる可能性がある。では給料を払わずに、私たちのブランドを宣伝してもらうには、どうすればいいのか？

無料の広告塔から協力を引き出すための秘訣をここで紹介しよう。

だれもが広告塔になり得る

多くの広告塔に活躍してもらうための第一歩は、その候補がどれほど多いかに気づくことだ。核になるのは、その会社を信頼する人たちだ。サプライヤー、顧客、パートナー企業、そして株主は、会社の未来にお金や気持ちを預けている。またあなたの献金に頼っている慈善団体。それからあなたの会社の製品やサービスやブランドにかかわるすべての人たち。メール室のアルバイトの元カノだって、このコアのグループに入る。**なにもしなくても、会社の良い評判は、気づかないうちにすでに広がっている。**元社員を考えてみてほしい。あなたの会社に勤めていたことは、彼らの履歴書やだれでも閲覧できるリンクトイン[1]のプロフィールに誇らしげに書かれている。管理サービス会社は、あなたに雇われていることで、その地域の他の仕事にもありついたことに気づいているだろうか？　長年の間、嵐に負けず、ゴルフボールのような雪にも負けず、アラビアのロレンスのような暑さにも負けずに、毎日あなたに郵便を届けてくれる、年老いた郵便配達人はどうだろう？　彼ら

1）　LinkedIn：ビジネス用途に特化したソーシャル・ネットワーキング・サービス。2003年にサービス開始。利用者の履歴書情報を掲載することを特徴とする。

をチームの一員と思っているだろうか？　彼らはあなたのことを毎日考えている。

サポーターたちの力を最大限に生かし、批判者の悪影響を最小限にとどめるのは難しいことだが、あえてその難問に取り組むべきだ。なぜなら、**あなたがそうしてほしくてもそうでなくても、彼らは会社のことを気にかけているし、それを周囲に話す**からだ。それは厳しい意見かもしれない。あるコカコーラの元従業員を例にとってみよう。彼はコカコーラを辞めた日にペプシに転職し、聞くところによると、それ以来一度もコーラを飲まなかったという。その対極が夫の祖父だ。夫の祖父は長年JCペニー(2)で働き、死ぬその日まで毎月欠かさずに従業員へのニュースレターを隅々まで読み、昔の同僚と連絡をとり、機会があれば必ず店に立ち寄った。あなたの会社の元社員は、不満だらけのコカコーラの元社員のようか？　それとも祖父のようか？　それを決めるのは、社員ではなく、企業の方だ。

昔から、営利企業では、顧客に直接売り込むのはセールスマンかその上司で、限られた人たちにしかその機会はない。しかし、非営利で売り込みをするのは寄付金集めのスタッフだけではない。組織に関わるすべての人たち——とりわけ外部の人々——はだれでもセールスマンになり得る。私たちは、夏休みの学生アルバイトも、企業を率いる理事会の役員も、みんながこの組織を売り込んでくれることを望んでいる。ほんとうに、彼らみんなが私たちのブランドを代表してくれる広告塔だ。その全員が必要なのだ。

支援にはさまざまな形がある。たとえば何年も前にボランティアをしてくれた人が、私たちのためにコネを使って寄付金を集めてくれることも、ひとつの支援だ。もしかしたら、管理人の息子が

(2) J. C. Penney：米国に約 1,000 店舗を展開している大手小売チェーン。

コンピュータオタクで、ウェブサイトの改良を手伝ってくれるかもしれない。思いつきでイベントに友達の友達を呼んだら、DJをものすごく気に入って、そのことをツイッターでつぶやいたり、フェイスブックの友達に口コミしてくれるかもしれない。その費用は？　ゼロだ。

もし歯磨きやトラクター、または企業向けのソフトウェア製品を扱っている会社なら、外部の人たちがそれほど売上や評判の助けになるとは思わないだろう。でも、あなたは間違っているかもしれない。あなたのブランドを信頼し、広告塔になりうる人がどんなに多いかを知れば、驚くに違いない。彼らにやる気と手段を与えれば、あなたを助けるためにたくさんのことをしてくれるだろう。

自分がしてほしいように他人に接する

広告塔になってもらうには、まず彼らに思いやりを示すことだ。**やさしさや思慮深さは人生をよりよくするだけでなく、他人を味方につけるための有効な手段でもある。**いつも尊敬され、気にかけられていると思えば、人は役割や責任以上のことをしてくれる。そこに関係が生まれる。彼らは関係者になり、ファンになり、友人になる。

ドナーズチューズ(3)のCEO、チャールズ・ベストは、活動を支援してくれる人々にやさしさや感謝の念を表すことを決して忘れない。ドナーズチューズは資金不足の公立学校の教師が個人的な要望を載せるサイトだ。教師は、自分のプロジェクトとそれに必要な物をサイトに書き込み、支援者（ドナー）は、自分の心に響くプロジェクトを探す。ある教師は、R・L・スタインの『グース

3)　DonorsChoose：公立学校の教師が行う教育改善プロジェクトに寄付者をつなぐサイト。個人対個人（peer-to-peer）のフィランソロピーとして有名なものの一つ。2000年にチャールズ・ベストが設立。

バンプス』[4]のシリーズの本を寄付してほしいと書き込んだ――彼のクラスの子供たち、とりわけ本を読まない子供たちもこの本なら興味を持つだろうと思ったからだ。また別の教師は、学校から二時間ほど離れた有名大学に子供たちを連れていき、まじめに勉強すればどうなれるかを見せてあげたい、と旅費を募った。ドナーはプロジェクトを選び、それを実現する。

チャールズとそのスタッフは、ネットの世界でドナーを見失わないようにしている――感謝の念を表し、上手にドナーをつなぎとめている。チャールズは寄付といっしょにカメラを送り、ドナーのおかげで実現したプロジェクトを必ず写真にとるよう教師に頼む。そして写真を集め、子供たちからの感謝のカードを添えてドナーに送る。このやり方はぜったいに効く、とチャールズは言う。ある女性は、この贈り物にとても感激して、自宅の玄関の内側にこの写真を貼り、出かけるときにいつも見られるようにしているという。亡くなったご主人がドナーだったのだ。彼女は今も悲しみに暮れているけれど、彼の生前の善行を見ること――彼の行為が感謝されていると知ること――が大きななぐさめになっていた。

最高の組織は、社長からいちばん下の社員まで、思慮深さと感謝を表すことができる。親切さを試すには、電話の対応を聞いてみるといい。まず、人間が電話に出るか？　目先の利益だけを考えれば、自動音声による応答が合理的だろう。だけど、どんなにていねいで、効率のいい自動音声システムであっても、親切で人間らしいとはとても思えない。ささいなことだが、生きた人間が電話に出ることは、相手を大切に思っている証拠になる。

ＣＥＯも、顧客サービス担当者も、受付係も、いつでも電話に親切に対応し、相手を助けること

4）　*Goosebumps*：R. L. スタイン作の子供向けホラー小説シリーズ。1992 年に第 1 作が刊行され、これまでに 164 巻が出されている。

で、すべての人々に自分たちの姿勢が示される。世界中どこでもガールスカウトの事務所に電話をすると、いつもこう出てくれる。「こんにちは、こちらは、女の子がすくすくと成長するガールスカウトです!」そのあいさつには、言葉を超えた力がある――言葉の裏側にある姿勢だ。もちろん、だれでも落ち込むときはあるし、そんなときにはこうした言葉も無意味でわざとらしく聞こえるかもしれない。けれど、そこには意志がある。つまり、組織のリーダーが時間をとって、電話の応対の仕方を考えたということなのだ。電話応対――いちばん大切な第一印象――は、相手をその場で味方にしたいという意志の表れだ。

私がこの本のために取材をしているとき、モジラのCEO、ジョン・リリーは昼でも夜でもいつでも連絡をとってくれた。私が毎回のように、「これが最後の質問」と約束すると、そのたびに彼はできる限り喜んで協力するよと確約してくれた。いつも電話に出てくれて、なんにでもすぐに応えてくれた。身を持って思いやりと情熱を示してくれたのだ。**彼は世界最大のインターネット企業のひとつを経営しているのに、いつでもきちんと時間を割いて自分の考えを教えてくれる。**興味をつなぎとめてファンをつくるのは、こうした反応の良さだ。ジョンと知り合う前、私はなんの気なしにモジラのファイアフォックスとインターネットエクスプローラーの両方をブラウザとして使っていた。いまではモジラ一筋だ――このブランドの伝道師として宣伝に励んでいる(モジラ使ってる? 使うべきよ!)。ジョンのやさしさが私を変えたのだ。

どれくらい早く、どんな風に電話に対応するかで、その会社がどれだけ人を大切にし、敬意を払っているかがわかる。そして非営利組織では、だれひとりとして大切でない人はない。アイデアリストは世界中の非営利の仕事とボランティアの求人が集まるオープンソースのウェブサイトだ。その規模はグローバルで、時差もあるが、この組織はスタッフが問い合わせに迅速に対応するシステムをつくった。社員の専門性にしたがって、電子メールと電話が毎日振り分けられる。ひとりの社員がカスタマーサービスにかかりきりになってほかのことができないということがない。そして、問い合わせが二四時間以上放置されないように、全員が責任をもって一日が終わる前にすべての問い合わせに応えている。

あらゆる人からフィードバックを募る

他者を気にかけるのは、思いやりのためだけではない。ビジネスに役立つからでもある。**外部の人材はさまざまなものを提供してくれる。その中の重要なひとつがフィードバックだ。**だれしも顧客にはフィードバックを求めるけれど、取引相手からの意見を聞いているだろうか？　元社員からは？　一般の人たちからはどうだろう？　フィードバックを募っても、回収したアンケート用紙の束が山のように積み重なって人事部で埃をかぶったりしていないだろうか？　そうしたフィードバックを意思決定に役立てているだろうか？

私が何をさしてフィードバックと言っているか、ここではっきりさせておきたい。消費者は、ご意見カードやいらいらするアンケートを数えきれないほど無視してきたはずだ。良いフィードバック——綿密に構成された賢い調査——とは、択一式の質問への答えや、さまざまな項目に一〇点満点で点数をつけるものや、最低から最高、また強く反対から強く賛成までの評価を選ぶことではないし、また違うべきだ。すばらしいフィードバックは、組織をレベルアップしてくれる。それが本来やるべき仕事を助けることもある。

ドナーズチューズは、外部のフィードバックを驚くほどたくさん組み入れた、めずらしい意思決定の戦略をとっている。ドナーズチューズに寄せられる教師たちの要望はすべて、サイトに掲載される前に審査を受ける。審査に時間がかかるので、専門のスタッフを雇うことも一時は考えた。しかし、ドナーズチューズの経営陣は、何かほかに良い方法、もっと効率的な方法があるはずだと考えた。それはテクノロジーで解決できる問題に違いないとも思った。

ウィキペディアからヒントを得て、彼らはユーザーに――つまり教師に――お互いのプロジェクトを審査させた。定期的にこのサイトを使っている人たちこそフィードバックの最適任者だ。「僕たちは、このビジネスのコアの部分――運営の柱を――ユーザーたちに任せることにしたんだ」とCEOのチャールズ・ベストは言う。「もちろん、これは友だちにフェンスのペンキ塗りが特権だと思わせたトムソーヤと同じやり方さ。お客さんをサポーターに変えるだけじゃない。サポーターをスタッフにしているんだ」

外部者を仲間に引き入れる

人はみんな忙しい。そしてストレスを抱えている。あれもこれも気にかけなくてはならない。

いろんな仕事を抱え込みすぎている。あなたが親切に電話に対応し、サポーターをスタッフにすることができると思っていても、実際にどう人々を参加させるのか？　自分たちの目的に賛同してもらうにはどうすればいいのか？　どうすれば、彼らが私たちを助けたくなるように――そうせずにいられないように――できるのだろう？

　ブランドが果たす役割は大きい。**定義のあいまいな組織のメッセージは伝わりにくい。心に響かないブランドを応援してはもらえない。**しかもお金も払わずにそのブランドを宣伝してもらうことは不可能だ。非営利の世界にいる私たちにとってはとりわけ、すべてのメッセージは、きちんと定義され、的をしぼった明快なものでなければならない。それによって、人々は、組織の目的や価値観についてはっきりと理解できるようになる。シンプルで、力のあるメッセージが信頼につながる。そうすれば、組織を信じる人たちはその信念を他者に伝えることができる。もしあなたが友人に、なぜそれが大切かをひとことで記憶に残るように説明できなければ、友人が商品を試したり、ウェブサイトに行ったり、お金を寄付することはまずない。

　シェア・アワ・ストレングス[5]は、私たちのほとんどが気づかない問題、アメリカ国内の子供たちの飢餓と闘う非営利組織だ。アメリカ国内にも栄養不足の子供たちが存在し、その状態が続けば彼らの教育や将来に深刻な悪影響が及ぶ。この世界一豊かな国で、こうした問題が存在することを私たちの多くは知らない。シェア・アワ・ストレングスの創始者でCEOの、熱意に満ちたビリー・ショアがこの問題を語ると、人々はみな感動して助けたくなる。この組織のブランドは活動そのものだ。シンプルで明快で心に響く。だが、シェア・アワ・ストレングスはどう子供たちを助けるの

5）Share Our Strength：米国内における子供の飢餓をなくすために活動している団体。1984年にビリー・ショアとデビー・ショアが設立。

か？　実際には何をするのか？

シェア・アワ・ストレングスのすばらしさは、こうした質問に簡単に答えられるところだ。この組織には、全国の人が簡単に参加できるよう設計されたプログラムが多くある。**「簡単に参加できる」とは、支援をうまく行動に落とし込むという意味だ。また、その行動は、組織のメッセージを強化しつつも、参加者の日常生活をほとんど変えなくてもいいようなものだ。助けずにはいられなくさせるのだ。**たとえば、「グレート・アメリカン・ダインアウト」と名付けたイベント週間に支援者に外食してもらい、レストランの売上の一部を慈善活動に寄付する。みんなどうせ食べるんだから、同じことだ。

大企業が営利目的でこんなキャンペーンを立ち上げようとすれば、多額の媒体費用が必要になるだろう——新聞の一面広告、高級誌への掲載、主要地域での看板広告、そしてラジオやテレビスポット。シェア・アワ・ストレングスにはこうしたプロモーションに使う予算はない。もしあったとしても、彼らがマス広告を打つとは限らない。コンテンツの制作が難しいからだ。比較的小さなスペースに、文字が多すぎないように、活動の内容をみんなに説明する必要がある。その上で、全員の参加を呼びかけなければならない。

だけど、これまでに紹介したいくつかのことをきちんとやっていればどうだろう？　あなたの呼びかけ次第でブランドの広告塔になる人たちがいるとしたら？　シェア・アワ・ストレングスには、一度でも連絡をくれた人たち全員の名前と連絡先を保存した大規模なデータベースがある。そしてこの人々に積極的に呼びかけるのだ。こうして、シェア・アワ・ストレングスは、最小限の投資で大きなリターンを挙げている（初年度は五〇万ドルだった）。

支援者とけんか別れしてはいけない

シェア・アワ・ストレングスのネットワーク構築方法を見ていると、私はある夏にナンタケット[6]のデリ[7]で肉を薄切りにするアルバイトをしたことを思い出す。といっても実際は四週間しか続かなかったが、その長い四週間は今も忘れられない。そのとき受け取った小切手は二枚だけで、アルバイト期間も短かったので組合には入れなかったけれど、大学を卒業するまでずっと私はそのことを履歴書に書いていた。二〇年後の今になっても、スーパーに行ったり、地下鉄のそばを通ったり、だれかが奥歯をかみしめるのを見ると、あのデリと、私が目撃したとても清潔とはいえない仕事のいくつかを思い出す。すると、いまだに胃がちょっとむかむかする。そして、そのとき一緒にいる人――でなければ横に立っている見知らぬ人――にこう言うのだ。昔デリで働いていたので、今もハムが食べられない、と。長年のあいだに、私は多くの人をハム嫌いにしたと思う――そして私と昼食を食べたくない人も少なくないはずだ。

私はこの二〇年、一度もそのデリにもどらなかったし、一度もナンタケットにもどっていない。それなのに、自分をいまだにデリの仲間だと思っている。その職場に思い入れがあるのだ。なんといっても、その仕事のために、四週間もヘアネットをかぶっていたのだから！　あのデリを忘れることは生涯ないだろう。もしだれかが同窓会でもはじめてくれれば、会員になる。

6）　Nantucket：米国マサチューセッツ州ケープ・コッドの南にある島。観光地。

7）　デリカッセン（Delicatessen）の略。サンドイッチや持ち帰り用の軽食を売る店のこと。

元社員が昔の仕事に深い思い入れを持っていることを目ざとく見つけ、良い思い出を利用しようとする賢い非営利組織もある。ティーチ・フォー・アメリカ（ＴＦＡ）は、元スタッフ、つまりこの組織の卒業生を上手に利用し、大切にしている組織の模範例だ。ＴＦＡには、同窓生の窓口があり、専任の役員がこの部門を率いている。この部では、同窓会や、カンファレンス、サミットなどを組織し、同窓誌まで発行している。大学院と提携して、修士課程を経済面で支援することも行っている。ＴＦＡのサイト上には「同窓生向けサービス」の大々的なページがあり、電話の自動音声のメニューでも、それが選べるようになっている。

ＴＦＡは、さまざまな領域の実践的なプログラムをスタッフに提供することで、元スタッフと緊密な――長期にわたる――関係を築いている。これはとても賢い戦術で、商売上手なやり方だ。元スタッフはすでに大きな興味と献身を示している。いまはＴＦＡで働いていなくても、組織の活動を気にかけていないわけではない。彼らもすぐにお金を稼ぐようになり、将来、ＴＦＡの使命を強力に支援するようになるだろう。

ＴＦＡの卒業生は、数年のあいだに組織のもっとも強力な資産になった。その多くはいま影響力のある立場にいる。ミシェル・リー[8]はＴＦＡの創業期にボルティモア市街の学校で教えていた。その後、彼女は非営利のニュー・ティーチャーズ・プロジェクトを創立し、さらにワシントンＤＣの問題学区において、非営利組織で学んだことを公共の仕事に生かしている。アンディー・モフェットも、ＴＦＡの初期にヒューストンで教師として働いた。いま彼はマッキンゼーのコンサルタントとして、ビル・アンド・メリンダ・ゲイツ財団へ教育分野のコンサルティングをしている。多くの

8）　Michelle Rhee：1997 年に教師教育プログラム、ニュー・ティーチャーズ・プロジェクトを創設。その実績を買われ 2008 〜 2010 年、ワシントン市の教育委員長を務めた。

元スタッフが政治家に立候補しているので、TFAは専門の部署を置いて、政治家をめざす人向けの研修も行っている。元スタッフの大多数は大手企業に就職している――そして無給のリクルーター兼サポーター兼宣伝係として、重要な役割を果たしている。TFAの「外部人材」による貢献は、とにかくものすごい。それはなぜか? ひとつには、TFAの哲学が、スタッフをつなぎとめることだからだ。ティーチ・フォー・アメリカはイーグルス[9]のホテルカリフォルニアのようなものだ。チェックインすると、一生チェックアウトすることはない。

TFAほどは組織化されていないが、同じくらいすばらしいのは、ヒューマン・ライツ・キャンペーン[10](HRC)のインターンプログラムだ。それはただのメーリングリストだ――だが、それには、求職情報や、イベントへの招待、ボランティアの要望、メディア掲載の情報などが載せられる。元インターンたちはHRCの民間兵のようになり、何年後かにHRCのために尽くす準備ができている。

ゴールドマンサックスとマッキンゼーは、元社員との絆をとても上手に維持している。実際、この二社は実業界の花嫁学校としての評判を確立している。このどちらかで二年間働くことは、将来の成功への第一歩だ。ゴールドマンとマッキンゼーもそれを知っている。彼らも社員が別の道を歩むことを期待し、ここでのキャリアの始まりを良い思い出にしてほしいと願う。元社員たちが、その後マッキンゼーやゴールドマンに信じられないほど多くのビジネスをもたらしているのも当然だろう。新聞や雑誌が最近このことを取り上げた。これをゴールドマンが世界を支配するためのたくらみだと批判する人もいる。だが、ただ単に商売のやり方が賢いだけだ。

9) Eagles:1971年にデビューし多くの大ヒット曲を生んだ米国を代表するロックバンド。「ホテルカリフォルニア」は長旅の途中に立ち寄ったホテルから離れられなくなった男の歌で、世界中でヒットした。

10) Human Rights Campaign(HRC):ゲイ、レズビアン、トランスジェンダーの人権擁護に取り組む非営利団体。1980年設立。

これとは反対に、離職を「追放」にしてしまう企業もある。辞めてゆく社員を非難し、義理に反すると責め——それが明らかに仕事内容も条件もいい仕事であっても——辞めるのは間違いで、きっと後悔することになると脅かす。ライバル企業に転職させないためにあれこれと法律上の足枷をはめ、いやがらせをする企業も少なくない。また一方で、元従業員が仏頂面の警備員につい添われて強制的に退去させられるニュースの映像を見ることもよくある。

こうした映像を見たり話を聞いたりするたびに、私はなぜだろうと思う。社員が辞めるときに、一生続くことになる怒りの種や、企業とブランドへの苦々しい思いを植え付ける必要がどこにあるのだろう？　どうして、辞めていく社員に、公衆の面前で恥ずかしい思いをさせるのだろうか？

よくできる部下に辞められると、裏切られたと思う上司がいる。そういう上司のみなさん、申し訳ないがあなたの感情はこの際どうでもいい。そんな小さい人間じゃダメだ。不満だらけの元社員を広い世界に送り出すことは、どんな企業にとってもいいことではない。キャリア相談の専門家は辞めてゆく社員に橋を燃やさないよう忠告する。その橋の反対側にも、同じことが言えるはずだ。

ほとんどの企業が元社員のことを忘れてしまうのは無理もない——用済みの社員は、視界から消え、記憶からも消える。だが、長い目で見ると、これは間違いだ。会社を辞めて、次の職場に移っても、思い出は消えない。彼らはいつでも元社員だ——なかにはすばらしい体験をした人たちもいる。**すばらしい思い出を持つ元社員は、ブランドの伝道師になれるのに、たいていの企業は彼らにブランドを宣伝する機会を与えない。**元社員は「視界から消え、記憶から消える」——企業はこれらの人材をすべて無視している。

これがどれほど大きな間違いか、何度もくり返して言いたい。非営利組織は、元スタッフがブランドの宣伝にどれほど役立つかを身をもって体験している。彼らはスタッフ候補を勧誘する。専門知識を使って、顧客向けのプレゼンテーションづくりを手伝う。営利企業もこれを学ぶべきだ。

はじめに紹介した、「大学モデル」に話をもどそう。どんな大学も卒業生との関係を大切にしている。なぜなら、一〇年後、二〇年後に彼らがいちばん強力な支援者になることがわかっているからだ——スポーツに限らず、とくに財政的な支援だ。大企業もそれはまったく同じだろう。**企業は元社員との関係を扱う担当者を置くべきだ。**その担当者は、数多くの元社員を強力な宣伝マンにするやり方を編み出す必要がある。ウェブサイトに元社員専用のページをつくろう。元社員同士が旧交をあたためられる掲示板を開こう。同窓会を開いて、みんなが顔を合わせられるようにしよう。思い出を話してもらおう。割引券をあげよう。クリスマスカードを送ってつながりを保とう。会社の様子を伝えよう。

そうすれば、元社員は、自分に価値があり、仲間であると感じられる。そして、こうしたことが、彼らを「無視された元社員」から「積極的な支援者」に変える。元社員に会社を売り込んでもらうためには、まだそこに属しているような気持ちにさせなくてはならない。

口コミは最高のマーケティング

この章は社外の「ファン」を見つけることについての章だが、その中身は「伝道師」を育てることだ。**ファンと伝道師には大きな違いがある。ファンは心からなにかが好きだが、伝道師は、なにかが好きなあまり他人にそれを伝えずにはいられない。**伝道師たちは、なにか良い物を見つけると、とにかくみんなにそれを教えたいと思う。つまり、彼らはマーケターだ。

非営利の世界で、私たちはファンに感謝する。彼らがクリスマスの直前に五〇ドル寄付してくれればありがたいし、亡くなったときに少しだけお金を残してくれれば、心から感謝する。だけど、私たちは伝道師を愛している。彼らは、小切手を送ってくれる上に友達みんなに私たちのことを「つぶやいて」くれる。学校で寄付金集めのバザーを開いてくれて、その地域の心ある人たちが私たちの組織に関心を持ち、寄付してくれるように、感動的なドキュメンタリー映画の上映会を開いてくれる。

非営利組織は伝道師が口コミを拡げやすくするようなさまざまな戦略をつくってきた。営利企業が学ぶべき教訓がここにある。まず、今の時代の新しい人間関係のツールを恐れてはいけない。テクノロジーを利用していれば、それが人々を結びつけ、お互いが関わり合う新しい環境をつくることをすでにご存知だろう。もしインターネットがなければ、エリック・ディングのような先駆者もいなかった。

エリックは中国で生まれ、五歳のとき家族とともにアメリカに移住した。一〇代で、彼の胸に野球ボールほどの悪性の腫瘍が見つかった。がんと診断されたとき、「五」という数字が彼にとって大きな意味を持つようになった。医者は、彼にあと五年の命だと宣告したのだ。

がんと言われてもエリックはあきらめなかった。高校三年までに、トラックとクロスカントリーの競技で試合に出られるまでに回復した。今では、完全にがんを克服し、フェイスブックのソーシャルネットワーキングを利用して非営利のマーケティングを成功させた一人として知られている。立ち上げから六カ月で、フェイスブックの「がん予防キャンペーン」[11]は、二二〇万人の支援者を集めた――いまではそれが三〇〇万人を超えている。

エリックは最初に少人数の知り合いに声をかけただけで、これが何万、何十万、何百万人という知らない人たちの間に広まった。フェイスブックで友人が参加しているのを見た人たちが、次々に自分自身も参加していった。とても簡単なやり方で――クリックするだけだ。

クリックを寄付につなげることや、参加者を積極的な支援者にするのは、もっと難しい。しかし、エリック[12]は、**人が集まるところで、自分の思うところを話し、共感を行動に移せるようにすれば、人々は動く**ことを証明した。

ドゥ・サムシングの行った調査によると、**子供たちは友達に頼まれると四倍も多い確率で積極的にボランティアをする**という。だから、私たちは、それを簡単にしてあげる。一〇代の子供たちのコミュニケーションの手段でいちばん多いのは携帯メールだ。携帯メールで郵便番号を送れば、その地域で必要なボランティアの情報が毎月二回送信される。それを友達に転送することもできる。私たちは一〇代の子供が肌身離さず持っているものを使って、彼らや彼女らにマーケティングをしてもらっている。いまでは六万人の子供たちがこのサービスに登録し、その中の三割は実際にこれを使ってボランティアの仕事を見つけ、参加している。

11）Campaign for Cancer Prevention：2010年1月現在、支援者は600万人を超えている。

12）エリックは「がん予防キャンペーン」の活動を率いるかたわら、現在ハーバード大学医学部とブリガム・アンド・ウィメンズ・ホスピタルで栄養学と疫学を教えている。

見返りを与える

ここまで読んだ読者のみなさんは、なぜ社員でない人たちが、喜んでセールスマンとして働いてくれるのか不思議に思っているに違いない。どうして、彼らはわざわざ私たちを助けてくれるのだろう？

ひとつのやり方は、もので釣ることだ。たいていの組織は、あまりお金をかけずに彼らに提供できるものがあるだろう。 たとえば、ドゥ・サムシングでは年に何度か有名人が参加する大きなイベントを開く。チケットは一枚二五〇ドルから五〇〇〇ドルと高価で、学生にとってはとても手の届かないものだ。だが、私たちは元インターンたちにこのチケットをただであげる。夏休みにただ働きしてくれたお礼として。彼らは賢く野心的な若者で、組織のことをよく知っている。**いつかこの中の何人かがもどってきて私たちのために働いてくれるかもしれない。お金持ちになって、たくさん寄付をしてくれるかもしれない（と願っている）。** だから、彼らを引き入れない手はない。これはすばらしい投資だ。

小売チェーンはこのやり方を取り入れるといい。社員全員に生涯五％の割引を約束するのだ。彼らは忠実な顧客になり、友達や家族もこの割引を使えば、効果は何倍にもなる。こうして感謝を示すのは商売上手でもある。これからも会社を助けようという気になるし、採用にも使えるからだ。ホームデポ[13]の社員は、会社を辞めても自宅や庭で日曜大工をするだろう。ホームデポは元社員にも、引き続きここで買い物をしてほしいはずだ。彼らに生涯割引をあげるといい。売上は確実に上がる

13）The Home Depot：全米最大の住宅資材・DIY チェーン

だろう。

人材を紹介してもらう

三年前、ドゥ・サムシングはPR会社を雇った。その会社のある社員が、何カ月間もくり返しメールや電話で売り込んできたからだ。私はそのしつこさが気に入った。それで、彼の会社を一年間雇ってみることにした。それから三カ月もたたないうちに、彼は会社を辞め、その上に四人も辞めた——その会社には社員が一五人くらいしかいなかったのに。そんなにたくさんの人が一斉に去っていくのを見たのは、ケビン・コスナーの『ウォーターワールド』(14)を映画館に観に行ったとき以来だった。

結局、私たちは契約を白紙にもどして、別の、もっといい——安定した——PR会社を雇った。しかし、私は、他のPR会社に移った人たちとも連絡をとっていた。私たちは求人をするとき、それを広い範囲にお知らせする——こうした人たちにも。そして、彼らはいつもすばらしい人材を紹介してくれる。どうしてか？　一度はいっしょに仕事をしたことで、私たちの仕事をよくわかっているからだ。私が彼らを「人間らしく」扱ったので、私がそれほど悪い上司じゃないことも知っている。そして、私に恩を売ればいいことがあるかもしれないし、少なくとも損はないからだ。そのうち、私がもう一度彼らの顧客になるかもしれない。

多くの企業は紹介者をわざわざ限定している。少数の優秀な人だけが集まる選ばれたグループの

14）*Waterworld*：1995年の映画。最低映画作品を決めるラジー賞において、ワースト作品賞・ワースト主演男優賞・ワースト監督賞・ワースト助演男優賞を受賞。

中にだけチャンスがあると思っているからだ。しかし、最高のチャンスは時に予想もしない、ありそうもないところに転がっている。パーティーで会った、あなたの義理のお兄さんのいとこが大口の献金者になるかもしれない。元ボランティアの今の会社が、大切な企業スポンサーになるかもしれない。展示会のブースをつくってくれた人の顧客があなたの会社のサービスを必要としているかもしれない。元社員が入社した会社が、顧客になるかもしれない。元役員が別の会社の役員になって、その企業が理想的な合弁相手だと気づくかもしれない。

あらゆる企業が紹介の大切さに気づいているのに、広い範囲に呼びかける方法を知らない企業も少なくない。適任者を見つけて入社してもらうことは、採用のかなめだ。適任者を世界中で探す場合は、普段なら考えないようなところに紹介を求めることも必要になる。その上に、多くの仕事は高度に専門化していて、正しい採用の判断をするには、狭い範囲の専門性が必要だ。外部のサポーターは、高い成果をもたらす人材を、あなたの会社に勧誘できるかもしれない。だが、実際にそうしてくれるだろうか？　その答えはあなた次第だ。

イノベーションのきっかけを与えてもらう

外部のサポーターは人材を紹介してくれるというだけではない——ときには、**私たちの仕事を改善したり、事業に変革をもたらすような斬新なアイデアをくれる**こともある。非営利で働く人たちは起業家精神があり、すばらしいアイデアなら、それがどこからきたものであっても柔軟に取り入れる。非営利のスタッフはみんな若く、「ここで生まれたものではない（ＮＩＨ）」症候群[15]にかかりにくい。

これまでにもっとも成功した資金集めのキャンペーンや提携のアイデアは組織の外で生まれた。支援者が電話をかけてきてアイデアをくれたり、元インターンが思いもかけないすばらしいアドバイスをくれることもある。ある夏、ドゥ・サムシングでヘザーという高校生のインターンが働いていた。彼女は賢く、機敏で、整理上手だった。すごくいい子だった。彼女がその秋学校にもどるときにはみんな淋しがった。学校が始まって何カ月かたったころ、彼女が電話してきて、あるアイデアをくれた。彼女は高校三年で、その高校の地域貢献部の部長をしていたが、彼女に言わせるとそのクラブは「まったく融通がきかない」という。その部は国に会費を払った上に、決められたとおりの「地域貢献」計画に従って活動し、結果をファックスしなくてはならなかった。「これって、あまりにも時代遅れ」と彼女は言った。「私たちが何かを変えたいと思ったら、フェイスブックに載せれば実行できるじゃない。ドゥ・サムシングが、生徒たちがオンラインで登録できるドゥ・サムシング部をつくるべきよ」それは、一七歳の口からマシンガンのように飛び出てきた、驚くべきアイデアだった。それから三年後の今、全国の一〇〇〇を超える学校で、このプログラムは運用されている。

あなたへの11の質問――外部の人材を活用する

15）Not Invented Here syndrome：何らかのアイデアや製品を、それが自社や自国で生まれたものでないことを理由に採用したがらない傾向のこと。

社内の人材はもちろん成功に不可欠だが、外部の人たちも同じように大切だ。この章では、外部の人材を発掘し、彼らをやる気にさせる方法についてまとめた。もちろんこれは長期的で多面的なプロセスだが、思いもかけないような大きな結果を生むことは間違いない。

疑り深い読者なら、社員でもない人がほんとうに助けてくれるのかと思っているかもしれない。それでもかまわない。非営利の世界にいる私たちに、外部の支援者がいることは疑いのない事実だ——そして私たちは彼らを活用している。彼らは私たちの成功に大きく貢献している。ブランドの伝道師が集まるのは、偶然ではない——それは意識的な努力の成果だ。出会うすべての人々が心から私たちに協力してくれるように、私たちも努力を欠かさない。

非営利組織が外部の人材を参加させるために使う手法は営利の世界にも応用できるはずだ。ある意味で、そうした手法は営利企業により向いているかもしれない。というのも、営利企業の方が規模が大きく、相乗効果も大きいからだ。けれど、細かいことを議論する前に、次のことを肝に銘じること。**「役人は役目を果たす。信じる人は献身する」**

信じる人たちは、売上をあげることも、新しい提携を結ぶことも、口コミを拡げることも、新規事業を始めることも、コストを減らすこともできる。**あなたの会社が一度でも関わった、そしてこれから関わるすべての人は、将来にわたって、すばらしい資産になるかもしれない。**

では、大企業のみなさん。用意はいい？　以下の質問を自問してみること。

1 一度だけしか会ったことのない人たちのリストをつくれますか？　あなたのブランド、製品、サービスに一度だけ関わりをもって、それ以降関わっていない人たちのリストです。

2 あなたの会社に批判的な人たちはだれでしょう？　取引相手や元社員の中にあなたの会社を嫌っている人はいますか？　その人たちの意見を聞きましたか？

3 あなたの会社はリンクトインを使っていますか？　だれがそれを担当していますか？　ユーザーの履歴をチェックしていますか？

4 自分の会社に電話して、その応対を聞いたことがありますか？　顧客サービス部門はどうでしょう？　あなた自身のアシスタントは？　店舗の店長はどうでしょう？

5 インターン期間が終わった後はどうしていますか？　インターンを雇わない場合にも、また会うことはありますか？　きちんと関係を維持していますか？

6 ブランドの顧客サービスを担当しているのはだれですか？（会社や製品やサービスではなく、「ブランド」と言っていることに注目してください。ブランドとは個々の製品やサービスよりも大きなものです。顧客サービスに寄せられる質問のいくつかはブランドに関わるものです。「バッテリーを交換するにはどうしたらいいですか？」や「飛行機は時間どおりですか？」というだけではありません）

7 退社する人をどのように扱っていますか？　元社員と関わりを保っていますか？　退社後も受けられる優待がありますか？

8 あなたの会社を宣伝してくれた外部の人に何かお返しをしていますか？　それは正式なものですか？　それとも行き当たりばったりですか？

9 外部の人にフィードバックを求めたり、人材を紹介してもらったりしていますか？

10 顧客のひとりにばったり会って、「きみの会社のPCがすごく気に入ってるから、何か手伝えることはないかな？」と訊かれたら、なんと答えますか？（ヒント：「もっと買って下さい」は不正解です）

11 あなたの会社はニュースレターを発行していますか？　それをだれに送っていますか？

CHAPTER

4

賢くお願いする

というわけで、共同キャンペーンの媒体費用が削られたことに周りのみんながうろたえているあいだ、私はその美しい会議室で静かにクッキーをちびちびとかじっていた。彼らはどこかから予算を取ってくる話やグローバルマーケットのだれそれのところに行って、なにがしをもらってくる話をしていた。ある時点で、お偉いマーケティング担当者がおしゃべりをさえぎって、いらいらしながらこう言った。**「こんなのバカげてるわ。ヤフーに頼んでなんとかできないの？」**

彼女の質問が、ただの言葉のあやだったのか、その部屋にいるだれかに向けて言ったのか、電話の相手に向かって言ったのか、私にはわからなかった。それとも、彼女はヤフーの偉い人とテレパシーで交信できて、ヤフーからすぐに返信がくるはずだったのかもしれない。今思うと、それは質問ではなかった。たぶん命令だったのだろうが、奇妙な命令だった。というのも、その部屋にはヤフーの社員はいなかったからだ。この巨大企業はヤフーを所有していたわけでもなければ、私の知るかぎり、ヤフーとはなんの関係もなかった。ただ毎年ヤフーから広告スペースをたくさん買っていただけだ。

非営利組織は、お金が必要な場合にはお願いする。しかも感じ良く。そして非営利組織はそれがとてもうまい。二〇〇八年の非営利組織への献金は三〇〇〇億ドルにも上っている。これらは寄付だ。支援者や支援企業や財団はなんの見返りも求めずお金をくれる。正直に言うと、私はいつも、慈善事業にこれほどの寄付が集まることに衝撃を受ける。支援者が見返りを得る確率はラスベガスのカジノより低い。ラスベガスでは少なくとも、その確率はゼロではないからだ。心からの感謝や、天国での一等席、そして節税メリットのほかに、彼らは何を得るのだろう？　建物にその名前がつくこともない（アニュアルレポートに名前が載って、かわいいトートバッグがもらえるくらいだ）。

非営利のリーダーたちは、やり手のセールスマンだ。読者のみなさんはエスキモーに氷を売るたとえやシベリア人に水着を売る話を聞いたことがあるだろう。でも、少なくとも氷なら触れるし、水着なら着ることができる。非営利が与えられるものといえば、善いことをしたという満足感や、社会貢献活動そのもの、そして世界を変えようとしているという評判くらいだ。

また、非営利の世界は驚くほどライバルが多い。同じ分野にいくつも非営利組織があり、みな同じお財布をねらっている。私たちにできるのは、ブランドやその中身、これまでの活動とその成果を見てほしいと頼むことくらいだ。

この売り込み競争に勝つためには、洗練されたお願いの仕方が必要になる。これはコモディティ化が進み、競争の激しい営利企業こそ学ぶべきことだ。巨大会社が何かを命令すれば、ほんとうに価値のあるものを手に入れられるのか？（ヤフーに命令すれば、ほんとうにうまく行くのか？）

そこで私は、「善」という名のもとに非営利業界が人々からお金を巻き上げる手法について考えはじめた。

ザイナブ・サルビは、彼女がつくったウィメン・フォー・ウィメン・インターナショナル(1)への支援を求めることにかけては天才的だ。彼女自身の生い立ちが、それに役立っている。ザイナブの父親は、サダム・フセインの個人パイロットで、彼女もこの悪名高き独裁者と何度も週末をともに過ごした。彼女は権力の残虐さを身を持って経験した。「ミサイルが隣を直撃する音でよく目を覚ましたものよ。それで、今日は助かったと思って、また眠るの」イラクがクウェートに侵攻したとき、

1）Women for Women International：戦争・紛争の被害に遭った女性を支援する非営利団体。1993 年にザイナブ・サルビが設立。

彼女は家族と離れてアメリカの学校に行っていた。彼女は家族や友人や隣人たちが激しい争いに巻き込まれるのを目撃した――電話や手紙やインターネットを通して。「だから、私は戦争を知ってるの。戦争のなかで生きること、そして生き残ることについて。遠く離れた場所から何か手を貸したいと思う気持ちがわかるの」彼女は祖国と身近な人たちの苦難を見た。イラン・イラク戦争での彼女自身の経験は、戦争の影の犠牲者たち、つまり女性や子供に手を差し伸べることにつながった。

一九九三年にザイナブはウィメン・フォー・ウィメン・インターナショナルを立ち上げ、これまでに二六万八〇〇〇人を超える女性を助け、七八〇〇万ドルにものぼる資金援助を行った。この組織は資金集めのイベントや基金への申請を行う一方、オンラインで年間一一〇〇万ドルの寄付を集めている。私はそのことにとくに驚いた。彼女は寄付者と実際に会わずに、つまりその茶色の目を見せて懇願したり、話しかけたりしなくても、多額の資金を調達している。**彼女はインターネットだけで人々を説得し一一〇〇万ドルものお金を出させることができるのだ。**

宝くじにあたったのに銀行口座の開き方がわからない「かわいそうな」ナイジェリア人に口座を貸してあげるかわりに賞金の一割をもらうという詐欺の手口がある。詐欺は見返りを約束する。だが、なんの見返りも約束せずに、eメールだけで人々の財布から一一〇〇万ドルをいただけるとは、なんとすごいことだろう。見返りがないのに、どうやってお金を出してもらうのか?

ここで、非営利がよく使う、ほしいものを手に入れるための、頼みごとのコツをお教えしよう。

共通の利益を見つける

人間に耳が二つあって口が一つしかないのには理由がある――三分の二の時間は聞いていなければならない（少なくとも！）ということだ。いちばん良いのは、一対一でじっくり話を聞き、相手の経歴、興味、思考、心配事、楽しみ、嫌なこと、好きなことなどを知ることだ。寄付してくれそうな人に自分たちを売り込むとき、私は次の三つを自問する。

- 相手が私たちの活動を気にかける理由は何か？
- 相手は私たちに何を求めるだろう？
- どうすれば相手の要求にうまく応えられるか？

まず相手の立場で考え、次に自分たちを考えていることがわかるだろう。売り込みとはそうあるべきだ――もちろん、ほしいものを手に入れるためにやっていることだが、決めるのは相手だ。あなたが必要としているものは彼らの手の中にある。だから彼らが中心になる。

ピーター・ウィルダロッターは四〇年近く非営利組織のために資金集めを行っている。公民権から女性の権利からプライバシーまで、さまざまな問題領域で資金集めの経験がある。現在は、悲劇的に四肢麻痺になった俳優のクリストファー・リーブ[2]が設立したクリストファー・アンド・ダナ・リーブ財団で脊髄損傷の問題に取り組んでいる。ピーターはこれまで慈善事業のために五億ドルの

2) Christopher Reeve：映画『スーパーマン』でクラーク・ケント役に抜擢されたが1995年に乗馬中の事故で脊髄に損傷を負った。2004年に52歳で死去。

寄付を集めてきたが、めったにお金をねだることはない。それどころか、マーケティングや売り込みにはほとんど時間を使わない。そのかわり、彼はこう言う。**「私は財団の使命について話しますので、あなた自身とあなたの興味のあることについて教えて下さい」**

ピーターは、適切な人に——特定の分野に興味のある人に——自分たちの使命をきちんと説明できれば、相手は自然に応えてくれることに気づいた。たとえば、財団が資金援助する研究によって筋肉の再活性化が進み寿命が延びるようになることを、脊髄損傷患者の家族に説明すれば、協力したくなるだろう。

これは特殊な分野では難しいように見える。脊髄損傷患者の生活の向上に心から情熱を傾ける人たちが何人いるだろうか？　対象人口が比較的少ない場合や、研究の成果が出るまでに何十年もかかる場合に、関心を持ってもらうのは難しい。しかし、組織の使命と潜在的な支援者の興味が重なり合う部分は、みんなが考えるより大きいとピーターは言う。家族や友人に脊髄損傷の患者がいなくても、損傷のあるだれかを知っているかもしれない。クリストファー・リーブの話を聞いて感動したかもしれない。

あなたの組織の目的が潜在的な支援者の興味と重なる部分を考えてみてほしい——そして支援者の興味がまったく一致しない場合を。それほど長い時間はかからないはずだ。その重なる部分が見つかれば、そのお互いに関心のある領域に注目して、具体的な話し合いを始めることができる。

友情とビジネスを混同しない

ついさっき売り込む相手を知るように言ったばかりなので、その人たちと友達になるな、と言うと前言を翻すように聞こえるかもしれない。非営利組織は資金提供者、とくに大口の寄付をしてくれそうな人と友達になろうとしないのか？　答えはノーだ。ピーター・ウィルダロッターは、こう警告している。**資金提供者と永続的な関係を築くためには、私たちが頼むから寄付しているのではなく、それが社会への賢い投資になるからだと相手が信じなければならない**、と。友情は持続可能なビジネスモデルの土台にはならない。

ある有名な女性がドレス・フォー・サクセスに興味を持ってくれたことがある。彼女の友人が『シックスティミニッツ』[3]を見て、彼女に電話したのだ。「あなた、この組織に関わらなきゃだめよ。あなたにぴったりなんだから」というわけで、彼女は私をランチに誘ってくれた。もちろん、私は出かけて行った。彼女は、ウィークデイの真っ昼間からみんながカクテルを飲んでいるような、はなやかなレストランを指定した。そして二時間もかけて昼食を食べた。彼女は私と組織について話を聞くと、自分のことや人生の苦労話、そして今付き合っている彼氏のことを九〇分間延々としゃべり続けた。私は居心地が悪かった。彼女のネックレスは、面接へと向かう女性を数千人は助けられそうなほど豪華だった。その女性たちがもらう給料は、彼女がバーニーズ[4]で一時間に使うおこづかい程度だったに違いない。彼女は私たちのオフィスに一度も来なかったが、彼女に誘われてそのあと三回ほど夕食を付き合った。そして、やっと彼女は自宅に小切手を受け取りに来るようにと

3）*60 Minutes*：米国CBSテレビのドキュメンタリー番組。

4）Barneys New York：マンハッタンに本店を持つ高級百貨店。

言った。私が彼女の自宅に着くと、彼女はバスローブ姿で私を入り口のところで出むかえ、こう言ったのだった。「あぁ、なんてことかしら！　また豊胸手術をしたんだけど（三度目の）、左右が釣り合ってない気がするのよね～。ちょっと見て下さらない？」彼女はバスローブの前を開きはじめた。

その時点で、私は目を閉じ、手を前に突き出して、こう叫んだ。「私にはそういうことはわかりません！　お願いです。もうほんとうに行かないと」彼女は私に封筒を渡し、私は立ち去った。一万ドルをくれた彼女に、私はすぐさま堅苦しすぎるくらいの感謝のカードを送ったが、その後彼女から一度も連絡はない。

このイカれた出来事は、私にいくつかのことを教えてくれた。寄付してくれそうな人とオフィスや公の場所以外では会わないこと。親切にするのはいいけれど、個人的な問題の相談相手にならないこと。そしてもし豊胸手術をするなら、一度で終わらせること。あの女性からもっと寄付金を絞り取ることはできたかもしれないが、それじゃまるでペテン師のようだし、私はそんな人間じゃない。そんな時間もなかった。それに、非営利組織のリーダーが言うように、多額の寄付をするのは「友達」（うわべだけの友人も真の友も）だからではないはずだ。製品やサービスを心から信じる人こそが、それに大きく投資するのである。

仕事と友情を混同すると、なぜ付き合っているのかわからなくなってしまう。仕事をきちんと評価したり、注文を変えたり、値切ったりするのが友達だからこそ難しいこともある。だれかと親しくなると、その人の仕事に以前より敬意を払えなくなることも多い。親切にすることと、友人になることは別だ。仕事の場では、親切にとどめておいた方がいい。

細かく決める

頼みごとに締切日を設ける——それを説明する——ことは、相手を急がないといけないという気にさせる。締め切りが急すぎると（「明日の正午までにこのお金が必要なの！」）見苦しいと思われるし、それがあまり先だと（「二〇一二年の一月までならいつでも」）どうでもいいように思われてしまう。締め切りが現実的なら真剣でプロ意識が高いと思われる。スケジュール表をつくって、それを守ること。きっちりとスケジュールが決まっていると、調査が行き届いていて、意志が明確だと相手に伝わる。

私たちは支援者に頼みごとをするときに、締め切りだけではなく内容についても細かく伝えることにしている。内容がはっきりしないと、イエスと言ってもらえる可能性が低くなるからだ。ザイナブ・サルビは、支援者に、どこの国のどの活動で何人の女性を支援することに寄付をしてほしいと頼む。ウィメン・フォー・ウィメンのサイトには、「戦争で生き残った女性を支援する」というボタンがある。支援者は支援する地域を選び、月に二七ドル支払う。選択できるのは、アフガニスタン、ボスニア・ヘルツェコビナ、コンゴ民主共和国、イラク、ナイジェリア、ルワンダ、そしてスーダンだ。

イルカを救ったり地球温暖化を止めたりすることを支援してもらうよう、情熱をこめてみんなにお願いすることはできるが、数字や事実やスケジュールを盛り込んだ詳細な計画や救済策がなければ、ただ雲をつかむような話で終わってしまう。ちょっと考えただけでも、私は女性のがんの団体を一三はあげられる――支援者があなたの組織を選ぶ理由があるだろうか？　データはそれを証明する助けになる。きちんとしたデータと具体的な活動計画があれば、ノーと言いにくくなる。

もしあなたが細かく指定しなければ、支援者が苦労して援助方法を探し出さなければならない。ただ「助けて下さい」よりは、「六月の第一週に一〇人の夕食会を開くのを手伝って下さい」と言う方が効果的だろう。細かい指示がなければ、支援者はあなたが何を望んでいるかがまったくわからない。彼らはただ想像するだけだ。**何かを売り込みたいのなら、相手の想像力にまかせてもうまく行かない。細かく特定することで、望みが具体的な形になり、実現される。もし相手が断ったとしても、それが交渉の始まりになる。**逆に、「助けて下さい」と抽象的に頼んでノーと言われたら、そこから先に進めなくなる。

例の巨大企業で、私はあのお偉いマーケティングの担当者がヤフーに電話をするところを想像した。「第一四半期にキャンペーンを一つ立ち上げるんで、あなたたちにプラットフォームをつくってほしいんだけど。そんなに難しい仕事じゃないの。たいしたことじゃないから。やってくれる？」

簡単な仕事だからとごまかして高圧的に命令すればうまく行くこともあるだろう。だけど長い目で見たら、反感を生まないだろうか？　私はいつも正直で細かいことがいいと思う。相手が何に対してイエスと言ったのかをはっきりさせたいし、相手にもそれに一一一％打ち込んでほしいと思うのだ。

お金以外のものをねだる

私たちは「資金集め」と言うが、**もっとも成功している非営利組織は寄付を「お金」だけに限っていない。**紹介を頼んだり、ボランティアになってもらったり、ものを寄付してもらったり、アドバイスをもらったりする。べつにお金がいらないというわけではない――もちろんお金はほしい――けれど、タダで牛乳をもらうには、コーンフレークを頼めばいい場合もある。

わかりやすいたとえを使ってみよう。アドバイスをもらうのは一塁に出るようなものだ。だれでもアドバイスのひとつくらいはくれる。大きな寄付をもらうのは三塁まで行くようなものだ。でも、支援者の時間をもらうのはホームランだ。この大切さをだれよりも理解しているのはバラク・オバマだろう。

オバマは選挙運動にこのコンセプトを十二分に活用した。彼のウェブサイトの最初のページには、とても大切なお願いがある。彼への支援を宣言することだ。サイトに登録しても、寄付を頼まれるわけではない。オバマのサイト(5)を訪れる人々は、明らかにオバマに興味がある。だから熱意を持って、賢く――寄付を募る前に――その興味を育てることが、この戦略のカギだった。オバマ陣営は、人々のメールアドレスを手に入れることで、継続的にリクエストを送り続けた。選挙運動の責任者(6)は、支援者をフェイスブックで結び、携帯メールで状況を更新した。これらの活動が選挙運動の中心になったが、直接に寄付を募ることはなかった。選挙運動中に一四〇〇万のメールアドレスが

5) マイ・バラク・オバマ・ドットコム（my.barackobama.com）、通称マイボ（MyBO）

6) フェイスブックの創業者の一人、クリス・ヒューズがMyBOを立ち上げ、オバマのインターネット戦略を率いた。

集められたが、その大半は寄付につながらなかった。支援者に、寄付だけでなく支援を感謝していると伝えることは重要だ。**もっとも大切なのは、寄付は数字で測れるが、時間やお金以外の支援は、数字で測れないほど価値があるということだ。**寄付以外の支援を募ることは、これを理解している証拠で、それが思いがけない見返りを生むこともある。

ドレス・フォー・サクセスでは、よい状態のスーツがあれば寄付してほしい、とまずお願いしている。多くの女性は、この願いに心を動かされたり親しみを感じたりするようだ。女性がスーツを寄付する——それは彼女が重要な地位に昇進したときに着たものかもしれない——そして、別の女性が、人生を変えるかもしれない面接に、そのスーツを着て臨むことになる。それは小切手を渡すよりもずっと深いつながりだ。まるで、巨大なバーチャルクローゼットをシェアしているようなものだ。

ドレス・フォー・サクセスには、いちばん平均的な六サイズのスーツはいつも充分にあるのだが（少なくとも私がいたあいだはそうだった）、一度も寄付を断らなかった。なぜか？　スーツの寄付が、支援のきっかけになるからだ。そのうちにお金を寄付してくれるかもしれないし、パーソナルショッパーとしてボランティアをしてくれるかもしれないし、ブランドの広告塔になるかもしれない。

お金以外のものを頼めば、気軽に支援できるようになる。彼らの頭脳や専門知識、紹介や人脈を求めることは、お金で買えない彼らの価値を認めることだ。支援者が思うより自分に価値があることを、彼らに知らせることになる。そう思わせるだけではない。ほんとうに思いもかけない価値が

7） Birkenstock：素材や機能にこだわりがあることで有名なドイツ生まれのサンダル。ヒッピーや環境主義者が好むブランドイメージがある。

8） Marc Jacobs：ニューヨーク出身のファッションデザイナー。

あるのだ。

かっこよくする

非営利セクターのスタッフは、みんなオタクで、ヒッピーで、生真面目な菜食主義者だと思われているらしい。非営利セクターはトレンドを理解し、ファッションに敏感だ（私はビルケンシュトック[7]を持ってないし、政治的にも中立だとはっきりと言っておく）。ファッションといっても、マーク・ジェイコブス[8]がランウェイで披露する最新の洋服や、私の組織の一カ月分の維持費と同じくらい値が張る高級バッグのことではない。流行りすたりのパターン、浮き沈み、トレンド循環といったもののことだ。組織の使命を、いちばんかっこよく見せる方法を私たちは知っている。

非営利のセクターで、**特権や「かっこいい」ことがすなわち力だ**ということを、デビッド・サルツマンほどよく知る人はいない。この一〇年間、彼はロビンフッド財団[9]のエグゼクティブディレクターを務めてきた。ロビンフッド財団は、その名の通り、ニューヨーク市のお金持ちが恵まれない人たちを助ける組織だ。この財団は一九八〇年代に、ヘッジファンドのマネジャーたちとその他の金融業界の人々によって設立された。理事には、ポール・チューダー・ジョーンズ[10]やジョージ・ソロスといった億万長者から映画業界の大物のハーヴェイ・ワインスタイン[11]までが名を連ねる。

この組織が毎年ニューヨークで開くイベントは、エンターテイメント界の伝説になっている（ザ・フー[12]やレッド・ツェッペリンがそこで再結成された）。昨年のイベントでは七二〇〇万

9）Robin Hood Foundation：ニューヨークにおける貧困削減に取り組む団体を支援する財団（venture philanthropy）。1988 年に設立。

10）Paul Tuder Jones：有名コモディティトレーダーでグローバルヘッジファンド「チューダー・インベストメント」の創始者。ジョージ・ソロスと並ぶヘッジファンド界の大物。

11）Harvey Weinstein：兄ビリーと 2 人で映画製作会社ミラマックスを創業、数々のヒット作を手がけた。1993 年に同社をディズニーに売却し、ワインスタイン・カンパニーを設立。

12）The Who：1960 ～ 70 年代に世界的に活躍した英国の伝説的ロックバンド。

ドル（タイプミスではない）もの寄付があった。そのイベントで、デビッドは聴衆にこう訊いた。「一〇〇万ドル寄付したい人はいますか？」一六人が手をあげた。オークションは大金持ちのヘッジファンドのマネジャーたちがディーパック・チョプラ[13]のセンターでマドンナやグィネス（バルトロウ）と四日間過ごす権利を勝ち取ろうとしていた（そうそう、ロビンフッド財団は、名字がなくても通用する人の集まりなのだ）。この賞品の落札額は、数百万ドルだった。

この財団は成功しているか？　もちろん。この財団はニューヨークでもっとも問題のある学校の立て直しを助けた。また文盲やホームレスの問題にも取り組み、資金不足のＮＰＯに何百万ドルものお金を寄付している。だが、ロビンフッドがこれだけの資金を集められるのは、社会に貢献しているからではない。超カッコイイからだ。もしイベントの余興が「おかしなアル[14]」でオークションの賞品が地元のスポーツクラブのただ券だったら、一晩で七二〇〇万ドルも集まるだろうか？　ロビンフッドがこれほどおしゃれでなければ、ここまでの成功はありえなかっただろう。少なくともヘッジファンド業界人にはウケなかったにちがいない。

ロビンフッドをバカにしてはいけない。この組織のすごいところは、**かっこよく見られたい（たくさんのお金を寄付することで）、そして自分をかっこいいと感じたい（そこにいるみんなと一緒にいることで）というターゲットの心理をうまくつかんだ**ことだ。他のチャリティイベントとは規模が違う。だれでも社会貢献に参加したい気持ちはある。だから五〇〇ドル寄付した上に、食べあきたサーモンとゆで過ぎのアスパラガスとまずい肉料理をいやいや口に入れるのだ。そろそろやり方を変えるべきだ。ロビンフッドのやり方なら効果がある。そのやり方を営利の世界に応用しない

13）Deepak Chopra：心身相関治療、スピリチュアリティ、アーユルヴェーダ（インド伝統医療）に関する講演者・著述者。

14）"Weird Al" Yankovic：ヒット曲の替え歌、パロディ曲を専門とする米国のミュージシャン。

手はない。

かっこよく見られたい、というだれにでもある心理を利用する戦術は、非営利の世界に限ったことではない。これを理解している企業もある。Tモバイル(15)は携帯電話のサービス会社だが、ダサいイメージがある。それが、ちょっと不良っぽいキャサリン・ゼタ・ジョーンズ(16)を広告に使うと、いきなりかっこいい会社だと思われる。レッドピスタチオを考えてほしい。ピスタチオそのものはぱっとしないベージュ色だ。染料を使わずにレッドピスタチオを製造しているイーグルランチ(17)によると、ピスタチオを赤く染めたのは、傷などを隠してきれいに見せるためだったという。人は、見かけのいい食べ物を好む。赤い色は目を引く。だからレッドピスタチオは売れた。かっこいい体験を売り込むことは、想像以上に効果的な手法だ。

選択肢を与える

何か一つだけ頼まれると、断りやすい。だけど、いくつかの選択肢を与えられると、だいたいどれかを選ぶ。

ASPCA（米国動物愛護協会）は、支援者たちに、たくさんの選択肢を提示する。犬や猫、その他動物をなんでも引き取ってもらうことが、支援になる。ASPCAのホームページを見る人は、たいてい動物好きだ。そして一〇匹の可愛くてふさふさの動物を見せられれば、どれかに愛着を持ち、引き取りたいと思うだろう。ドゥ・サムシングでは、都合のいい寄付金の支払い方法を選択

15) T-Mobile：ドイツテレコムの子会社。ヨーロッパと北米で移動体通信サービスを提供。

16) Catherine Zeta-Jones：イギリス人女優。『シカゴ』でアカデミー賞助演女優賞を受賞。俳優のマイケル・ダグラスと結婚。

17) Eagle Ranch Pistachio Groves：ニューメキシコ州最大のピスタチオ生産業者。

できる。毎月同じ額を払い続けたい人もいるだろう。個人事業主は、税金の支払いがない月に小切手を送りたいかもしれない。支援者の都合に合わせて柔軟に寄付してもらえば、より支援しやすくなる。

寄付の仕方や支援の種類にはさまざまな選択肢がある。賢い非営利組織は、ボランティアの空き時間や好みやスキルに合わせてさまざまな働き方を提供している。

バーガーキング(18)方式を採用する企業が増えるかもしれない。バーガーキングの基本コンセプトは「あなた好みのやり方で」というものだ。とりわけ、若い世代をターゲットにしているなら、彼らがあなたの製品やサービスをどう自分仕様にカスタマイズするかを必ず考える必要がある。この世代は、「グランデ、豆乳フラペチーノ、ホイップクリーム入り、泡なし」の注文に慣れていて、アルバムではなくプレイリスト(19)で音楽を聴き、テレビのチャンネルが九〇〇局もあるなかで育ってきた。彼らにとってはチョイスがあるのが当たり前で、それが生きるすべ、空気のようなものだ。この現実にあなたの会社はどう取り組んでいるだろうか?

現実的に――そして人間らしく

買い物もそうだが、寄付という行為は、現実味がないこともある。小切手を切るだけでは、そのお金がどこにいくのか想像できない。だれがお金を受け取るのか? 現実にどんな影響があるのか?

18) Burger King：米国と世界 70 カ国以上に店舗を持つハンバーガーチェーン。ハンバーガーの具材やトッピングを自由に選べることが特徴。

19) playlist：ダウンロードした音楽や動画のタイトルを並べたリスト。お気に入りの曲だけを集めて楽しめる。

成功している非営利組織は、受け取った寄付金が現実の世界にどんな影響を与えるのかをはっきりと目に見えるようにする。ドナーズチューズほどそれが上手な組織はない。ドナーズチューズは寄付の一部が組織の運営費用にあてられることを明記している。ドナーズチューズのサイトで、アーカンソー州リトルロックの六年生の学用品購入のために五〇ドル寄付すると、リトルロックの六年生たちが必ずあなたのお金を受け取る。特定の目的に資金を募ることで、寄付が個人的なものになり、効果が目に見えるだけでなく気持ちも高まり、これまでとは違う体験ができる。

また、賢い非営利組織は、抽象的な数字を日常的なわかりやすいものに置き換える。これは多くの営利企業でも簡単にできることだ。たとえば、チャリティ・ウォーターは一人の人間に一生分の清潔な飲料水を提供するのにいくらかかるかをはじき出した。二〇ドルだ。簡単な計算と適切なデータによって、彼らは手に負えないほど大きな問題を、私たちにも理解できる数字に落とし込んだ——そして私たちに解決できる問題だとわからせた。理解できないことをわかりやすい言葉にしたのだ。

この二〇ドルという数字は、チャリティ・ウォーターの活動の中心になっている。すべてのeメールにこれが書かれている。すべての商品にこの数字の意味が記されている。たとえば、**「このスウェットシャツを買えば、だれかに一生分の清潔な水を与えることができます。二〇ドルで命が救えるのです」**チャリティ・ウォーターはこの二〇ドルの影響を目に見えるものにするために、あらゆる努力をしている。支援者にこの数字をただのマーケティングだと思ってほしくないからだ。だから、チャリティ・ウォーターは支援する子供たちの写真を載せ、グーグルマップ上で活動地域を示している。

大切なのは、資金集めやマーケティングを「人間らしい」ものにすることだ。それが非営利組織の成功の秘訣だし、営利組織でもまったく同じことが言えるはずだ。だれでも、好きな人や、自分に似た人、そして信頼する人から頼まれれば、それに応える。私たちはユーモアや共感、共通の価値観に訴えて資金を調達する。支援者の頭と心の両方に訴える。チャリティ・ウォーターは、論理と感情に訴える――一人の人を救うのに、たったこれだけしかお金がかかりません、と。ここで心に訴えて、相手を引き寄せる事例を紹介しよう。

ベロニカ・コロンダムは、「子供を愛する財団[20]」というインドネシアの社会的企業を運営している。この組織は、ロボット型の動物のおもちゃを製造して収入の一部にしているが、大部分は寄付によって成り立つ混合型のビジネスモデルだ。この組織の目的は、ストリートチルドレンに教育の機会を与えることだ。もちろん教育は大切だが――だれでも子供が学校に行くのは良いことだとわかっている――すぐに結果が出ない活動にお金を出してもらうのは難しい。何年も成果を見ることができないものにはなかなか投資してもらえない。

ベロニカは、頭に訴えるのではなく（教育は良いことだ！）、心に訴えることによって（親たちはみな、子供たちに教育を受けさせたいと思っているのです）、この壁を乗り越えた。心に訴えるストーリーには事欠かなかった。彼女が好んで話すのはネネング・ジュリアというホームレスの女の子の話で、彼女は街頭でお菓子やお茶を売っていた。この野心的で起業家精神にあふれた女の子は、ベロニカの活動のおかげで将来の方向を定め、安定した生活を送るようになった。彼女は卒業

20）Yayasan Cinta Anak Bangsa：国の子供への愛の財団。インドネシアのストリートチルドレンに対する生活改善支援、教育、コミュニティ育成などに取り組んでいる。1999 年にベロニカ・コロンダムが設立。

後、奨学金を得てさらに美容師の勉強をし、自立のために前向きに頑張っている。今、ネネングはベロニカを助け、他の学生に自分の話をしてあげる（そして髪もキレイにしてくれる！）彼女は自分の仕事が大好きで、自分が育ったまさにその場所にいる恵まれない子供たちに、自分が受けた幸運を授けることに喜びを感じている。

ベロニカに資金集めの戦略を訊くと、彼女は率直に答えてくれた。「親は子供を見放せない」と彼女は言う。親子のストーリーは、人間の感情を揺さぶる。たいていの場合、親ならだれでもこうした話に感動し、――そして寄付をする。心に訴えて人々の財布を開かせる方法を彼女は見つけた。

非営利組織は寄付を目に見えるものに変えることで、支援者と強い絆が築かれることを知っている。営利組織は、広告やマーケティングを使って、同じことができる。**感情を揺さぶることはできなくても、重要なのは、現実味があることだ。あなたの商品やサービスを、人間らしいものにすること。その中に感情をこめること。**

私のお気に入りの営利企業の例？　それはオンスターだ。自動車のナビゲーションシステムを提供するオンスターは、感情に呼びかける戦術――広告――で、緊急時に頼れることを訴える。タイヤがパンクして、運転していた母親は道の脇に車を停めている。オンスターのオペレーターが救助員を送る……そして、救助員は後ろの座席のかわいい子供にクラッカーを差し出す。つまり、オンスターがテクノロジー企業ではなく、人々を思いやり、その生活をよりよくする会社だと言いたいのだ。

恥ずかしがらない

私たち非営利人種は自分たちの活動を愛するあまり、みんながそれに参加すべきだと思っている。みんなのために貢献してあげていて、無知や退屈や目的のない人生からみんなを救ってあげているのだ。ちょっとずうずうしい人種だ。ユースエイズ(21)のケイト・ロバーツは、周囲のみんなを取り込もうとする。**彼女はこの地球上でもっとも権力のある人々のところにまっすぐ歩み寄り、微笑み、自己紹介し、握手し、ユースエイズを助けてくれるよう頼む。**彼女は握手さえ省くこともある。

ケイトと私は以前中国で世界経済フォーラムに参加した。世界中の重要人物が一〇〇〇人以上そこに集まっていた。影響力と権力を持つ人たちの外見はおそろしく平凡だった——ほとんどが男性でダークスーツに白シャツを合わせ、父の日のプレゼントにはぜったいあげたくないような超退屈なネクタイをしていた。ある夕食会の席で、中国最大の携帯電話会社のＣＥＯが講演し、会場から質問を募った。ケイトは立ち上がって礼儀正しく微笑むと、スピーチのお礼を言った。それから彼女は部屋のみんなに向かって、ＡＩＤＳが地球を破壊していて、政府や公的な研究機関は民間企業の手を借りなければその蔓延を食い止めることはできないと言い、そのＣＥＯに向かって通話ごとに一ペニーを彼女の組織に寄付するよう考えてみてくれないかと頼んだのだ。その部屋にいた人たちの半分は、彼女の度胸にドギモを抜かれ、あとの半分は、講演者が公の場で寄付をせまられたことにびっくりしていた。そのＣＥＯは、喜んでお手伝いしたいので直接オフィスに連絡してほしい、とにこやかに答えた。

21）YouthAIDS：15 ～ 24 歳の若者層におけるAIDS/HIV 感染拡大を食い止めるため、啓発活動およびファンドレイジングを行うキャンペーン。

ケイトに神の御加護を——そして彼女をマネしよう。私が言いたいのは、ケイトが度胸のある女性だということではない。とはいえそれは事実だが。非営利人種はだいたい恥ずかしがり屋の遺伝子が欠けている。普通の人ならよくよく考えてちゅうちょする。**私たちは天使が味方していると信じていて、知り合い全員に頼みごとをする。**思うに、人間はみんなどこかしら厚かましいところがある。あなたの中のケイトを探そう。

機会をみすみす逃したことをあとで後悔したことはないだろうか？　ケイトはないだろう。だから、今度レストランでマイケル・デルを見かけたら、彼の所に行ってコンピュータのうんちくを話してみよう。

くり返す

資金集めの上手な非営利組織は、くり返すことの大切さを知っている。資金集めの上手な非営利組織は、くり返すことの大切さを知っている。

これは昔のセールスマンの信条をちょっと新しくしただけだ。「ノーといわれてもあきらめない」というやつだ。その現代版は、**「相手の答えに満足しない」**というものだ。あなたが最初に頼んだときに寄付してくれなくても、二度目か三度目には寄付してくれるかもしれない。最初から応じてくれたなら、次はもっと出してくれるかもしれない。いずれにしろ、最初の答えに満足せず、より多くをねらうべきだ（前書きでこう言ったのをおぼえているだろうか？　私たちは一一をねらう、と)。

非営利人種は、ノーと言われることに慣れている。二〇の財団に助成申請すると一九は断られる。だけど私たちはあきらめない。読者のみなさんが、メイク・ア・ウィッシュのような組織から、何度も手紙を受け取るのはそのためだ。メイク・ア・ウィッシュはDMで多額の寄付金を募る。いつかあなたが根負けしてお金を送ってくるだろうと信じて、二カ月に一度は手紙を送る。中には一度寄付したことを忘れて、もう一度してしまう人もいる。ボーナスだ!

沈黙は多くを語る

ときに、私が言うべきいちばん大切なことは、何も言わないことだ。**相手に何かを感じてほしいなら、考える時間を与えるべきだ。相手に沈黙を埋めてもらおう。**賢いセールスマンは、ただ話すだけではない。聞くだけでもない。彼らは沈黙に耐えられる。相手が腕時計を見たり、上の空だったり、何か別のことを考えていてもかまわない。沈黙は居心地の悪いものだ——それを埋めるのに、ノーと言うよりは、イエスと言うほうが簡単だ。

「ありがとう」と言う

私自身もこれを肝に銘じているし、何度でもくり返したい。感謝の言葉は、支援者を幸せにするいちばん安上がりで簡単な方法だ。非営利組織は、寄付者に税金の申告用の領収書を送ることが法律で義務付けられている。こうした手紙の多くは決まった言い回しを使うが、ありきたりでなくてもいいはずだ。ドレス・フォー・サクセスは明るい色の葉書に、こうメッセージを書いている。**「ありがとう。ありがとう。ありがとう。あなたがスーツを寄付してくれたおかげで、女性たちは、きちんとした身なりで自信をもって面接に臨めます」**私たちのカードは支援者と組織の目的をつなぐ。ショッキングピンクの葉書は、予想外で、カラフルで、楽しくて、思い出に残る――しかも切手代の節約にもなる。

もちろん、最高の感謝は葉書でも名前入りの透明の盾でも、ランチの約束でもない。最高の感謝のしるしは、心からの親しみをこめた電話だ。お得な料金プランに入っていれば、いくらもかからないはずだ。大企業の人たちは感謝のしるしに電話をかけるだろうか? 企業ロゴの入ったマグカップを送ったりしていないだろうか?

感謝を示すことがごますりなら、非営利のリーダーはみな生まれつきのごますりだ。ずっとごまをすってきたので、もう達人の域に達している。非営利組織にいると、「ありがとう」と言うこと、それも心からいつも言い続けることが自然に身につく。なぜなら、何の見返りも求めずに与えてくれる人々に対して、私たちは純粋に深い感謝の念を抱くからだ。こうした人々の支援がなければ何もできないことは明らかだ。だから、私たちは支援者にそう伝える。

アミ・ダーは、つい最近アイデアリストのことをブログに書いてくれたある支援者に、お礼を言った。彼はその女性に心のこもったeメールを送り、彼女のようなすばらしい支援者がいることをありがたく思う、と伝えた。アミは、彼女に組織のために大きな役割を果たしてほしいと思い、彼の考える組織の将来像を伝えた。彼女は五〇万ドルの小切手を送ることで、それに応えた。そう、そんなことも起こるのだ——みんなカードをもらうとすごくうれしい——とくに手書きの手紙はそうだ。

あなたへの11の質問——賢くお願いする

この章のタイトルに「売り込み」や「寄付集め」という言葉を入れることもできた。でもそうしなかった。みんなが——経営企画や営業の社員だけでなく——ものやお金、そして支援を頼む技術を磨く必要がある。

力ずくで必要なものを手に入れるやり方についてはあえて触れなかった。このやり方がまずいちばんに頭に浮かぶ人もいるだろう。どうしたら社員や顧客やヤフーに何かをさせることができるか? ここで紹介したのは、自分ができることを実践し、くり返すことであって、上下関係に頼って命令したりただ期待したりすることではない。こぶしを握り締めずに、はちみつを手のひらに載せていればたくさんのハチが寄ってくる。ぜひ試してみてほしい。こう自問してみよう。

1　だれかに何かを頼む前に、なぜその人がイエスと言うか、またはノーと言うか考えていますか？

2 よく計画を立ててお願いしていますか？　それともあまり考えずに頼んでいますか？　昔からのやり方で動いているだけですか？

3 あなたがいい人なので相手は断りやすいと思っていませんか？　相手と親しすぎて、真剣に聞いてもらえないことはないですか？　反対に、冷たすぎて、だれにもあなたの頼みを聞いてもらえないことはないですか？

4 お金やそれ以外の支援（または両方）を頼むとき、期限や期待する内容をはっきりと伝えていますか？

5 自分からありがとうと最後に言ったのはいつですか？

6 何かを頼むとき、取引先や社員や同僚や顧客に選択肢を与えていますか？

7 売り込みのチャンスをみすみす見逃したことはありますか？　どうしてためらったのですか？

8 断られたらどうしますか？　これまでにノーをイエスにしたことはありますか？　どうやってそうしましたか？　もう一度できますか？

9 オプラ・ウィンフリー（ビル・ゲイツでもいいし、あなたの会社を助けてくれそうなそれ以外のだれかでもいい）と同じエレベーターに乗り合わせたら、何と言いますか？（あまり高いビルでないとしましょう。あなたの持ち時間は三〇秒です）

10 あなたのお願いをより楽しいものにする方法はありますか？

11

なぜその人に頼むのですか？　あなたとの共通点はどこですか？

CHAPTER

5

お客さまを味方につける

だんの巨大企業の豪華な会議室で、私は突然気がついた。彼らにとって顧客は、自分たちが得をするための手段にすぎない――消費させ、買わせ、顧客のお財布からこのバカでかい会社の金庫にお金を運んでくるための手段だ。彼らはお客様を純粋に愛しているわけではない。顧客はターゲットだ。ネギをしょったカモなのだ。顧客は、このバカでかい会社の利益に貢献する以外に価値はなく、その部屋にいる社員たちがクビにならないために必要なものでしかない。広告を見てくれて、会社の製品を買ってくれる人――そしてもっと買う人、というほかには、顧客なんてどうでもいい存在なのだ。でもどうして？

非営利の世界では、しょっちゅう「どうして？」と訊くのだが、それは自分たちにとっての「どうして？」ではない。私たちは、他人の目線で考える。というと、なんだかすごくエラそうに聞こえるのはわかっている――そもそも「他人の目線」で見ることなんてできるのか――だけど、ちょっと言い方を変えてみよう。私たちは顧客と顧客サービスについて真剣に考えている。顧客中心主義を心から信じている。それは言葉にできないほど大切だ。

非営利組織に寄付するのには、たいていはっきりとした理由がある。節税だ。だが、はっきりとした理由がなくても寄付している人はいる。コミュニティに属していると感じることができるからかもしれない。社会を変えているという気持ちになるからかもしれない。自分が気にかけていることとならなおさら、それが災害救助であれ、ホームレスの支援であれ、猫を引き取ることであれ、助けようという気持ちになる。人は自分の価値観や信条を反映する組織に喜んでお金を出すし、だからこそ教会に献金したり慈善事業に小切手を送ったりするのだ。意義があって楽しい社会貢献に参加し、恵まれない人たちに同じように楽しんでほしいと思うからこそ、NPOを支援するのだ。

素敵なものや、すばらしいサービスや、大きな割引といった見返りを受け取るかわりに、支援者は目に見えないもの——感情、体験、所属感——などを得る。彼らの投資に対するリターンは、従来の方法では測れない。国民総「精神」や、純「感情」資産価値などという指標はない。だが、そうした目に見えないものを経験したことのある人なら、それがどれほど強力でやる気にさせるものか知っている。

こうした目に見えないものが、なぜそんなに大切なのだろう？　それは、何百、何千と同じような組織があるのに、支援者はあなたを選んだからだ。営利の世界でもそれは変わらない。市場を独占している製品は、ほんのひとにぎりだ。**激しい競争に勝つためには、目に見えないものを提供しなければならない。**営利企業も、「顧客の愛」を利用すればいい。製品が均一化し、コスト競争が厳しくなり、消費者のロイヤリティが薄れるなかで、価格と価値を売り込むだけで利益をあげることはますます難しくなっている。**長期的に顧客を囲い込みたいなら、目に見えないものしかない非営利組織のやり方や経験から学ぶことは多い。**

顧客を「消費者」ではなく「人」として考える

非営利組織は、支援者を「歩く小切手帳」や「手足のついたお財布」だとは思わない。どんな人間かを一生懸命知ろうとする。献金額や将来の貢献価値を気にしないわけではないが——実際ソフトウェアやスタッフを使ってこうした数字をひとつひとつ追いかけている――、それと同じくらい、「なぜ寄付をしてくれるのか」というその人なりのさまざまな理由を気にかける。それが支援者と私たちをつなぎ、関係を築くことにつながるからだ。さまざまな夢や挫折、経験や感情が、時間とお金と労力を分け与える動機になる。

では、寄付の動機になる人間的な特徴や気質、美徳そして心の傷にはどんなものがあるか見てみよう。

罪の意識から寄付をする人たちがいる。それまでの人生に起きた何か、たとえば自分の行動が社会問題を引き起こしたり、それを修復できなかかっとことを後ろめたく思う人は少なくない。その罪の意識から、正しいことや償いをしたいと思う。つまり罪のあがないだ。

善行を施したい、という気持ちに動かされる人もいる。グループに所属して――教会、シナゴーグ、カントリークラブ、友愛会など――共通の価値観に基づいて行動することもある。だけど、なかには価値観ではなく周りの目を気にして、またグループの中心的存在と見られたいために、行動しなくてはいけないと感じている人もいるだろう。

共感は、社会的な行動をとる大きな理由の一つだ。自然災害を考えてみてほしい。サイクロンで家を失った何千人もの被災者や、戦争で孤児になった子供たちをテレビで見ると強い感情がわきあがる。このような問題で苦しむ人を見て、多くの人が心を動かされる。

それに似た感情は怒りだ。「これ以上我慢できない」ほどの怒りが、社会貢献活動への参加につながることがある。社会の状況や不正義に対する怒りが、人々を動かして、時間やお金や人脈を使わせる。正義感からの怒りは革命をも起こしてきた。

私がいちばん嫌う寄付の理由、とはいえ強力な動機になるのは、たぶんエゴだろう。みんな自分をよく見せたい。自分を大物だと思いたい。同窓会やオペラにウン万ドルも寄付したと友達に自慢したい。慈善オークションで手に入れた絵を見せびらかしたい。新しい図書館や美術館の壁に自分の名前を刻みたい――そして壁に刻まれた自分の名前を他人に見てほしい。

これらの動機をあげた理由は、精神的な価値や道徳上のよしあしを比べるためではない。だれにでもある感情を理解するためだ。**営利企業も非営利と同じように、さまざまな動機を知り、どの動機が行動の背後にあるかを理解することが必要だ。**非営利人種は心理学者や精神科医のような役目を果たすか？　もちろんだ。私たちは、いつも相手の頭と心を読もうとしている。「あなたがどう思うか」を知りたいのだ。

言うまでもなく、消費者が何かを買おうとするときには、さまざまな感情や心理的なかけひきがある。自動車を例にとってみよう。父親が昔ほしがっていたからという理由で、キャデラックを買う人もいるだろう――意識しているかどうかはわからないが、その車を買うことで、父親に敬意を表しているのだ。スバルが好きという女性もいる――自分を自立したたくましい女性だと思っているからだ。若くて、セクシーで、生き生きとしていたいから、メルセデスのコンバーチブルを買うという女性もいるだろう――というのも、彼女は最近がんを克服し、髪を風になびかせてお祝いしたい気分だからだ。音楽が好きだから、いちばんいいステレオのついたクルマを買うという人もいる。ぜったいにアメ車じゃないといやだけど（アメリカばんざい！）、環境にやさしくて、小さな子供を乗せるのに安全なSUVがいいから、フォードエスケープのハイブリッド車を買うという人もいる。私の家族の例だけでもこんなにある（そう、読者のみなさんはもうおわかりだと思うが、ハイブリッドのフォードエスケープは私のことだ）。

賢い非営利組織は——賢い営利企業も——こうした嗜好やめずらしい好みを上手に掘り起こす。**価格と価値で競おうとする企業は無数にある。だが、人がどのように心を決めるかという人間的な側面を理解している組織は少ない。**そのことをきちんと理解すれば、ライバルより優位に立つことができる。支援者を「ＡＴＭ」としてではなく人間として見ることが、彼らの価値を最大限に活かすことにつながる——お金以上のものを与えてくれる存在として……そしてもちろんお金も与えてくれる存在として。

顧客は何か大きなことに参加したいと思っている

第一章で、私は、社員は何か大きなことに参加したいと思っていると言った。それはお客様も同じことだ。

非営利組織は、人々が積極的に参加できるようなさまざまな資金集めのイベントを開いている。支援したい人たちは、ただ小切手を切るだけでなく、走ったり、歩いたり、自転車をこいだりする。オークションに参加することもできるし、華やかなディナーパーティーに出てもいい。パレードに参加することもできる。何かの競技に出てもいい。こうしたイベントは資金集め以上の意味がある。

仲間意識を育てるからだ。イベントに参加することで、仲間や関係者になった気持ちになる――とくにただでTシャツをもらったときには。冷たいお金だけのやり取りを超えて、人々を組織に結びつけることになる。

寄付金の達成度を表す温度計のような棒グラフを見たことがあるだろうか？　チャリティのイベントやウェブサイトでよく見かけるような、目標金額に対してどのくらいまで寄付が集まっているかを示す、あのグラフだ。たとえば、目標金額の五〇〇万ドルのうち、三〇〇万ドルの目盛まで色が塗られていれば、寄付金が現在それだけ集まっているということになる。**目標の大小にかかわらず、人々は目標の達成を助けたいと思う。成功をささえるチームの一員になりたいと願う。**みんな、目標に到達したかを何度もチェックする――そして、もう少し寄付を追加することもある。表にすることで、寄付が大きな目標の一部になっていることが目に見える。そしてグループ全体、つまり支援者の集まりが、一人ひとりの総和より大きなものになる。

同じような動機が、マッチングの寄付を促すこともある。いついつまでに一ドル寄付してくれれば、だれそれご夫妻が同じ金額を寄付します、というものだ。ごく短い期限を設けることもある。たとえば、私の地元のラジオ局では、「いまから三〇分以内に集まった寄付金と同額を大口献金者が寄付してくれることになっています」と呼びかける――共通の使命のために、みんなで今すぐやらなくちゃ、という気持ちにさせる方法だ。その他にも、赤十字で一〇時間ボランティア活動をしてくれたら、そのたびに支援者が一〇〇ドル寄付します、というのもある。するとみんながもっと貢献し多くを分け与えようという気持ちになる。なぜなら、みんながひとつの目的のために協力しているからだ。あなたの寄付――時間にしろ、お金にしろ――は協力者がいれば、より大きな効果を生む。

マクドナルドが、「何百万の人に愛される」というキャッチフレーズを「何十億人に愛される」に変えたことを、私は恥ずかしながら、ちょっとかっこいいと思った。いや、もちろん、マクドナルドが金儲けのために、何十億人の人々に超特大のコーラやフレンチフライを売りつけるのが問題だということは、充分わかっている。読者のみなさんがそのキャッチフレーズを快く思わなくても当然だ。ただ、私が言いたかったのは、もっと多くの企業にこの精神を持ってほしいということだ。**一〇%の割引券を配るかわりに、友達を連れて来たときにだけ割引できるクーポンを発行してはどうだろう?** いま、データをもとにした戦略がいたるところで唱えられているが、こうしたデータをうまく活用して、「一〇〇〇人目のお客様がここで食事をしました」という昔ながらのお祝いをしてみてはどうだろう? 風船を買うお金がなければ、歌をうたって、「ヒューヒュー」と声をあげるだけでもいい。お金は一銭もかからないし、お店にいるみんなが喜ぶだろう。レジにいる一〇〇〇人目のお客さんは、ちょっと恥ずかしいかもしれないけれど。

ミレニアムプロミス(1)は、二〇一五年までに世界中の貧困を根絶することを目標とする組織だ。一人の人間が、いまから五年以内に――というか永遠に――この問題を克服するのは不可能だ。だが、この壮大な目標に全力で取り組む、人間らしい怒りに満ちた大規模な集団に参加する自分を想像すると、力づけられ、鳥肌が立つほどやる気になる。ご存知だろうか? この目標は支援者をおびき寄せるエサだということを。**レターヘッドにアンジェリーナ・ジョリーの名前があるからではなく**

1) Millennium Promise：2015 年までにアフリカにおけるミレニアム開発目標（国連が定めた、極度の貧困を解消するための開発目標）の達成を使命とする非営利団体。2005 年にコロンビア大学教授ジェフリー・サックスと国連事務総長マラリア特使レイモンド・シェンバーが設立。

（それが役に立つことは間違いないが）、みんな大きなムーブメントの一部になりたいから、支援するのだ。世界から貧困をなくしたくない人がどこにいるだろう？　それは壮大で、前向きで、だれにも異を唱えることができない目標だ。これにかなうものはない。強いチームにはより多くのファンが集まる。その栄光にあやかりたいからだ。

コミュニティ戦略を取り入れる

地域に密着することは強力な戦術だ。私たちは地産地消の時代に生きている——地元の産品を食べるだけでなく、地域に密着した生活がしたいと思っている。自分のコミュニティを好きになりたいと思っている。地元をよくしたいと思っている。誇りにしたいと思っている。みんな地元に恩義を感じている。より清潔で、安全で、文化的で、健康的な街にしたいと思っている。**それが自分のためであれ、地域のためであれ——その両方であれ——成功している非営利組織は、地元の誇りに訴えるようなコミュニティ戦略を築いている。**

私の大好きな例はカブームだ——この組織は遊びの力を信じ、全国にユニークで色とりどりの遊び場やジャングルジムをつくっている。彼らは、地方自治体に協力を仰ぎ、公園に何かをつくってそのまま立ち去ることもできただろう。だけど、カブームは、そんなことはしない。遊び場はコミュニティだという信念があるからだ。コミュニティが地域の目標のためにみんなに呼び掛けることがカギになる。恵まれない地域に住む子供たちのために、資金を集めて遊び場をつくることを通して、カブームは地域の人々と協力し、コミュニティを清潔でよりよいものにできることを伝えている。よそものが土足で乗り込んできて、コミュニティに無理やり何かを押しつけることにならないように、地元の子供たちや家族に自分たちで遊び場をデザインし、計画し、建設させる。それは、地元の人たちと創造の過程を共有するパートナーシップに他ならない。

カブームのやり方を見ていると、これはただの哲学ではなく、地に足のついた一連の実地体験だということがわかる。地域社会にいい顔をしたいだけの組織は、ここまで深くかかわらない。カブームは、新しいプロジェクトの資金の提供者を見つけるとすぐに、集会を開き、コミュニティの全員を集めてアイデアを出してもらう。子供たちは理想の遊び場を描く。大人たちはカブームが持ち込んでくれる資産をどう管理するかを話し合い、地元の資源をどう活用するかについて戦略を練る。およそ二カ月かけて、あらゆる設備について――もちろん食べ物や飲みものについても――きちんと計画し、手配したあとに、みんなで建設場所に集まって、一日かけて集中的に工事を手伝う。資金提供者も金づちを持って地域住民と一緒に働き、みんなで話し合い、ノートに描いたビジョンを全員で現実のものにする。明らかに、カブームはコミュニティの助けを借りなくても、地域に入り込んで遊び場をつくることはできる。子供たちがそこで遊ぶだろうか？　もちろん。それでも**カブームの創立者たちは、地域住民の参加が、ただの労働力以上のものだと知っている**。住民が参加することで活動への愛着や誇りが生まれ、遊び場が愛され、利用され、その後も長く維持される可能性が高くなる。また、このやり方は、コミュニティの絆を強め、改善しつづける情熱を生みだす。住民は、できあがった遊び場を見て「すごいことをやり遂げた」と感動するだけでなく、「やればできる」と自信を持つのだ。

この方法を少し違った形で応用しているのが、クリストファー・アンド・ダナ・リーブ財団だ。リーブ財団は、脊髄損傷の治療につながる研究に資金を援助することだけに集中してもよかった。それは大切な仕事だ。価値ある仕事だ。だが、この組織はそこで終わらなかった――終わるべきではなかった。脊髄損傷患者やその友人、家族たちのオンラインコミュニティをつくり、お互いが助け合えるようにしたのだ。このサイトはアドバイスを与え合い、脊髄損傷関連の政策活動を支援し、この分野の最新情報を掲載し、亡くなった人たちを偲ぶ場だ。といっても、ほとんどの人たちは実際に会うことはない。けれども、財団がこのサイトを思いつき、インフラをつくったおかげで、人々はここに集い、活発なコミュニティができている。

コミュニティを育てている営利企業もある。それがすごく上手な会社もある。たとえば、クアーズ・ビールはコロラドの会社だということを最大限に活用している。ブランドイメージにそれを活かして、コロラド出身者から絶大な支持を受けている。ジェットブルー[2]は、ニューヨークの「地元航空会社」として売り出し、また地域活動に投資することで、ニューヨーカーたちのロイヤリティを獲得している。

とはいっても、一般的に全国ブランドはローカル色を出すことには消極的に見える。おそらく、小規模なブランドか、地域だけのブランドだと思われたくないからだろう。**賢い企業は地域に密着しながら、同時に全国的で――グローバルにもなりうることがわかっている。**地元の人にとっては「ローカル」企業だと思われている大企業も少なくない――デトロイトのフォードや、シアトルの

2) JetBlue Airways：1999年に創立された米国の航空会社。低料金を売りとする。

（正確にはレッドモンドの）マイクロソフトがそうだ。これらは同時に、世界中に顧客基盤を持つ、グローバルブランドだ。

地元との関係を無視すると、大きなチャンスを逃してしまう。地域住民に地元製品を買ってもらうようにするのは、難しくはないはずだ。たとえば、ニュージャージー州のキャムデンの住民は全員キャンベルスープを買うべきだ。また、本社の所在地だけでなく、支店のあるすべての地域で、住民に特典をあげるべきだ。超巨大企業は、世界中に何百、何千という工場や支店やサービスセンターを持っている。それらの地域の誇りになぜ訴えないのか？　なぜ彼らの誇りを育まないのか？――そしてその恩恵に自分たちもあやかろうとしないのか？

「いいこと」から「重要なこと」になる

非営利の世界では、これは明らかなことだ。**人々は「重要な」使命なら支援するけれど、ただの「いいこと」に寄付しない。**休日に慈善イベントに参加してもらったり、子供の学費に使えたはずの小切手を切ってもらいたいとしても、ただの「いいこと」なら、そうはしないはずだ。**あなたの組織は「重要」でなければいけない。またその使命も「重要なもの」でなければならない。**

これは単なるブランディングの問題ではない。組織の総合力の問題であり、同時に支援者やボランティアをどう取り込むか、という問題でもある。彼らがどれだけ貢献してくれるかは、あなたの提供するものが彼らにとってどれだけ価値があるかにかかっている。それは、彼らに少しでも頑張ろうと思わせるものだろうか？　こう考えてみよう。多くの国や地域で読み書きを教えるのはいいことだ。なぜなら、非識字は望ましくないことだから。しかし、こうしたら何倍も強力に——つまり「重要」になるのではないだろうか——ひとつの国に絞って、教育を改善し、自分たちの力でその国の非識字を完全になくすことを目標にするのだ。「重要なもの」になるためには、効果が測定できる目的を持たなければならない。

「重要さ」は、他人からどう見られるかに左右されるので、ブランディングと広報が大切になる。非営利組織のいくつかは自分たちの活動の重要性を伝えるのがとてもうまい。彼らは先端のインターネットのテクノロジーから伝統的な広報活動まですべてを活用し、自分たちがいかに意義のある、重要なグループかを証明している。芸術や音楽の活動の多くは「重要性」を証明するのが難しい。景気が悪くなると、最初に切られるのが芸術や音楽への寄付だ。彼らは切り捨ててもいいお飾りのようなものだと思われている。だが、アルビンアイリー・アメリカン・ダンスシアター[3]は、この劇団がアフリカ系アメリカ人の伝統に「重要な社会的役割」を果たしていることや、あらゆる人種、年齢、経歴の人々を一つにしていることを強調し、「いい組織」から「重要な組織」へと見事に転換している。つまり、このグループは踊りだけではない。文化の継承だ。人種差別への反対だ。教育だ。

非営利組織は、カリスマ的リーダーの口から語られるビジョンをとおして「いい組織」から「重要な組織」へと自分たちを押し上げる。非営利のリーダーが、自分たちの行動を重要な問題や歴史的瞬間に結びつけて説明すると、人はそれを簡単に受け入れる。それで頭に浮かぶのは、ヴァン・

3)　Alvin Ailey American Dance Theater：1958年に92nd Street Yにて設立。アフリカ系アメリカ人の文化の継承・普及に取り組み、これまでに米国内48州、70カ国で2300万人の観客のために公演を行っている。

ジョーンズだ。[4] カリフォルニア州のオークランドに住み、オバマのグリーン政策の信奉者で、ミニオバマとして知られるジョーンズは、グリーン・フォー・オールという組織をつくった。その目的は、「環境関連《グリーンカラー》」の仕事――アスベストの除去、断熱や通気の工事、コミュニティガーデンの造園など――を貧困地域に提供することだ。恵まれない若者たちがこうした仕事をすることによって、前向きになり、地域に貢献できる。政治的な信条にかかわらず（ジョーンズや彼の発言をどう思おうが[5]）、環境関連の仕事は「よい」アイデアだが、環境と貧困を結びつければ、それは「重要なこと」になる。グリーン・フォー・オールの成功の秘訣は、危機感だ――彼らは、これが重要で今すぐに取り組むべき活動だというイメージを上手に打ち出している。

グリーン・フォー・オールは、地球を救い環境を守ることの重要性と、都会の若者にきちんとした仕事を与えることの重要性の両方を強調している。この二つを組み合わせると、斬新で説得力がある。グリーン・フォー・オールの理念はあいまいなところがまったくない。環境を守るための計画がなければ、地球は滅びる。健全な労働者がいなければ、景気はますます落ち込む。

「よい」組織から「重要な」組織へと足を踏み出すことは、どんな企業でも実践できる。あなたの製品は、お客様にとって持ったり、使ったり、試したりするただの「いい」ものだろうか？ それとも、お客様に「重要なもの」だと思わせることに成功しているか？ あなた自身はそれを「重要だ」と思えているだろうか？ あなたの製品は栄養がある、またはお客様をより魅力的にしている「重要なもの」かもしれない。反対に、ライバル製品とくらべてそれほど変わりばえしない、どこにでもあるものかもしれない。もしそうだとすれば、外部の組織と提携して「重要なもの」を借り

4） Van Jones：シンクタンクのセンター・フォー・アメリカン・プログレスのシニアフェロー。環境活動家としてオバマ政権の特別顧問に任命され、グリーン・ニューディールの起草に参加した。

5） その攻撃的な発言から保守系メディアの批判にさらされ、オバマ政権の特別顧問を辞任することになった。

てくる必要がある。それが社会貢献マーケティング（コーズ・マーケティング）だ。

社会貢献マーケティング（コーズ・マーケティング）

非営利セクターでは、私たちがあげられるいちばんの贈り物は天国の一等席だと冗談を言う。とはいってもその席は非営利だけのものではない。神様は非営利組織と独占契約を結んでいるわけではないので、幸運なことに営利企業もそれを人々に贈ることができる。ただそのやり方を知る必要がある。

この夢のような戦略を理解している企業はそう多くないが、こうした企業は大義を上手に利用することを知っている。アメリカンエキスプレスは一九七〇年代に世界が注目した自由の女神の修復と自社ブランドを結びつけた。クレジットカードの収入の一部が、アメリカの象徴を助けることに使われた。ショッピングを愛国的な行動にするのがねらいだった。これは賢いやり方で、しかも成功した——だって、いまだに私が書いているくらいだから。

もう一つの例は、ヨープレイの[6]「ふたを貯めて、命を救おう」という一九九八年に始まったキャンペーンだ。乳がんへの認知を高め、それと闘うための資金を集めるのが目的だ。このキャンペーンはヨープレイと、乳がんとターゲット市場（女性）の結びつきを強め、乳がんとの闘いを助けているだけでなく、市場シェアの拡大にもつながっている。

アメックスも（毎月請求書が送られてくるとイライラする）、ヨープレイも（私はアイスクリーム

6) Yoplait：フランスの乳製品企業。ヨーグルトの売上シェアで世界第２位。

のかわりにヨーグルトを食べる。そうしなくちゃいけないような気がするから)、これといってめずらしいものではない。それらは売り物だ。商品だ。どこにでもあるものだ。私が特別好きなものでもない。だけど、大きな使命を唱えたら? すると私は何かを感じてしまう。

私が騙されているだけなのだろうか? それとも社会貢献マーケティングはたいていの人に効くのだろうか? 社会貢献ブランディングの大手代理店であるコーン社は、この種のキャンペーンに効果があることを明らかにしている。コーン社のデータによると、**消費者の三分の二は、同じような価値の製品やサービスであれば、社会貢献につながるブランドに切り替える**という。そして、ここがポイントだ——**その社会貢献はターゲットの消費者が気にかけているものでなくてもいい**。社会貢献活動ならほとんどなんでもかまわない。消費者は、買い物が自分のニーズや欲望を満たす以上のなんらかの意味を持てばいいと単純に考えているようだ。

良心から買い物をすることが市場の流行になりつつある——フェアトレード製品は、その一例だ。環境にやさしいことを打ち出したり、社会貢献と関係のある企業を選ぶ消費者はますます増えている。社会貢献マーケティングは、こうしたトレンドのひとつで、消費者に買い物をしてよかったと思わせるためのものだ。

だけど、このことははっきりさせておきたい。**慈善活動にお金をポンと出せば成功が保証されるわけではない**。大企業のなかには、社会貢献事業——どんな社会貢献でも——に多額の寄付をしていることを高らかに宣伝していれば、その恩恵にあやかれると信じている会社もある。たとえば、大手デパートのメイシーズは近頃「社会貢献のための買い物デー」を主催した。お金のかかる告知やPRを行い、店内で情報を掲示し、新聞に一面広告を打った。この特別な日にメイシーズで買い物をすると、収益の一部が社会貢献活動に寄付されるというものだ。それなのに、メイシーズは、寄付を送る社会貢献組織の名前を広告に入れなかった。社会貢献と言えば充分だと思ったのだろう。メイシーズはこのイベントが大成功だったと言ったが、もし顧客層によく知られた社会貢献組織の名前をいくつか挙げていたなら、もっと成功できただろうし、そうすべきだったと私は思う。

非営利の世界では、ただよいことをしている組織というだけでは、社会に大きな影響は与えられない。もっとも成功している非営利組織は、人助けをするだけではない——彼らは道を切りひらく。自分たちだけのニッチを見つける。革新的な問題解決法を生みだす。巨大な社会貢献市場のなかで、それまで見過ごされていた人たちに焦点をあてる。

ブランドに使命感を持たせるために、社会貢献団体や非営利組織と組むのなら、賢く相手を選ぶこと。あなたの顧客の心に響く社会貢献を選ぶこと。あなたと一緒に斬新な戦略をつくろうとする組織を選ぶこと。そして、具体的な結果を頭に描くこと。

若者向けカジュアル衣料チェーンのエアロポステール(7)は、過去三年間、ずっと増え続けている若者のホームレスの問題に取り組むために、ドゥ・サムシングと手を組んで、とても効果的な社会貢献マーケティングを行ってきた。アメリカのホームレスの三分の一は一八歳未満の若者だ。シェルターにやってきて最初に彼らがほしがるものはなんだろう？　ジーンズだ。エアロポステールとドゥ・サムシングは共同で「ティーンズ・フォー・ジーンズ（若者にジーンズを！）」というキャンペーンを立ち上げ、若者たちに、状態の悪くないジーンズを（どんなブランドでも）最寄りの

7)　Aéropostale：アバクロ、ホリスター、アメリカンイーグルと並ぶアメリカンカジュアルの人気ブランド。

エアロポステールの店舗まで持ってきてもらうよう呼びかけた。ドゥ・サムシングはそのジーンズをアメリカ国内にある五〇〇カ所の若者向けシェルターに配っている。

私はこの活動を、「ウィン－ウィン－ウィン」と呼んでいる。ドゥ・サムシングは、ホームレスの若者のために、三週間でおよそ六〇万枚のジーンズを集めたことにとても満足している。エアロポステールは、ジーンズを寄付するために多くの人が店舗に立ち寄ってくれたことで、さらに喜んでいる。来たついでに買い物をしてくれる人もいた。お客さんも、だれかのためにいいことをした上に、クローゼットが片づいてうれしい。店に行ったついでに新品のかっこいいジーンズを買った人もいるだろう。

営利企業の中には社会貢献をただのマーケティングの道具ではなく、それ自体を会社の核にして、業務や製品、そして費用や利益の使い道を決める企業群がある。こうした社会的企業のひとつがカインド[8]だ。カインドはアラブ人とイスラエル人が協力して果物とナッツのバーを製造する会社だ。この会社は、中東和平に取り組むワンボイス[9]が部分的に所有している。TOMSシューズ[10]はリサイクル素材を使って靴をつくり、売れた数だけ、南米やアフリカ農村部の子供たちに靴を与える。同社は、社会的企業の代表格として、アメリカンエキスプレスの広告に取り上げられている。

社会的企業は、ますます人気が高まっている。そのいくつかは、社会に役立っていることが理由で大成功している。

つまり、人々はこれまでにないほど、周囲の世界を思いやっているということだ。**価格よりも社会貢献を大切にする消費者が生まれ、社会的な価値観にもとづいて買う物を決めている。**それは思

8) KIND：ワンボイスを創業したダニエル・ルベツキーが 2003 年に立ち上げた健康的なスナックを提供する社会的企業。ルベツキーは社会起業家に贈られるさまざまな賞を受賞している。

9) OneVoice：イスラエル・パレスチナ間の紛争の非暴力的手段による解決をめざす非営利団体。2002 年にニューヨークで発足、テルアビブ、ラマッラー、ガザに拠点を持つ。

10) TOMS Shoes：2006 年にブレーク・マイコスキーが設立。アルゼンチンを訪れたとき多くの子供が裸足の生活を強いられている事実を目にして始めたブランド。

いもかけない形で起きている。たとえば、イギリスのスーパーマーケットのチェーン、ウェイトローズ(11)の社長は、精肉部門の売上の数字に驚いた——部門全体の売上は減っているのに、ていねいに育てられた肉の売上は上がっていたからだ。つまり、人々はきちんとした扱いを受けてきた動物の肉を買っていたのだ。

商売のやり方を変えたほうがいいいちばんの理由は、このような消費者が増えているからだ。私は、あなたの気分がよくなったり、もっとパーティーに呼ばれるようになったり、天国の一等席に座れたりするとは約束できない。でもこれは言える。**社会にいいことをする会社は、利益をきちんと出す会社だ。社会貢献を取り入れるのは、そうすると気分がいいからではなく、商売のためになるからだ。**

トートバックの原則

人々はものをほしがる。ただのもの、たとえば商品についてくるギフトとか、ひとつ買えばもうひとつただでもらえるものが大好きだ。おまけに目がない。消費者にほしい物を与えることで商売がうまくいく。

私はある慈善パーティーで、億万長者に五万ドルもするテーブルを売りつけた。彼自身はイベントに参加できなかったので、部下の何人かがパーティーを楽しむためにかわりにやってきた。だが、彼は一つだけ頼みがあると言った。ギフトバッグを送ってくれないかというのだ。念のため言って

11）Waitrose：各国の輸入食材が手に入る高級スーパーマーケット。

おくと、それは有名なアカデミー賞のギフトバッグのような、マットレスや化粧品や三泊四日のリビエラへの豪華旅行が入ったものではない。そのイベントは、ニューヨークでは毎年何百とある慈善パーティーのひとつで、ギフトバッグといってもごくごく普通のものだった。中に入っていたのは、シャンプーのサンプル、銀行のキーホルダー、地元の引っ越し業者のロゴ入りのナルゲン(12)のボトル、すでにニューススタンドで販売中の『グラマー』誌、そして私たちのロゴ入りのペン。それからバッグは私たちのロゴが派手に描かれたキャンパス地のトートバッグだった。正直言って、その億万長者なら、バッグの中身の製品を提供してくれた会社のうち三社は買収できただろうし、実際にそのうち二社の大株主だった。それなのに、彼はこのおまけのバッグがほしくてたまらなかったのだ。

航空会社は（最近は、ほとんど「非営利」といってもいいような状況だが）目に見えないものの価値を昔は知っていた。飛行機に乗ると、いろんなおまけがもらえた。目に見えるものもあった——子供たちはシャツにつける飛行機のバッジをもらい、大人たちはお酒のミニボトルをもらった。客室乗務員が愛想よく、そこそこにおいしい食事を出してくれた。化粧室の横の棚には、絵葉書や文房具が置いてあった。それをただで送ってくれる航空会社もあった。コックピットの中を見ることもできた。客室乗務員に何か頼むと、すぐに礼儀正しく応えてくれた。座席はまあまあ広くて居心地がよかった。機内にラウンジがあることもあった。枕やブランケットはあり余っていて、あらゆる雑誌が——機内誌だけでなく、『タイム』、『ニューズウィーク』、『ピープル』、『スポーツイラストレイテッド』、『ヴォーグ』など——旅のお供に置かれていた。航空券には移動手段以上の価値

12）nalgene：飲料を入れるプラスチックボトル。軽くて耐久性に優れていることで知られる。

があった——経験やおまけがついてきて、乗客は満足し、信頼が築かれていた。近頃では時間どおりに飛行機が到着すれば恩の字だ。

エスティローダーはトートバッグの原則をしっかりと理解している。この化粧品会社は、昔も今も商品にギフトをつけている——マスカラや、かわいいトラベルポーチを。消費者はこれらのものを買えるか？　もちろんだ。ギフトをもらうために必要な購入金額まで買い物するか？　もちろんだ。それでも、ギフトはただのような気がする。そしてタダというのはほんとうにいい気分だ。

企業は象徴的なものをお客様に提供できる。消費者は、ナイキ、アップル、スターバックスといった魅力的なブランドを自慢する。**商品についてくるおまけは目に見えるが、その目に見えない価値こそが重要だ。**これらの企業は、かつてロゴ入りシールを配っていた。それはうれしいおまけをあげてブランドを広める、お金のかからないやり方だ。

仲間に入れる

第三章で、私は外部の人たちが——そして内部の人たちも——一体感を持つことが大切だと書いた。顧客にもまさに同じことが言える。彼らに特別なクラブの会員だと思わせることが必要だ。

仲間意識をやしなう方法はたくさんある。非営利組織で行っていることの例をあげてみよう。

● セレブから感謝のカードを送る。たとえば、ベット・ミドラー(13)が取り組んでいるニューヨーク

13）Bette Midler：シリアスもコメディもこなせる大物女優。歌手としてもグラミー賞を受賞。

の緑化活動に寄付すると、彼女から手紙が届く。請求書の山のなかに私信を発見するとすごくうれしい――しかもペット・ミドラーからの！

●スローン・ケトリングがん研究所のような特殊領域に特化した病院や、クリストファー・アンド・ダナ・リーブ財団のような特定の疾患に取り組む組織は、オピニオンリーダーや研究者、医療専門家を招いて、特別な質疑応答のイベントを開いている。

●ユースエイズやその他の国際的な組織は、選ばれた支援者たちを海外に招待し、普段は行けないような場所への特別なツアーを組んでいる。

これをとてもうまくやっている営利企業のひとつは、ビルド・ア・ベアーだ。この急成長企業は一九九七年にマキシン・クラークによってセントルイスで創業された。今では世界中に四〇〇の店舗を展開している――ワシントンDCのナショナルスタジアムにも店舗があり、そこでも自分のお気に入りのくまをつくることができる。このチェーンは、洋服やアクセサリーや出生証明書をそろえて、世界にひとつしかない自分だけの動物のぬいぐるみをつくる「ただひとつの」場所として知られるようになった。出生証明書（お客様自身が店のコンピュータ端末に情報を打ち込む）の賢い点は、くまの情報を打ち込むと、それがメーリングリストの登録につながることだ。くまの誕生日にはお誕生日カードが送られてくる――それはあなた（のくま）が特別なグループのメンバーだという証拠だ。

ルルレモン(14)はヨガウェアを販売している。また店内や近くの公園で無料のヨガ教室を開いている。

14）Lululemon：カナダ生まれの人気ヨガブランド。デザインがおしゃれでセレブも愛用している。

すべてのルルレモンの店舗には掲示板があり、健康関連の地域情報をだれでも掲示できる。

靴の小売チェーンのフットロッカー[15]は、「会員限定」の販売会を開いて限定版の靴を販売する。この販売会でしか手に入らないものを売ることで、顧客のロイヤリティを高め、ブランドを強化し、価値の概念を価格とはまったくちがうもの――つまり経験へと拡げる。

営利企業は、こうした仲間意識を育んでいるか？　デルからコンピュータが届いた翌週に、マイケル・デルから、「コンピュータは気に入りましたか？」と留守電に入っていたらどうだろう？もし、「これが僕のメールアドレスです。メッセージをいただけるとうれしいです」なんて言ってくれるともっとうれしい。すると親しみがわいて、つながりを感じるだろう。七五〇ドルのクリスチャン・ルブタン[16]の靴を買うと、赤い靴底のルブタン族をチェックする以上の喜びが得られるとしたらどうだろう？　販売員が翌週に電話をかけてきて、靴の調子はどうですか、足は大丈夫ですか、バンドエイドが必要ですかと訊いてくれたら？　もうジミー・チュウ[17]は買わないはずだ。

つながり（アクセス）を築く

たいていの非営利組織のリーダーは、驚くほどつかまえやすい。非営利組織に電話をかけて、いちばん偉い人と話をさせてほしいと頼むと、その人自身だったりする。もしそのときにいちばん偉い人がいなくても、本人から電話かメールが返ってくる。これは非営利のリーダーが企業経営者より人づきあいがいいからではなく、ひまを持て余しているからでもない。それは、つながりが

15）Foot Locker：世界最大級の運動靴・スニーカー専門店。

16）Christian Louboutin：フランスの女性用超高級シューズのデザイナー。華奢なデザイン、高く細いヒールと赤い靴底が特徴。

17）Jimmy Choo：イギリス発の超高級シューズとバッグのブランド。

いかに大切かを私たちが知っているからだ。受付係とではなく、担当者と話すことがどれほどの違いを生むかわかっているからだ。私たちは、組織のCEOやCFOやセレブが、支援者と交流すれば、どんなに喜ばれるかを知っている。**こうしたリーダーたちは、外部の人たちや関係者を、やっかいものではなく、将来の——または現在の——パートナーと考え、時間や労力を費やす価値のある人々だと思っている。**その見返りは、人間的なつながり、つまり漠然とした組織という存在が具体的な顔や声になることだ。

もちろん、マクドナルドの経営者は、ハンバーガーを買ってくれるお客様全員と一日中話をしているわけにいかない。しかし、時間を決めてお客様と交流することはできる。株式アナリスト向けに開くような電話会議やインターネット会議を開いて、顧客や個人株主と話をしてもいい。

顧客と意思の疎通ができないほど経営者が偉くなりすぎると、大切なものを顧客にお返しするチャンスを失うことになる。たとえば、アキュメン・ファンド[18]は途上国の企業に資金援助したりマイクロファイナンス[19]を行う、有名な非営利組織だ。最近では夏のインターンシッププログラムに七〇〇名の大学生が応募したが、採用できる人数はわずか一〇名だけだった。この七〇〇人の学生は熱意と善意と興味にあふれた若者だ——そして、未来の社員にも、ブランドの広告塔にも支援者にもなり得る。この人材を無駄にしないためにはどうしたらいいだろう? **アキュメン・ファンドは採用しなかった学生たち全員に、電話会議に参加してもらった。この学生たちはインターンシップはできなかったけれど、組織内の人々と触れ合う機会を得た。**それは、こうした若者たちの知恵を借りる、めずらしい機会だった。これ自体は簡単でコストのかからないことだけれど、学生たち

18) Acumen Fund：開発途上国の貧困問題に取り組む社会起業家を支援する非営利のベンチャーキャピタルファンド。2001 年にジャクリーン・ノヴォグラッツが設立。本部ニューヨーク。

19) microfinance：貧困者向け小口融資。

には忘れられない大きな経験だった。

アキュメン・ファンドの例を使ったのは、さまざまなイベントを開き、つながりを築くことが、どれほど簡単かを示すためだ。イベントは非営利戦略の要だ――非営利組織は、ワークショップから、会議からダンスパーティーから運動会まで、あらゆるイベントに支援者を招待する。こうしたイベントは、支援者とスタッフとボランティアとその他の人々の絆を強める。組織を支援してくれるセレブの名声にあやかるチャンスでもある。また、一致団結していっそう盛り上がることもできる。非営利組織はこうしたイベントを資金集めに利用するが、支援者にとっては目標の達成をともに祝い、戦略や今後の目標を学び、さまざまな関係者と直接会って話す、大切な機会だ。

イベントへの招待よりもありがたいのは、社会貢献の活動現場を見学することだ。近頃、チャリティ・ウォーターは少人数の父娘をアフリカに連れて行き、建設中の井戸を見せた。一二歳の女の子は、さぞかしこの組織に親近感を持ったに違いない。彼らは春休みをパームスプリングス[20]で過ごすこともできた。だけど、この家族たちは井戸掘りを助け、村に清潔な水を届けることに貢献した。また、チャリティ・ウォーターの活動によって救われる人々に会った。チャリティ・ウォーターは、この旅によって支援者との強い絆を築き、翌年の支援も確保した。

つながりについて考えるとき――それは、非営利組織が支援者をつなぎとめるための、そして、営利企業が顧客に報いるためのもっとも効果的な方法だ――、いつも『チャーリーとチョコレート工場』[21]を思い出す（「ヴァイオレット、あなた、紫色になってるわ！」「僕、泳げないんだ、泳げないんだ！」）。音楽からストーリーから食べられる壁紙まで、この映画のすべてが突拍子もないこと

20）Palm Springs：カリフォルニア州の高級リゾート地。

21）*Charlie and the Chocolate Factory*：ロアルド・ダールの児童小説をもとにした2005年の米国映画。チョコレートの製造業者ウィリー・ウォンカが、工場見学のチケット入りのチョコレートを販売。当選したチャーリーら5人の子供を工場に招待する。

ばかりだ。だけど、この映画には信じられないほどすごいビジネスアイデアが盛り込まれている。顧客を工場に招いて、秘密を見せること。金のチケットを入れることで、ウィリー・ウォンカはどれだけ多くの板チョコを売ったことか！　あなたの組織も私の組織もそんな秘密はないが、要点は同じだ。**人々は外側から見るよりも、内側に入りたがる。**彼らを仲間に引き入れることができるなら――ブランドの伝道師や生涯忠実な顧客にできるのなら――それをやらない手はない。

あなたへの11の質問――お客様を味方につける

私は、くだんの巨大企業の提携相手だということを少し忘れて、この会社の普通の顧客だったらと想像してみた。すごくいやな気分になった。自分がマヌケに思えてきた。ここの社員は思いやりがなく、お客様を売上数字としか見ていない。

お客様を敵と思っても何もいいことはない。お客様はただの「売り込み相手」ではない――あなたの会社のオレンジジュースを飲んでたくましく成長したり、あなたの会社の自動車に乗って、生まれたばかりの孫に会いに病院に行ったり、あなたの銀行から住宅ローンを借りて、はじめての家を手に入れたりする人々だ。

非営利組織はお客様を味方と考える。あなたはどうだろうか？

1 あなたのブランドはお客様にとってただの「いい」ものですか？　それとも「重要な」ものですか？

2 あなたの製品やサービスを買った人は、何を受け取りますか？　製品の説明ではなく、三つの言葉で答えて下さい。お客様があなたに求める価値はなんですか？

3 お客様はなぜ、同じ値段の他のブランドや他の品物ではなくあなたのブランドを選んだのでしょう？

4 おまけをつけることがありますか？　それは人々がほしいと思うものですか？　それとも、ロゴ入りの安物ですか？

5 お客様の数を数えていますか？　ご紹介の割引や、「一〇〇〇人目のお客様」といった優待がありますか？

6 ものを売った後も、お客様との関係はありますか？　それともクレジットカードが承認されたら終わりですか？

7 支店や工場はどこにありますか？　その街や市や州の名前を紙に書き出してみましょう。そしてお客様のデータと比べて見て下さい。重なっていますか？　もしいなければ、なぜ地元の消費者（そして社員も）は他社製品を買っているのか自問してみましょう。

8 あなたはウィリー・ウォンカのように工場や本社にお客様を招待して社内を見せることができますか？　お客様や支援者を会社に招いて、内部を見学してもらうことを考えたことはありますか?

9 お客様の年齢、性別、社会経済的な背景、文化的な嗜好、そして政治的な傾向から、彼らがいちばん気にかけている社会や経済の問題が何かわかりますか? いちばんお客様の心を動かすことはなんでしょう?

10 あなたの会社の製品やサービス、そして企業文化を考えたとき、どの問題に取り組むのがいちばん理にかなっているでしょう? あなたの業界、商売のやり方、組織の規範などにいちばん合った社会貢献はなんでしょう?

11 ロイヤリティを強化するために、お客様に特別なものを提供していますか? ニュースレター? 前売りのご招待? 割引? あなたの会社は、お客様を心から思いやっていますか?

CHAPTER 6

役員にもっと働いてもらう

このところ、企業の取締役はあまり人気がないようだ。株主は企業の不正に関する記事を読んだり自分の年金が減るのを目の当たりにしている。株主がこれまで積み上げた貯金が泡と消えているのに、何も手を打たず多額の給料やボーナスが支払われているのは、取締役会に責任の一端がある。消費者団体や政治家は、取締役会がガバナンスの責任を果たしていないと非難する。取締役たちはCEOと仲良くすることに熱心で、賢く客観的な助言者ではなく、ただ判を押す役割しか果たしていないとこき下ろされている。ちょっと改善の余地がありそうだ。

ここで、非営利の役員会（理事会）も完璧ではないとはっきり言っておきたい。実際、非営利の役員会の中には、組織統治の真のお目付け役というよりは、親しい仲間のサークルに近いものもある。知人の非営利組織の役員会は、一年に一度だけ、しかも一時間会うだけだ。役員たちは美味しいご飯を食べながら、CEOの退屈できまりきったスピーチを聞く。知名度だけで役員を選ぶ組織もあるし、「僕が君の会社の役員をするから、君は僕のところを頼む」という場合もある。多くの組織は寄付金目当てで役員を任命している。多額の寄付をしてくれた人は今後も寄付してくれるだろうという期待から、役員の椅子を与えられる。**役員会に関しては、ほとんどの組織に「三分の一の法則」が当てはまる。三分の一はまったくやる気がない。三分の一は多少気にかけている。三分の一は一生懸命に貢献してくれる。**

役員会は、非営利でも営利でも法的な面であまり違いはない。どちらも、組織への「善管注意義務」や「忠実義務」がある。つまり、役員たちは組織の利益を最優先すべき法的な義務があるということだ。彼らはただ監視するだけでなく、組織の財務の健全性や誠実さを守るべき法的な責任を負っている。業務や製品に関しても、役員は組織が直面する大きな課題に対して助言を与えたり見直したりしなければならない。

非営利も営利も役員会の役割はそう変わらなくても、私は営利より非営利の役員会の方が一〇中八、九いいと思う。それはなぜか？　両者の大きな違いは、哲学だ。営利企業の取締役は、名声や肩書きがほしいから、あるいは義務感からその仕事についている。みんな引退後には魚釣りをしたり、ゴルフをしたり、企業の取締役になってあちこち飛び回って人生の最後を飾りたいと思っている。しかし、非営利の世界では役員は組織のオーナーだ。チームの核となる存在に他ならない。

ほとんどの営利企業の取締役は、名声や特権、人脈づくりや恩返し（その企業のCEOか取締役が自分のために何かをしてくれたから、お返しに取締役になった）、そしてお金が目的だと言っても過言ではないだろう。取締役の地位は、棚に飾られたトロフィーのようなもので、経営者を超えた存在であることの証しでもある。取締役は、株価を除けばその企業を助ける理由は何もない――しかも、社外取締役はたいてい最低限の株数しか所有してない。彼らはその会社の製品やサービスにとくに情熱を持っているとは限らない。会社と強い絆があるわけでもなければ、その文化や歴史に精通しているわけでもない。

たいていの非営利組織の役員は、その組織の社会貢献活動に対して情熱を持っている。彼らが得るものはほとんどない――そして私たちが彼らにお金や人脈やその他の貢献を求めることを知った上で、役員の責任を負っている。彼らはただの傍観者ではない。私たちがそうさせないからだ。友人のために役員になったとしても、それが重要な責任だということをはっきりと知らせる。私たちの目的は彼らにとっても重要なものになる。私たちの仕事は彼らの仕事になる。**あなたの会社の取締役たちが非営利組織の役員のように振舞えば、企業文化や行動に大きな影響を与え、おそらく違う結果が生まれるだろう。**それこそが、取締役に望むことではないだろうか——つまり、レターヘッドに名前を載せるだけでなく、会社に直接影響を与えることが。この章では、どうしたらそうできるかを紹介しようと思う。

選考基準を見直す

問題は、人材を探す段階ですでにある。最悪の場合、企業はだれもが知る有力者や株主が感心するような顔ぶれ、またはＣＥＯのゴルフ友達の中から取締役を選ぼうとする。良い候補者を見つけるために大手の人材紹介会社を雇うと、みんなが感心するような有名人を取り揃えたリストをつくりたがる。候補に挙がる人たちは、たいていいつも同じで、内輪だけの限られたグループだ。フォーチュン五〇〇企業のアニュアルレポートの山をめくってみるといい。**たくさんの引退した企業経営者が取締役になっている——元ナントカや、前ナントカばかりだ。つまり、企業の取締役会は隠居した老人の集まりだ。**ＣＥＯは取締役たちの過去の経験を自慢するが、現在の知識についてはどうなのか？　テクノロジーの最新トレンドに通じているだろうか？——未だにインターネットをワールドワイドウェブと呼んでいないだろうか？　なぜ営利企業の取締役会のほとんどは、非営利組織の多くが求める役員——若くて、革新的で、顔が広くて、貪欲な人材——を求めないのか？

企業の取締役会の写真を並べると、金太郎あめのように同じ顔ぶれなのに気づくはずだ。とりわけ女性やマイノリティの取締役の席に座るのはいつも同じ顔ぶれだ。二年前、ある会合で、私は、クリントン政権の経済諮問委員会の委員長で、現在はカリフォルニア大学バークレー校のハーススクールオブビジネスで教鞭を取るローラ・ダンドレア・タイソン[1]が、企業の取締役会にまん延する「白人男性症候群」について話すのを聞いた。モルガン・スタンレー、AT&T、そしてイーストマン・コダックの取締役を務める彼女の説は正しい。『フォーチュン』誌の記事によると、女性の取締役がいる企業はわずか六社に一社だと言う。女性が人口の半分を占めることを考えると、ちょっと少なすぎないだろうか？　ダイバーシティー（多様性）を優先課題に挙げている企業でさえ、取締役となると、その原則に従っていない。クライスラーは多様性を企業原則として明記しているが、取締役会はその通りにはなっていない。産業界のご意見番のなかには、取締役会を「バチカンの女人禁制パーティー」と言ったり「イグルー[2]の中の白クマ」と揶揄する人もいる。タイソンの言う「白人男性症候群」に私もひとつ付け加えたい。ほとんどの取締役は老人だ！

どうしてこんなことになるのか。理由のひとつは人間の自然な特性だ。人は自分に似た相手と群れたがる。それは人種や年齢だけでなく学校や仕事やクラブといったその他多くの点で言える。もうひとつは企業の上層部に同じような人ばかりいることだ――大企業は、大企業での豊富な経験と立派な肩書きを持つ人を取締役にしたがるし、そのような人材はたいてい年取った白人男性だ。多様な取締役を選ぼうと積極的に努力している企業もあるが、それも一朝一夕にはいかない。取締役の多様化が大切な優先課題だと認めない企業もある。

1）　Laura d'Andrea Tyson：クリントン政権での大統領経済諮問委員会委員長、現カリフォルニア大学バークレー校教授。2002～06年にはロンドンビジネススクールで女性として初めて学部長を務めた。

2）　igloo：エスキモー諸民族の雪洞式の住居。

私は別に年寄りの白人男性が嫌いなのではない。ただ、同じような人ばかり集まってもあまり意味がないと思っているだけだ。もし取締役が全員若い黒人女性だったり、全員中年の郊外族だったり、そうでなくても同じような人たちばかりだったら、組織が自問し、力をつけ、学習し、成長し、成功する助けにならないだろう。

役員の選定が内輪びいきになりがちなのはしょうがない。非営利の世界でもそれは同じことだ。知り合いを引き入れるのは自然なことだ。もちろん私たちも友人を選ぼうとする。だけど役員が私のような人ばかりだったら、組織の役に立たない。ニューヨークの街中に住む働く女性のことなら、私が知っている。私に必要なのは、それ以外のグループに働きかけることができる人材だ。役員会は、それぞれ独自の得意分野を持つ個人の集まりでなければならない。クリストファー・アンド・ダナ・リーブ財団を率いるピーター・ウィルダロッターが言うように、「みんなが集まったときが役員会というだけのことさ。普段はそれぞれ違うものを提供してもらわなくちゃいけないから、たいていは別々に仕事をすることになる」

私は、補完的な能力を持つ役員を選ぶよう、いつもとくに気をつけている。もし私の組織に一五人の役員がいても、寄付金集めが得意な人ばかりで、戦略づくりの専門家が一人もいなければ、組織のためにならない。広告宣伝に精通した役員が多ければ、同じ分野の専門家を引き入れることはもちろんしない。

ユースエイズのヘッド、ケイト・ロバーツは、近頃私にメディアと広告分野の経験が豊富な役員を探していると話してくれた。彼女は新しい重要プロジェクトを立ち上げようとしていて、そのマルチメディアキャンペーンの戦略づくりと執行の手助けをしてくれる人材を探していた。二人で話していて気づいたのは、もし彼女が「役員」と言わなかったら、これが通常のスタッフの採用と同じ、つまり組織に必要な専門能力を持った人材の穴埋めについて話しているのとまったく変わらないということだった。非営利の役員はシニアスタッフのような存在だが、毎日毎週オフィスに顔を出すわけではなく、給料をもらえないというだけだ。

サービス精神を発揮させよう

企業の取締役はオーナー意識にとらわれがちだ。彼らが実際に株を所有する株主であれ、単に所有者のように振舞っているだけであれ、取締役の地位に上ると、会社のために自分に何ができるかを自問するより、他人に何かを頼むことのほうが多い。これは言葉の上だけではない。オーナーは特権階級だ。彼らは高いところに立っている（というよりだいたい座っていることの方が多いが）。命令を下すのがオーナーだ。

非営利ではこうした特権意識を持つ人はめったにいない。ほとんどの場合、役員は組織の利益に奉仕する存在で、その逆ではないことを本人が知っている。ドレス・フォー・サクセスのもっとも影響力のある役員の一人が、マージ・マグナー(3)だ。当時、彼女はシティバンクのトップで——金融業界で世界的に最高の地位にいる女性だった。シティはドレス・フォー・サクセスのスポンサーであり友人でもあったが、シティのライバル会社、チェースとバンク・オブ・アメリカとも大々的に

3) Marge Magner：シティグループ Global Consumer Group の会長兼 CEO の後、チャールズ・シュワブ社のディレクター、アクセンチュアのディレクターも務めている。

提携することになった。マージは根っからのシティ人間だったが、この新たな提携を喜び、成功を祈ってこの取り組みをさまざまな場所で宣伝してれた。それがドレス・フォー・サクセスにとって最善だと思ったからだ。これこそ、私たちが非営利の役員に期待する（そしてありがたいと思う）無私の献身だ。

大企業もこの「奉仕精神」を持つ役員をより多く選ぶべきだ。多くの非営利組織では、役員たちがとても斬新な解決法を提案する。新しい経営方針や慣行を提案しなければいけないし、提案が取り入れられない場合でも創造性を発揮して一生懸命に奉仕する。会社への熱い情熱は、緊迫感を生みだす。役員を奉仕する役目ととらえれば、組織を監督するだけでなく、今までとは違う考え方で物事に取り組める。こうした考え方が、危機的な状況になる前に問題を解決することにもつながる。取締役は会社に奉仕する存在だと思えば、ＣＥＯをよりしっかりと監視し、「彼が今、ほんとうにこの会社にとって最良の指導者なのか」と心から問うようになるだろう。

顧客層から取締役を任命する

取締役が自分の企業に深いつながりを感じられない理由の一つは、彼らが顧客からかけ離れていることだ。たとえば、アバクロンビー・アンド・フィッチといえば一〇代や二〇代の若者向けのカジュアル洋服ブランドだが、この会社には五四歳より若い取締役はいない。もし実際にアバクロで買い物をしている（または子供がその年齢の）取締役がいれば、取締役会がもっと有益なものになるのではないだろうか？　私はそう思う。

大企業の取締役の経歴を見ると、それが顧客とほとんど関わりがないことに気づいて私はいつも驚く。プロクター・アンド・ギャンブル（P&G）の製品はほとんどすべて女性を対象にしているか、たいてい女性が買うものだ。だから取締役会にもそれが反映されて当然だろう。それなのに、P&Gの一三人の取締役のうち女性は二人だけだ。もうひとつの巨大家庭用製品企業で、洗剤から冷凍食品から化粧品から石鹸までありとあらゆるものを製造するユニリーバでは、一一人の取締役のうち女性はひとりしかいない。たったひとりが顧客を正しく代弁できるだろうか？　個人的な経験から話をできる――または少なくとも顧客に近い取締役が複数いれば、役に立つのではないだろうか？　もちろん、取締役会では数字や統治の議論が中心になるが、そうした数字は現実の消費者や売上や製品を反映するものだ。そう考える人が少なくとも数名いれば、取締役会がこれまでと違う考え方をする助けになるだろう。

非営利組織は、財務よりも社会への影響を考えて運営されるため、役員会が、顧客を含めたさまざまなステークホルダーを正しく反映するように、私たちは大変な努力をしている。フィーディング・アメリカ[4]――フードバンク[5]や食品企業を通してアメリカ国内の食べ物のない人々に食べ物を提供する組織――はその良い例だ。フィーディング・アメリカの役員会は、食品を提供してくれるウォルマート、マーズ、キャンベルスープの重役や、その活動の恩恵を受ける組織の代表者、たとえばたとえばメリーランドやオハイオやテキサスのフードバンクのリーダーたちから成り立っている。

4)　Feeding America：米国の食糧難問題に取り組む非営利団体。全米200以上のフードバンクを擁する。1960年代にジョン・ヴァン・ヘンゲルが始めた炊き出しが発展し、米国発のフードバンク、セントメリーズ・フードバンクとして1976年に発足。後に改名して今に至る。

5)　food bank：品質に問題がなくても何らかの理由で市場に流通できなくなった食品を企業から譲り受け生活困窮者に供給する団体。

ニューヨークのロビンフッド財団は、あらゆる貧困の撲滅に取り組み、支援者から驚くほど多額の寄付を募っている（第四章を参照）。役員にはヘッジファンド業界の先駆者であるポール・チューダー・ジョーンズや、グィネス・パルトロウのような有名人が名を連ねるが、そうした有名人に混じってハーレム・チルドレンズ・ゾーン(6)のジェフリー・カナダといった活動家もいる。子供たちが学校をやめないよう支援する非営利組織、コミュニティズ・イン・スクールズ(7)も、バランスのとれた役員会を持つ組織のひとつで、児童支援の専門家や教育委員、他の教育機関の教育者たちがここに参加している。その上、役員会を補うために学習委員会を置いている。この第二の役員会には、さらに多くの教育者や専門家が参加して、理論や経験に裏付けられたアドバイスを提供している。

役員に報酬を支払ってはいけない

非営利の役員に報酬が支払われることはほとんどない。逆に、彼らは役員（理事）になるために、寄付や資金集めやアドバイスなどを組織に「与える」ことを期待されている。多くの非営利組織は役員になるための貢献度を明示していて、その人自身の寄付金の額か、調達すべき寄付金の額を設定している。ヒューマン・ライツ・キャンペーンはアメリカ最大でもっとも影響力のある同性愛者の権利団体だ。その役員になるための寄付金の最低額は五万ドルだ。だが、ロビンフッド財団はさらに高額で、その倍だと言われている。

営利企業の「キャリア取締役」は気に入らないだろうが、非営利の世界では、役員に報酬を支払

6) Harlem Children's Zone：劣悪な環境におかれた子供や大人を支援するニューヨークの非営利団体。ジェフリー・カナダが 1970 年に設立。

7) Communities in Schools：全米 181 拠点を持つ、公立学校で働く専門家のネットワーク。

わないからこそ、彼らが金銭目的でないことがはっきりすると思われている。彼らが役員になる理由がまったく利己的なものではないとは言わないが――名声がほしい人もいれば、人脈を拡げたい人もいる――たいていは組織の活動への賛同や取り組む課題への問題意識が動機になっている。『フォーブス』の元社長で、私の友人でもあるジム・ベリエンは、かつて、アメリカ摂食障害協会(NEDA)の役員を務めていた。彼の娘がこの障害に苦しんでいたからだ。彼は純粋に拒食症や過食症が無くなるよう願い、組織の成長を望んだ。彼は、娘が激やせして感情的に不安定になったことに驚き、父親としての個人的な経験を『ニューズウィーク』に執筆した。そう、ジムは非常に個人的な理由でNEDAの役員になったのだった。彼は私の組織ドレス・フォー・サクセスの役員でもある。なぜか? 彼はフォーブスの社長として、女性問題に取り組むために「フォーブス会議」を主催し、女性起業家賞を創設し、女性の職場進出を気にかけた――たとえそれが末端の社員の採用だとしても。彼がドレス・フォー・サクセスに参加したのはこの組織の目的に賛同しただけでなく、それが彼自身の仕事の優先課題でもあったからだ。

どうしたら役員になる動機がわかるだろう? 本人に訊くこともできるけれど、もっといいのは、実際にあなたの店舗で時間を過ごしてもらうことだ。彼らにあなたの製品を使ってもらおう。彼らはあなたのウェブサイトから商品を購入したことが一度でもあるだろうか? 彼らはあなたの会社のサービスに登録しているだろうか? あなたの会社、製品、サービスとなんのつながりもないなら、なぜ役員になりたいのか? もっと大切なのは、なぜあなたが彼らに役員になってほしいのか、ということだ。

役員の規則を明記する

この数年間に、次々と企業スキャンダルが表ざたになるのを見て、世界中の何百万という人々がこう思ったはずだ。「取締役はいったい何をしているのか?」と。良い役員会——営利企業でもそうでなくても——は、役員の責任と彼らに期待することを明記しているはずだ。企業規則には、役員の任期、選任と解任の方法などが明記されなければならない。ほんとうに賢い組織は、役員がすべきことを明記した文書をつくる。たとえば、**ドゥ・サムシングは役員が少なくともひとつの分科会に参加することを義務付けている。また年次総会には必ず本人が出席しなければならない。もちろん、資金を募るために役員による寄付金額のノルマも設けている。**

ロビンフッド財団のほんとうにすごいところは、役員の顔触れではなく、役員会の運営方法だ。そのやり方は、現場に密着していて、献身的で、しかも革新的だ。彼らは、効果測定の基準をつくり、資金を受け取る団体、つまり「受け手」に結果責任を負わせる。営利企業の取締役の多くは、効果測定や説明責任を避けたがる。これをやると、全体の調整に大変な手間がかかるばかりか、関係者を動転させかねない難しい決断を迫られることになるからだ。取締役会がＣＥＯに、主要取引先が取引基準を満たしていないなどと教えることはめったにないし、企業の価値観に反するような顧客と取引すべきでないなどと言うこともほとんどない。

ロビンフッドの役員会には資金の受け手の成果を評価するシステムがある。このシステムを使って、ある資金の受け手がそのお金を使ってどのくらい貧困層の若者の収入を増加させたかを測定し、別の受け手の成果と比べることができる。そうすれば、結果が出ていない団体に資金を与え続けずに、もっとも結果を出しているグループに資金を回すことができる。この測定結果をもとに、毎年一割の団体が資金援助を切られる。測定基準を設けて、相手にノーと言うのは役員会にとって間違いなく難しいことだが、みんながこれを積極的に行うべきだし、そうできるはずだ。この役員会の一員になることは、寄付金の使い道の決定に個人的に深くかかわることだ。

現場に出向く

ロビンフッド財団では年に四回役員会を開くが、それは弁護士事務所や財団の本部で行われるのではない。役員たちは、財団が資金を援助しているニューヨーク市内の現場に行き、学校のカフェテリアや識字促進団体のコンピュータ室で会合を開く。

役員がいくらすばらしい人たちでも、その会社がどれほど成功していても、役員会はいくらでも「つまらない」ものになりうる。時間がかかりすぎるかもしれない。一人の役員がくどくどと話し続けることもあるだろう。評価が長すぎて何も質問できないかもしれない。人数が多すぎるかもしれないし、少なすぎて意味がないこともあるだろう。まったく組織だってない場合もあれば、型にはまり過ぎている場合もある。役員会がうまく行かない理由は、それこそ無数にある。

全員が活発に参加し、生産的で、どこから見てもすばらしい役員会を保証することは、だれにもできない。だが、非営利の立場から私は一つだけアドバイスできることがある。それは、現場で会合を開くことだ。あなたの会社の役員のほとんどは、高級なクッキーが置かれた重厚な会議室での会合をすでに一生分経験しているはずだ。

エンデバーは貧困層に大きな影響を与える起業家に資金を援助する組織だ。創立者兼ＣＥＯのリンダ・ロッテンバーグは、役員とは必ず現場で会うべきだと信じている。エンデバー[8]は、発展途上の様々な国々に投資することで世界中の貧困と闘っている。その活動の一環として、投資した国々に投資家を連れていき、そこで起業家に引き合わせる——それがアフリカの僻地でも。こうした旅と個人的な経験をすることで視野が広がり、図表やきれいな写真よりも途上国への理解が深まる。

二〇〇六年の八月、ハリケーン・カトリーナとリタの災害からちょうど一年後に、カブームは遊び場の建設を手伝うために役員をニューオリンズに連れて行き、大規模な荒廃を見せた。それがメキシコ湾岸の復興キャンペーンである「遊び場計画」を立ち上げるきっかけになった。

ドレス・フォー・サクセスでも、役員がもっとも多く参加するのは店舗での会合だ。

ウォルマートも、最寄りの店舗にある従業員のコーヒールームで取締役会を開いてみてはどうだろう？　スターバックスは、閉店後の店舗で取締役会をやってみてはどうか？

ＣＥＯを役員にしない

私はドゥ・サムシングの役員ではない。最初にここにやってきたとき、私はＣＥＯと役員会の会

8) Endeavor：主に開発途上国の問題に取り組む社会起業家を支援している非営利組織。本部ニューヨーク。1997 年に設立。

長の両方の職を提示された。そのときは、どちらも断ろうかと思った。両方の役割をひとりの人に委ねる組織は——とりわけ外部の人間に——ガバナンスを真剣に考えていない証拠だからだ。しかし、私は役員会の会長職を丁重に断り、ＣＥＯの職をお受けした。今でも、私は役員会のメンバーではない。私は役員の会合に参加するか？　もちろんだ。そこでたくさんしゃべるか？（もし会議に参加している私の姿を見たことがないなら、この質問にはただイエスと頷いてくれればいい）議題づくりに参加するか？　当然だ。だが、私に投票権はない。

　これは多くの非営利組織のリーダーが持つ哲学だ。ひとつには、私たちは抑制と均衡《チェック・アンド・バランス》のシステムを大事に守り、とりわけ外部の役員がほんとうに客観的に行動し、だれにも干渉されずに第三者的に統治することが大切だと思っているからだ。もうひとつには、もし役員たちが純粋に組織の利益のために奉仕すると確信していれば、自分に投票権は必要ないからだ。私はそんなになんでも支配したいわけではない。ＣＥＯは、投票権を持たなくても、その部屋にいるだけで重要な役割を果たすことができる。

　CEOとは違う意思決定ができる役員の方が、組織の役に立つ。役員会の独立性を確保することが、それぞれの役員の意見がほんとうに大切だと伝えることになり、ＣＥＯが役員会にいないことで、みんながより自由に考えを表現できるかもしれない。**多様な意見を持つ独立した役員会が、経営陣が見逃してしまうような問題や機会を指摘することで、組織は成長する。**ＣＥＯから距離を置いた役員会は、真のガバナンスを確立することができる——彼らには財務の異常を指摘し、倫理違反を発見する使命がある。私や私の決定に恐れずに異を唱える権限がある。そして私はその力をはっきりと認識している。

このような構造は、オーナー会社ではより重要になる。私はドレス・フォー・サクセスで一度も役員会のメンバーにならなかった。ある役員会で、私自身が固執した方針をめぐって、熱い議論が戦わされた。それは非競合の方針で、私にとってはもっとも意義深いものだった。私は、同種のサービスがすでに存在する市場には参入すべきでないと思っていた。しかし、私たちはドレス・フォー・サクセスに似た組織が長年存在するシカゴとワシントンDCの二つの都市から多数の申し込みを受けていた。さまざまな激論の末、役員会は私に反対の決議をし、非競合の方針を捨て、シカゴの組織にフランチャイズ権を与えることにした。

議論に負けたのは悲しかったが、その夜私はシャンパンで祝杯をあげた。役員会が創業者の意見を却下したことは、ドレス・フォー・サクセスが組織として一定の成熟度に達したということでもあったからだ。この組織は、イカれた女が絶対的な権限をもつただのサークルではなく、活発な議論や決定がなされ、反対意見を出すこともできる、活気のある組織になった。そして、イカれた女の意見を覆すこともできる組織になったのだ。

役員にスタッフと直接交流させる

優秀な役員は、歩くハウツーマニュアルのようなものだ。彼らは、あらゆるものを見、さまざまな経験を経てきた賢い男女であり、必要なときにいつでも意見を聞ける相手でもある。彼らは、成長戦略を立ち上げるときにみんなが犯しやすい間違いを知っている。業界の裏も表も知っている。彼らは、財務やマーケティング、テクノロジーなどの幅広いスキルを持っている。この知識を社員と共有できたらどうだろう？　彼らが事業開発の担当者と協力してプロジェクトを手伝ってくれたら目標を達成できるかもしれない。**企業は高いお金を払って外部のコンサルタントを雇うが、彼らは取締役たちが知るような特殊な知識に精通しているわけでもなければ社内の仕組みがわかっているわけでもない。**

ただでたくさんの手助けが得られるのにどうして高いお金を払ってコンサルタントを雇うのだろう？　ピーター・ダメリオはチーズケーキファクトリー[9]のCOOだった。そのチェーンで毎日つくられるチーズケーキの量を考えれば、ピーターが忙しいことは間違いない。しかし、多忙な人は、自分が影響を与えられるなら、喜んで――しかも自分から積極的に――時間や専門知識を貸してくれる。だから、ピーターは（飛行機で、カブームの創業者ダレル・ハモンドと偶然に隣り合わせたのが縁で）二〇〇〇年にカブームの役員会に参加し、事業運営のノウハウを提供した。

当時、カブームは立ち上げたばかりで、助けが必要だった。国中に遊び場をつくるには、保険や人材といった多くの不確定な要素に取り組む必要があった。ピーターはスタッフとともに企業哲学や手続きの草案を準備した。このときに書かれた企業哲学は今も存在し、生きている。それは、彼が、業務の流れを文書化し、各部署の関係を整理し、基本原則に従うようつねに監視を怠らなかったからだ。チーズケーキファクトリーはカブームの目的とは関係がないかもしれない――ひとつは食に関連する企業で、もうひとつは子供の遊びを促す組織だ――だけど、ピーターの業務経験や

9)　The Cheesecake Factory：全米で100店を超えるレストランを展開する大手外食チェーン。

彼の積極的な支援が、業務フローの図式化につながった。

ＧＭやＩＢＭの取締役に、昨年一年間に重要なプロジェクトのために何人の社員と話したか、または一緒に働いたかと訊けば、おそらく答えはひとりか二人（もしいたとして）だろう。ＣＥＯ以外では、重要な財務関連の問題でＣＦＯと話をしたか、後継者選びのことで人事部長と接触したくらいだろう。役員と社員が断絶されているのは、ひとつにはＣＥＯがこの二つのグループに交わってほしくないからだ。もし社員が役員と自由に対話できたら、給料から、ＣＥＯの悪口から、三階のトイレの備品不足までみんながありとあらゆることに文句を言うに違いないと思っているのだろう。もちろん、役員がこのような問題にいちいち煩わされるのは生産的ではない。だけど、こうした透明性と知識は役員がより多くを知ることにつながり、その結果、組織に役立つことにもなる。

非営利の役員会では、企業に比べて少なくとも二倍の役員がいる――調査会社のボードソース[10]**によると、非営利組織の役員会の平均人数は一七名だという。**私の組織には二〇人の役員がいる。美術館の理事会ともなると五〇名近くにのぼる。これだけの人たちをみんな引き入れて情報を共有するために、**非営利組織は役員とスタッフができるだけ交流するように気を配っている。**ドゥ・サムシングでは、ＣＴＯ（最高技術責任者）とＣＭＯ（最高マーケティング責任者）、それにもっと下のスタッフが、私と同じくらいかそれ以上に役員たちと対話している。時には正式な対話の場を設けることもある。たとえば、マーケティングやテクノロジーといった特定の問題に取り組む勉強会に役員が参加することがある。非公式な交流もある――スタッフが役員に電話をかけて、専門分野のアドバイスを受けたりする。非営利組織の中には、役員とスタッフの対話を調整する担当者を置

10）BoardSource：非営利組織の理事会に関する調査やコンサルティングを行う企業。

いているところもある。プランド・ペアレントフッド[11]は、役員とスタッフ間の情報交換を促進する専任者を置いた。

どうしてこのような対話が企業にとって大切なのか？　まず、これが、他では得られない専門性や知恵を中心的な社員に与えることになるからだ。役員の中には、営業、マーケティング、財務、その他数多くの分野で世界でも指折りの専門家がいる。彼らはその分野でのベストプラクティスを知っている。また、業界のベテランであらゆる経験を積んでいるため、あまり経験のないスタッフに賢い助言を与えることができるかもしれない。そしてこの不景気に何よりありがたいことに、彼らの助言は無料だ。この信じられないほど価値のある資源を社員に与えないほうがおかしい。だれかが、またはなんらかの形で両者の関係を調整する必要はあるけれど、やり方次第でうまくいく。

次に、スタッフと役員の交流は役員が社内事情を知り、組織と関わりを持つすばらしい方法だ。賭けてもいいが、大手企業の取締役の大半は、その会社が抱える問題や機会にもっと深く関わりたいと思っている。それなのに、彼らは事情が充分にわからないと感じていたり、彼らの助けが必要とされているのかどうか確信を持てずにいる。役員と社員が定期的な交流を持つことは、役員の知識が役立つことを示し、社内の主要部門で何が起きているかを役員に知らせることにもなる。

役員が組織の目的に思い入れを持つようにする

スプリント[12]の取締役は全員スプリントの携帯サービスを利用しているだろうか？　シアーズの

11）Planned Parenthood：再生医療や小児医療を提供する医療ネットワーク。全米に850の拠点を持つ。

12）Sprint：米国で三番手の携帯電話事業者。

取締役は、クリスマスプレゼントを実際にシアーズで買っているだろうか？　ハーレー・ダビッドソン(13)の取締役はハーレーに乗っているだろうか——少なくともハーレーに乗る人たちに愛情をもっているだろうか？

良い非営利組織の役員は、そのブランドの熱烈なファンになる。ロゴ入りのトートバッグを持ち、組織について話し、何よりも知り合いを引き入れる。彼らがそうするのは、その製品やサービスが大好きだからだ。ドレス・フォー・サクセスの役員は年に最低二回はクライアントにスーツを選ぶことになっている。カブームでは、役員が一年に少なくともひとつの遊び場の建設に参加しなければならない。ティーチ・フォー・アメリカの役員は、年に最低一回は教室を訪れなければならない。

非営利組織のスタッフの多くは活動への情熱があるから採用される。彼らはその仕事に就く時点で、それぞれ形はちがってもみんな組織を助ける準備ができている。活動に前向きで、能力もある。彼らは受け身の傍観者になるつもりはない。活動に関わりたいと思っている。がんを克服したり、環境を守ったりするのは、保険や洗剤を売るより情熱を傾けやすい目的なのは確かだが、営利企業もその会社になんらかの関心がある取締役をより多く引き入れる努力はできるはずだ。その会社の製品やサービスのファンでもいい。その会社の理念や価値観に賛同する人々でもいい。いまもその会社に強い思い入れがある元社員でもいい。その会社がエクセレントカンパニーになる可能性があると信じ、その過程に参加したいと思う人もいるだろう。こうした人々は、その義務をはるかに超えて組織に大きく貢献する可能性が高い——彼らを組織の目的と結びつけることで、やる気にさせ、関わらせることができる。

13）Harley-Davidson：1903年創業の老舗のオートバイメーカー。

リンクトインの創業者兼CEOのレイド・ホフマンは、まさにこれを実践している。ホフマンは、非営利のオンラインによるマイクロファイナンス会社、キバ[14]の役員として、積極的に役員や提携先を勧誘しているだけでなく、ローンの貸し手も呼び込んでいる——なぜなら、ホフマン自身がマイクロファイナンスの力、とりわけキバに大変な情熱を持っているからだ。良い役員には、頭脳と人脈がある。しかし偉大な役員には、組織への愛情がある。

役員が有り余るほど持っているのは人脈だ。**あなたの役員たちは、組織の代弁者としてふるまっているだろうか？　もしそうでないなら、それはなぜだろうか？**　彼らは多くの影響力のある人たちと知り合いで、しかも役に立つ組み合わせを見つけるのが得意だ。取締役は個人やグループを紹介したり、良い提携相手を教えたりすることで、企業が関係の輪を拡げる手助けができる。非営利組織の役員は、さまざまなジャンルの人々と組織を結ぶ手助けをする——イベントのスポンサー、サプライヤー、支援者、アドバイザー、スタッフ、そして未来の提携先など——その上、もし役員が実際に製品を知っていればだれより優秀な営業マンにもなれる。彼らが会社を助けるために持てる資源を活用していないなら、それは関心がないせいだ。彼らがあなたの製品やサービス、そして顧客に関われば、企業の成長を助けたくなるだろう。

あなたへの11の質問——役員にもっと働いてもらう

営利企業の取締役は、実際にどれだけ企業に貢献しているのだろう？　企業経営者と話してみる

14）Kiva：インターネットのマイクロレンディング組織。開発途上国の個人起業家に小口のローンを提供する。

と――正直に口を割らせることができれば――、そのほとんどは「あんまり」と答えるに違いない。多くの場合、経営者の方も取締役にあまり口を挟んでほしくないと思っている。経営陣の決定に口を挟まず、じゃまをしないでくれればいい、と。サーバンス・オクスレー法(15)（Ｓｏｘ法）の施行後は、取締役会の存在理由ができたとはいえ、まだ限られている。取締役会が企業財務を監視してくれるのはありがたいことだ――もちろんこれは法律で義務付けられている――だけど、それだけでは充分ではない。フォーチュン一〇〇社の取締役を見ると、多くの知識や技術が活用されていないことがわかる。非営利の世界では、そんな余裕はない。**だれかに知識と技術があれば、それを最後の一滴まで絞り取るのが非営利だ。営利企業も同じようにして当然だろう。**

私が今学びつつあり、また学び直していることは、役員会も役員も、自分次第で良くも悪くもなるということだ。もし彼らが活用されていなければ、そうできてないのは自分の責任だ。彼らがブランドとつながりを感じていないとしたら、自分がその機会をつくっていないからだ。そして役員が適任でないとしたら――役員会の構成が適切でないなら――それは優秀でバランスの取れた役員会をつくっていない自分の責任だ。

言い換えれば、役員は、あなた次第でいくらでも活用できるということだ。近い将来、役員が組織にどれだけ貢献しているか、と訊かれて、「どのくらい時間ある？　どこからはじめていいかわからないくらい、たくさん話すことがあるから」と答えられる日がそのうち来るはずだ。

まず初めにこの一一の質問を自問してみよう。

15）Sarbanes-Oxley Act：上場企業会計改革および投資家保護法。企業改革法とも呼ばれる。投資家保護のため財務基準の厳格化を定めた法律。2002 年に制定。

1 どこで取締役会を開いていますか？　何もない会議室ですか？　それとも製品やサービスに近い「現場」ですか？

2 取締役会を図式化してみましょう。だれがよく話しますか？　主な話題はなんですか？

取締役会は多様化されていますか？

3 取締役会の規約は明記されていますか？　それは強制力がありますか？　それを強制するのはだれですか？

4 CEOは取締役会のメンバーですか？　取締役会はCEOに反対したり、決定を覆したりしたことはありますか？　それは独立の証と見なされましたか？　それとも敵意だと思われましたか？

5 取締役は報酬をもらっていますか？　報酬を止めても奉仕してくれるでしょうか？

6 どうしてこの人たちを取締役にしたのですか？　彼らは何に興味を持っていますか？　なぜライバル会社や、もっと派手な大企業の取締役でなく、あなたの会社の取締役になったのですか？

7 取締役が最後にあなたの会社の製品やサービスを使ったり、それに関わったりしたのはいつですか？

8 取締役会はどのくらい多様化されていますか？　年齢や人種や性別だけでなく、経験の面で。

9 取締役会のメンバーは、あなたの会社を話題にしていますか？　あなたの会社は彼らの履歴書に載っていますか？　あなたの会社の製品やサービスは彼らの自宅で頻繁に使われていますか？　彼らは知り合いや取引先を紹介してくれましたか？

10 取締役たちはスタッフと対話していますか？　その関係を図に描いて下さい。頭の中で、そのつながりをはっきりとさせて下さい。それは少数の同じ人たちではありませんか？

11 結論：あなたの会社の取締役会は、ほんとうの財産ですか、毒にも薬にもならない存在ですか、それとも邪魔な人たちですか？

CHAPTER 7

能力を引き出す人事を行う

巨大企業の会議室であわてふためいている不幸な人たちを見ていたら、チョコレートとアドヴィル[1]と、それから腕のいい精神科のお医者さんが必要かもしれないと思えてきた。まるで『ディルバート』か『ジ・オフィス』に出てくる社員みたいだ。ストレスいっぱいでびくびくしている。私は、マンガやドラマにいかにもそれらしい登場人物が出てくるのも当然だと思いはじめていた。ほんとうに存在するのだから。

どうしたらスタッフをうまく活用できるか、というのは難題だ。採用、昇進、解雇はとても複雑になり、企業はたくさんの規則をつくって、その過程だけでなく人事部全体を縛るようになった。採用の前に、仕事の内容を細かく規定し、（人種・性別などの）多様性を考慮し、志望者の身元や経歴に偽りがないかを調べ（今の訴訟社会では身元照会も難しい）、企業文化に馴染めるかを見極めなければならない。解雇しようと思えば、それが正当であることをきちんと証明し、理由をながながと文書化する一方で、訴訟にも備えておく必要がある。昇進させるときには、とても多くの要素を考慮しなければならない——専門性、経験、年功序列、その他もろもろ——頭がこんがらがってしまうほど複雑だ。あぁ、それから、書類のこともある。書類をつくらなければならない。気が狂いそうなほどたくさんの書類を。

あなたは採用、昇進、解雇があまりにも複雑で自分の会社がいやにならないだろうか？　優秀な人材を一、二年で失っていないだろうか？　社内で出世競争に残っている人たちは、べつにとりわけ才能があって優秀だからではなくて、ただ毎日会社に行っているからというだけで生き残っているのではないだろうか？

1）Advil：頭痛薬、解熱・鎮痛剤。

非営利組織も同じ問題を抱えているが、私たちには秘密兵器がある。それで人事にまつわるすべての問題が解決できるわけではないが、偉大な非営利組織は、ある原則をうまく活用することで優秀な人材から能力を引き出すのに成功している。**私たちにとって、情熱はつねに専門知識や経験にまさるものだ。経験も専門知識ももちろん大切だけど、情熱はそれよりもっと大切だということを非営利組織は学んできた。**

どんな人が情熱のある社員か？　みんなが同意するような、まあまあいいけどすばらしくはないアイデアに満足できず、会議を長引かせてしまう社員。他の人を怒らせてでも、正しい解決策を見つけるためにもっと努力しないとだめだと断言する社員。良いアイデアを探そうと必死になって、寝ている間にも何か思いついたら書きとめておこうとベッドの脇にメモ帳を備えている社員。次の新しいことを思いついたら、お昼ごはんも忘れ、夜のデートの約束をすっぽかしてしまう社員。

非営利組織には、組織の活動目的を信じ、利益よりも原理原則のために働く、理想に燃えた人々が自然に集まる。とはいっても、みんながみんな情熱を持っているというわけではない。正しいことを信じる「いい人」であっても、働き者とは限らない。非営利組織は必要に迫られて、情熱的な人とそうでない人を区別せざるをえない。私たちは情熱的な人を採用し、昇進させる。もしだれかを辞めさせなければならないときに最初にクビを切られるのは、フェイスブックで組織の名前を宣伝しない人たちだ。

これは嘘ではない。あなたは私生活がなくなるほど仕事のことを四六時中考えているだろうか？もしそうなら、あなたは私たちがいちばんほしい人材だ。私たちの判断がいつも正しいわけではない——間違った人を採用してしまうこともある——だけど、心から仕事に打ち込む人たちを見つけるコツも知っている。

ちょっと待て、と読者のみなさんは思っているかもしれない。経験豊富なベテランは？　卓越した専門知識を持つ社員は？　これらは情熱よりも役立つし、昇進に値するのでは？

アイビーリーグ[2]の大学出身で一〇年の経験とすばらしい専門知識を持った情熱のない人か、高校中退で経験も技術もあまりないけれど情熱だけは人一倍ある人かのどちらかを選べと言われれば、私はぜったいに情熱のある方をとる。

経験は過大評価されている。その人を訓練したのは他のだれかだ。昔のやり方に固執するかもしれない。専門知識はこれから教えることができる。私の夫は長年コンサルタントをやっていたが、どんな業界でもだいたい一週間みっちりと詰め込めばほぼわかるようになるとよく言っていた（もちろん例外はある。一週間勉強しただけで、彼に私の頭の中を操作してほしくはない）。経験と専門知識はたいてい過剰評価されている。

だけど、情熱にはお金で買えない価値がある。経験がなくても情熱があれば、必要な知識を必死に学ぼうとするだろう。もしその仕事に専門技術が必要なら、それを身につけるはずだ。彼らにはすばらしい仕事をしようというやる気がある。情熱が一段上の結果を生みだすのだ。

ここで、情熱さえあれば、人はやる気になり、必要なことを身につけて結果を出す、という事例を紹介しよう。あるとき、ジョージというとても感じのいい若者がドゥ・サムシングの広報の仕事の面接にやってきた。彼はメディアにはあまり詳しくなかったが、面接の間に彼が心から私たちの

2）Ivy League：米国の名門私立大８校。多くの卒業生が国内外の政財界のエスタブリッシュメントとして活躍する。

使命を信じていることが伝わってきた。彼が長い時間をかけて私たちのウェブサイトから情報を集めてきたのは明らかだった。彼の質問には、私たちの目的やブランドや顧客をよく理解していることが表れていた。彼は自由時間に出身高校でボランティアをしていて、それは彼が純粋に若者たちを気にかけているという証拠だった。

その上、ジョージは大学時代、長距離走の選手だった。ウォール街はラクロスやアメフトの選手を雇いたがる。私は長距離走者やボートの長距離漕手が好きだ。彼らは何時間も——しかも暗闇の中でも——まっすぐ走ったり漕いだりする。ライバルと競争するのではなく、自分自身と闘い、自己ベストを更新しようとする。グーグルの画像検索に「勤勉さ」と打ち込めば、寒い冬の朝、水面から湯気が立ち上るなかで、目の下にクマができた選手たちが朝日を背にしてボートを漕いでいる写真が出てくるだろう。どちらの競技も目標を達成するには努力と忍耐が必要だが、すぐに結果が出るものではなく、スポットライトをあびることもない。長距離走者やボート選手が、ナイキの広告に取り上げられたり、スーパーモデルの彼女と街中をパレードすることがあるだろうか？　残念ながら、一マイル四分で走ってもそれほど華やかな喝采をあびることはない……私の組織に応募してこないかぎりは。

というわけで、私たちはジョージを採用した。というより、私は彼のために仕事をつくった。広報の仕事ではなくて——ジョージは芸能ニュースの『アクセスハリウッド』(3)を見たこともなければ、ジェニファー・ロペス(4)の歌を一つも知らなかった。彼の我慢強さは資金集めに向いていると思い、企業向けの社会貢献マーケティングに彼を使ってみることにした。しかし、彼は営業マンとしては

3)　*Access Hollywood*：セレブリティのゴシップを扱うワイドショー。

4)　Jennifer Lopez：人気ポップ歌手、女優。

失格だった。ＩＱは高かったが、人間関係をうまく操るタイプではなかった。相手を手玉にとることはできなかった。

では私たちは彼をクビにしたか？　それも考えた。クビにしても正当化できたはずだ――彼の限られた経験と知識では社内に居場所が見つからなかった。それでも、私は彼の情熱はすばらしいと思っていた。彼は毎朝だれよりも早く出社し、いつもいちばん最後に事務所の電気を消していた。土曜の夜に携帯メールで私にアイデアを送ってきた。そして自分の妹を学校の休み中にインターンとして引き入れた。それで、私たちはもう一度彼を異動させた――今度はテクノロジー部門に。

ジョージはテクノロジーの経験はあまりなかった。というより、テクノロジーのことはまったく知らず、この分野に配属されるとは夢にも思わなかった（彼はもともと広報志望だったのだ）。ところが、彼は教則本を買い、自分でＭｙＳＱＬやＨＴＭＬを習得した。本やインターネットであらゆるものを読み漁ってＳＥＯ[5]について学んだ。そして他の部署とのブレインストームや危機管理の取り組みにいつも先を争って参加した。彼は際立ったチームプレイヤーだった。

私たちのＣＴＯ（最高テクノロジー責任者）が『ニューヨークポスト』に引き抜かれたとき、ジョージは後釜になりたがった。だけど、私は外部から経験豊富な新しいＣＴＯを連れてきて、その経験にふさわしい高額の報酬を支払った。ジョージは彼の下で働くことになり、私は、これは彼にとって新しい上司から情報やアイデアを吸収するまたとないチャンスだと思った。

しかしこの新しいＣＴＯはまったく役に立たなかった。自分をだれよりも優秀だと思い込んで、他人の言うことに耳を貸さなかった。自分のやり方に固執して、これまでと違うやり方でサイトを

5) Search Engine Optimization（SEO）：検索エンジン最適化。サーチエンジンの検索結果に自社のサイトが上位表示されるようにすること。

構築すべきだと言ってきかなかった——しかも彼自身が職場から隔離された自宅でプログラムを書くといって譲らなかった。彼は専門家としてのプライドが高すぎてチームの一員として働くことができないのに、これまでの実績があるので、ある程度のわがままを許してもらえると思いこんでいた。

最悪だったのは、彼の姿勢が官僚的だったことだ。専門的なことには詳しかったが、カリスマ性がなくおもしろみもなかった。部下を刺激したりやる気にしたりできなかった。さきほど紹介した、驚くほど向上心の強いジョージを導くことにはまったく興味がなかった。その上、まあまあの解決策に満足するだけで、偉大なものをめざそうとしなかった。自分がいるだけでもありがたいと思え、という態度だった。私たちは彼をクビにした。

それでも私はまだジョージをCTOに任命するのをためらった。そして彼のために技術部長という新しい肩書きをつくり、もし彼が期待に応えたらCTOにしようと決めた。ジョージは、まさに長距離走者らしく、自己ベストを更新しようと努力した。彼は一生懸命働いただけではない——創造性をフルに発揮した。その仕事についてから一年もたたないうちに、彼はウェブサイト全体を根本から刷新した——コンテンツの管理システムやアーキテクチャ、そしてユーザーインターフェースも。すばらしい仕事だった。ジョージの統率力のおかげで、私たちは二〇〇九年のウェビー賞(6)を受賞した。これはテクノロジー界のアカデミー賞のようなものだ。しかも、それは非営利部門での受賞ではなかった。私たちは若者向けの最優秀サイトとしてMTVやマーベルコミック(7)を打ち負かしたのだ。ジョージはCTOになり、いまも毎日何マイルも走っているが、歩く姿には少しだけ

6) Webby Awards：優れたウェブサイトに贈られる権威ある賞。

7) Marvel Comics：ニューヨークに本社を置くアメリカの漫画出版社。

貫録がついてきた。

非営利組織にはジョージのような優秀な人材を失う余裕はない。情熱的な社員をクビにするのは無駄だ。その上、ジョージの話は私たちの事務所のみんなが知っていて、他のスタッフも彼を見習おうという気持ちになる。もし彼らが一生懸命働いて組織の目的に献身すれば、私は彼らを活用する道を必ず見つけるだろう。私の組織には情熱を持つ人間の居場所が必ずある。

GMやAT&Tは、精力的で熱心な人を採用し、昇進させているだろうか？　大企業では仕事に慣れた管理職が、熱心でないからといってクビになるだろうか？　**ある社員が一生懸命働いている一方で、別の経験豊富だがあまり精力的でない社員が昇進をかすめ取っていないだろうか？**　営利企業は、長年使われてきた明確な基準にもとづいて採用し、解雇し、昇進させている。その基準には、つぎのようなものも含まれる。

「彼はハーバード・ビジネススクール出身だ」

「ジャック・ウェルチのもとで何年も働いた」

「最初に起こした企業を数百万ドルで売却した」

こうしたわかりやすい客観的な基準の上に、なぜ情熱などという、わかりにくく形のないものを、採用や解雇や昇進のプロセスに取り入れる必要があるのか？　それは**過去の成果や見映えのいい肩書きは、将来その人がどう振る舞うかを必ずしも保証しない**からだ。そして会社に必要なのは――必要としなければならないのは――献身や勤勉さ、そして熱意だ。なにも私は立派な経歴を捨てろと言っているわけではない。情熱を必須の条件として加えるよう勧めているのだ。この二つは互いに相いれないものではない。あなたの会社は経験と熱意を併せ持つ人材を雇えるはずだ。

結果を出した人をトップにし、結果を出せない人には辞めてもらう

営利企業は利益至上主義、つまりできるだけ多くのモノをできるだけ少ないコストで売ることだけに時間と関心をつぎ込んでいると批判されてきた。経営者が崇高な信念をもっていても、企業にとっては利益がすべてだ。リーダーが企業に率直さや正直さを真摯に求めたとしても、こうした価値観は採用や報酬の制度の中で現実には脇に追いやられる。

利益至上主義から距離をおきたい企業は、仕事への情熱を価値観の中心に据えるべきだ。私が「社会貢献活動への情熱」と言っていないことに注意してほしい。それは「仕事への純粋な情熱」という意味だ——長い時間をつぎ込み、タイプミスがないように書類を何度もチェックし、友人や知人に宣伝してまわることだ。ダンボール箱を製造する会社でも、これはできる。働き者で、熱心で、気のきく人材を採用し、重要な仕事を任せれば、経営陣がこの価値観に対して真剣だということを他の社員もわかる。

年功序列に従って昇進させていると、中間層がそこそこで満足してしまう。ほとんどの大手企業では、上級職になるとあまり働かない。彼らは「企業の踏み車」に乗って、ただ歩き続けているだけだ。どこか目的地があるわけではないが、片方の足をもう一方の足の前に出していれば、そこから踏み外すことはない。クビになるかと心配することもない。経験と専門技術があれば大丈夫だと

思い込んでいるのだ。

能力よりも勤続年数を重んじる企業では、若い管理職の多くはタイムカードを押すだけで卓越をめざそうとしない。実際、リスクを取ってその成果で判断してもらうよりも、政治的に動いて昇進を助けてもらう方が得になる。

非営利組織は、情熱が結果につながることを学んできた。スタッフは貪欲に仕事に取り組めば見返りがあることを知っている。求められる以上のことをすれば、それが認められるとわかっている。

二〇〇七年のドキュメンタリーフィルム、『ダルフール・ナウ』の主人公でスーダン・ダイベストメント・タスクフォースの創立者でもあるアダム・スターリングは、その熱意と固い意志だけで非営利界のスーパースターになった。ピザと仲間の友情を糧にして、アダムはスーダンから投資を引き揚げるよう政治家に呼びかけるキャンペーンを立ち上げた。彼と仲間たちは、忍耐強く、議員たちが投資引き揚げの政策に取り組むよう、力強い言葉で語りかけた。それを始めたとき彼が持っていたのは情熱だけだった。

最高情熱責任者（CPO）といえるリーダーを雇う

よい非営利組織は能力主義だ。そのほとんどでは、リーダーが組織の中でいちばん活発で働き者だ。成功している非営利組織のリーダー一〇人と企業CEO一〇人を嘘発見器にかけたら、自分の仕事にかける純粋な情熱の大きさが、いちばんの違いだとわかるはずだ。**頭脳明晰でも冷血で官僚**

的なリーダーは非営利組織にはほとんどいない。私たちの血はすごく熱いのだ。

カードを胸に近付けてプレーする人は偉大なポーカープレーヤーかもしれないが、周囲の人を鼓舞するタイプのCEOではない。CEOが禁欲的で冷たく部下を見下す態度なら、冷徹さが昇進の基準だと社員に伝えることになる。もし人の上に立ちたければ、このスタイルを真似なさいと言うようなものだ。

非営利組織では、活動への献身と情熱を身を持って示す人が先頭に立っている。自分が成し遂げたいことを恐れずに感情こめて語る。組織の努力を妨げる強い圧力に対しては、声をあげて抵抗することもいとわず、激しい言い回しを使ってでも自分たちの主張を通す。

CEOは、自分が会社の雰囲気を決めていることに気づいているだろうか？　CEOが仕事に情熱的なら、周囲もそれを見習う。もちろん、個性はそれぞれ違うし、すべてのCEOがスティーブ・ジョブズのようにはなれない。だが、それほど目立つことをしなくても、企業経営者は最高情熱責任者（CPO）になれる。一対一の対話の中や書類の上で、またeメールを通して、リーダーが組織の目標を達成するために身を捧げ、部下たちに絶対の信頼を寄せていることを表すことができる。屋根の上から情熱を謳う必要はないが、自分なりのやり方でそれを表す必要がある。

非営利組織の採用面接でいちばん初めに訊く質問のひとつは、なぜこの組織を気にかけるのか、ということだ。「気にかける」こと。つまり、共感は、採用の実質的な基準のひとつだ。

グレッグ・ボールドウィンは、一〇年あまり前にボランティアマッチを立ち上げて以来、このことだけを考えている。彼に足りないものは、ポンポンとミニスカートだけだ。彼の肩書きはCEO

かもしれないが、実際にはチーフ・チアリーダーだ。

先日、私は、カナダのバルタナを立ち上げ、その他にも数えきれないほど多くのすばらしい社会貢献のアイデアを持つアーロン・ペレイラと話をした。彼は、私にこう打ち明けた。「**仕事と同じくらい愛せる女性をどうやったら見つけられると思う？ 僕は仕事のことで頭がいっぱいなんだよ。恋人ができても、日蔭者みたいな気分にならないだろうか？**」非営利のリーダーは、たいてい自分のブランドが命だ。仕事のカンファレンスが休暇だ。親友といえば、職場の人間だ。そして多くの場合は給料も組織に寄付してしまう。私の二〇代は、ドレス・フォー・サクセスと結婚していたようなものだ。二年間一度もだれともキスをせず、毎日事務所に寝泊まりした（もちろん歯ブラシは職場に置きっぱなしだった）。

企業経営者がこんな情熱をもっていたら、それがどんな影響を与えるか想像できるだろうか？もし管理職が心の底から会社の製品を気にかけていたら？ 配達箱の数を数え、不良品について詳しくメモをとり、五分かけてもっと安い輸送料を調べたら？ 金で動く人を雇うのではなく、会社への純粋な情熱を採用や昇進の最優先基準にして、それがなければクビにしてみてはどうだろうか？

身軽になる

非営利組織はたいがい人手不足だ。その結果一人の仕事量が増えるので、やる気のない人は自然

に淘汰される。お金のかからないやり方だ。組織が身軽だと、チーム精神が高まる。

イノセンス・プロジェクトは、一九九二年に創立され、ＤＮＡ検査で無罪が証明される可能性のある囚人を助ける組織だ。これまでに、死刑判決を受けた一七名を含む二四〇人の囚人が無罪になった。これらの人々は、免罪になり釈放されるまでに平均で一二年も投獄されていた。この組織の決意に満ちた弁護士に、「いちばん大変なことはなんですか？」と訊けば、裁判制度との闘いや、囚人の気分の落ち込みに対応することや、政治的なプレッシャーに対抗することなどの答えが返ってくると思っていた。実際は、仕事の量に追いつくことだと彼らは言う。スタッフの数に比べて事件が多すぎる。スリムで一切無駄のない組織なのだ。

企業経営者（少なくとも仕事に情熱を持っている経営者）たちは、退屈していたり、やる気がなかったり、働き者でない社員をやめさせて、頭数を減らしたらどうなるかを考えてみてほしい。これが社員の士気にどう影響するか？　生産性はどうなるか？　次に辞めさせられるのは、何も考えずに手足だけ動かしている人で、年功序列はあてにならないことを社員が気づいたらどうなるだろう？

いつも働き過ぎだと士気が下がる――自分の仕事が好きでたまらない人は別だが。**やる気のある社員は「働き過ぎだ」と文句を言わないのに気づいているだろうか？　彼らは「忙しい」と言う。「働き過ぎ」と文句を言う社員は辞めてもらっていいのだ。**

営利企業の多くでは、「最後に雇われた人が最初に辞めさせられる」と決まっている。また、高級取りの重役を辞めさせて、若くて給料の低い社員と入れ替える企業もあるという。どちらのやり方も有益だと思えない。**仕事への情熱は年齢とは関係ない。給料も情熱にまったく影響しない。すべてはその人次第だし、仕事と組織をその人がどれだけ気にかけているかが重要なのだ。**

採用の基準を見直す

情熱が採用の唯一の基準だとは言わないが、重要な基準のひとつにすべきなのは間違いない。**私がだれかを採用するときには、「賢く情熱的な人」を求める。「賢く」といっても学校の成績が良いとか有名校を出ているとかいうことではない。地に足をつけて考え、分析能力があり、新しい考え方を素早く理解するということだ。**

採用面接では、自由時間に何をしているか、二〇年後にどうなっていたいか、世界中でいちばん夕食を一緒に食べてみたい人はだれか、といった質問をすべきだ。たとえば、ドッグフードの会社なら、こうしたより個人的な質問への答えが、その人の犬に対する純粋な興味を示しているか？ 弁護士事務所なら、候補者はマドンナよりも最高裁判事と夕食をともにしたいと言うだろうか？

情熱のある人材を雇うと、他の情熱的な人たちを引き入れることになる。この人々は同じ分野の人とは限らず、友人や家族も含まれる。ドゥ・サムシングの社員のジョナサンは、私たちにこう言った。**「僕を雇ってくれたら、僕の母も雇うことになります」**まさにそうだった。彼女はいつも私たちにアイデアや忠告をくれる。その上、彼の妹も去年の夏にインターンとして参加した。ジョナサンはいまやチームプレーヤーの代名詞だ。営利企業は社員の家族を仲間に引き入れたくないかもしれないし、その必要もないかもしれないが、会社の助けになるような人脈なら活用するべきだ。プロジェクトに貢献できるコンサルタントを知っているかもしれない。理想的な調達先と仕事をしたことがあるかもしれない。ある求人に最適なＭＢＡの同級生を知っている場合もある。

情熱を測る方法を見つける

読者のみなさんは不思議に思っているかもしれない。人事部はどうやって情熱のある人を見分けるか？　情熱を採用、昇進、解雇の判断基準として使うなら、それがどんな行動として現れるか、それをどう測るかを知る必要がある。世界中の飢餓をなくすことに情熱を持つ人を見つけるのは簡単だ――それについて話すのを聞けば、声の中に熱心さが読みとれるし、働きぶりを見れば、資金集めやイベントの開催をどれほど気にかけているかわかる。だけど、ペットフード会社で働いていたらどうだろう？　ドッグフードを売ることに情熱を持った社員をどう見つけたらいいのだろう？

熱意が言葉に現れていること

これは、必ずしもその社員がどれだけ会社を愛しているかしゃべり続けることではなく、いつも燃えていなければならないということでもない。だが、その人が就こうとしている仕事や活動について、夢中になって話すという意味だ。はっきりとした目的意識をもって、したいことについて話しているということだ。

働き者だと証明できること

だれでも「一生懸命働きます」とか「組織のために尽くします」と言うことはできる。だけど、組織や理想のために身を粉にすると行動で示しているだろうか？　履歴書の目を見張るようなインターンの経験とすばらしい推薦がそれを証明しているかもしれない。すべてのプロジェクトで必要以上の余分な仕事をつねにやってきたことがそれを表しているかもしれない。これを「余分」と考えずにすべての社員に任務以上のことを期待してはどうだろう？　その候補者はあなたの会社の製品やサービスを使っているだろうか？　それを探し出そう――そのことを質問しよう。

宣伝マンになること

いちばん情熱的な行動は、それについて話したり、自分で使ったりすることではない。他人に口コミを広めることだ。その候補者は、自分の信念で周囲の人をその気にさせられるだろうか（ポリアンナ的善人[8]のように振舞うのではなく）？　この会社（この仕事ではない）について、また会社への信念について、他人に話すだろうか？　自分が引き込める人材や提携企業について、すでに考えているだろうか？

創業者が居座らない

8）物事の良い面だけを見て満足し、本質的な問題に直面することを避けてしまう心的疾患（現実逃避）をポリアンナ症候群と呼ぶ。

よく知られた非営利組織は、たいてい半ば伝説となった創始者が舵をとっている。こうした組織の多くは、創始者のカリスマ性や、その人への注目度の高さ、そしてその人が大口の寄付者を確保していることが成功の大きな要因だ。**だが創始者があまり長くとどまっていると、精力的な人材がやる気を失うことも少なくない。**ひとつには、優秀な人材が永久にトップの地位に登れないように感じるためだ。もうひとつは、彼らの情熱が創始者の影に隠れて見えなくなるためだ。だれしも大きな舞台で注目を浴びるチャンスが必要だが、創始者の存在が大きすぎるとそのチャンスになかなか恵まれない。

私が自分のつくったドレス・フォー・サクセスを辞めたのは、まさにこのためだ。私は才能と情熱のある人物を後継者として育て、彼女はその日を待っていた。ある晩、私たち二人ともが講演し、私は彼女がそこでほんとうに輝いているのを見た――それなのに、どうしても創始者の自分にスポットライトがあたってしまうことにも気づいた。それで、私は彼女の邪魔をしてはいけないと決心した。永遠に居座ることもできたけれど、そうすれば彼女だけでなくその他のスタッフの成長を妨げることになっただろう。**私の目標は持続可能な組織を築くことであって、カルト集団をつくることではなかった。**道を譲るいい時期だった。

ウェンディ・コップと私は、創始者の大きな役割についてよく話す。私は彼女が担架で運び出されるか棺に入れられるまで永遠にティーチ・フォー・アメリカを率いていくのだとばかり思っていた。だけど、ウェンディはだれよりも最初に自分のカリスマ性が絶対的なものでないと認めた。ティーチ・フォー・アメリカにとってもっとも大きな転換点のひとつは、ウェンディがジェリー・

ハウザーを最初のCOOに任命し——権限を与えたときだった。強力なCOOは創業者CEOにとって目の上のたんこぶではない。ウェンディは責任を分担してくれる人を得て、とても喜んでいた。彼女の言葉を借りると、「もういっぱいいっぱいだったの」組織の他のスタッフは、このカリスマ的リーダーと自分たちの間に上司がひとり増えたからといって疎外されたとは思わなかった。反対に、自分たちの仕事がやりやすくなるよう助けてくれる上司ができてほっとしていた。

ほとんどの大企業は創業者が経営しているわけではないが、CEOやその他の経営陣は自分から潮時に気づいたり、みずからすすんでCOOを任命することはあまりない。そして、早く辞めてほしいと思われるまで居座り続ける。上司が永遠に居座って、自分たちがその地位に登るチャンスがないと思えば、部下は情熱を失う。重要な地位に任期を設けるのはいいことだ。**経営陣が働き続けるのはかまわないが、何年も同じ地位に居座るべきではない。**重要な地位が定期的に空くことがわかっていれば、情熱的な社員は辞めずにその情熱を示す機会を待つだろう。

昇進に創意工夫をもたせる

臨機応変に昇進させることとは、昇進の意味を見直すことだ。情熱のある社員を、定期的に重要な地位につけることが大切だ。ごくまれにそうするだけではほとんど意味がない。**残念ながら、大企業のおいしい職が空くことはそうそうない。だからこれまでにないやり方で社員を昇進させる必要がある。**

非営利組織はこれがうまい。ドゥ・サムシングやその他の非営利は組織図にない地位をスタッフに与える。だれかが一所懸命働いて、多くのことを成し遂げ、認められて当然の熱意を示したとしよう。**もしもう一段上の地位に空きがなければ、新しい肩書きと責任を備えた、これまでにない仕事をつくればいい。**

ご褒美はお金でなくてもいい（とはいえ、昇給やボーナスは、会社がその人を大切に思っていることをはっきりと示すものだ）。新しい肩書きは、正式なもの、たとえばヴァイスプレジデントのようなものでなくてもいい。だが昇進する社員にふさわしい意義を持つものでなければならない。その社員の意見を聞こう。彼がどんな肩書きがほしいか、昇進にともなってどんな責任を望むか訊いてみよう。企業の人事部はガチガチに規則に縛られて、創意工夫して昇進させる自由がない。規則を少しゆるめてみるといいだろう。

しかし、思いつきで昇進させたり、形だけ昇進させても意味がない。独立記念日のパレードでみんなにアメを配るように、だれでもすぐに昇進させるのは間違いだ。それでも、昇進のやり方を拡げることで、社員に感謝を示し、社員の情熱を促す手段を増やせる。

昇進の理由を明らかにする

昇進というと秘密の雰囲気がつきまとう。だれかが昇進する前には、社内でうわさや中傷がささやかれる。ジョーが昇進したのにメアリーはなぜ昇進しなかったのか、だれにもわからない。

上司は本人に半年後に昇進させると直接伝え、「だれにもこのことを言わないように」と注意する。ジョーの昇進が発表されても、その理由をだれも説明してくれず、もしジョーがそれを知っていても、なぜ自分が昇進してメアリーはしなかったのかについて詳しいことはしゃべらないようにと言われる。

理由が明らかにされないために、企業が、社員の熱意やエネルギーや積極性に報いていることが伝わらない。会社は情熱のある社員を昇進させていても、そのことがだれにもわからない。

組織は昇進の理由を隠さずに、それを大声で、はっきりと公言すればいい。社内にメモを配って、なぜジョーがその仕事に選ばれたのか説明しよう。彼があるプロジェクトで夜遅くまで働いていたことや、さまざまな試行錯誤の末にやっと成功したことが昇進につながったと知ってもらおう。彼の前向きな姿勢と他者を助ける熱意が際立っていたために、一年前から昇進の候補として挙がっていたことを伝えよう。

また、ジョーの昇進についてありきたりのプレスリリースを出すのはやめよう。そのかわり、ジョーにプレスリリースの中身を書いてもらおう。そしてその中に必ず昇進の理由を明記しよう。そうすれば、情熱の大切さを社内で再確認できるし、それが昇進の大きな理由になると社員に伝えることになる。

退屈させない

「プロ意識」という言葉に「退屈」というイメージがつきまとうのはなぜだろう？　情熱にあふれた人たちをたくさん採用し、昇進させても、彼らを小さなオフィスに閉じ込めて延々と書類仕事をやらせ、無数の会合に出席させていては、宝の持ちぐされだ。**ドゥ・サムシングでは、スタッフ会議の参加者全員が、毎週成果と目標と要望を一つずつ発表しなければならない。**だれかの成果が新しい寄付者を取り込むことにつながったり、それをカンファレンスで発表することになるかもしれない。休暇中に浮かんだ新しいアイデアを同僚に発表してもいい。目標は途方もなく大きな夢のようなものでもいいし、短期的なものでもいい。短期的な目標なら、それがどうなったか、また翌週みんな聞きたがるだろう。そして要望はグループのものでも、特定の部署のものでも、個人でも、なんでもかまわない。

この会議の意図は、主要部門と個人が課題や悩みを共有し、スタッフ同士がお互いを認めることだ。「いつもぼーっとしているように見えるスタッフ」が実は成果をあげていると聞けば、尊敬の念が生まれる。

二〇人以上出席するときには、全員が立ったままで会議をする。これで頭がすっきりし、だれか一人が延々としゃべり続けることも少なくなる。知り合いのあるネットワーク局の社長は、立ったままの効率的な会議を気に入って、自分のオフィスから椅子をなくしたほどだ。

毎週の情報共有と立ったままの会議は退屈させないための簡単なしかけだ。**どんな会社にも、排除できる「退屈な」要素がある。**それは壁の色かもしれないし、業務手続きかもしれないし、人間かもしれない。こうしたがんを取り除こう。情熱が支配する会社にしたいと思うなら、すべての要素がこの目標につながるようにいつも油断なく注意する必要がある。

あなたへの11の質問——能力を引き出す人事を行う

くだんの巨大企業の会議室で、私は考えていた。この部屋にいる才能も経験もある人たちに（間違いなく全員がそうだ）メールを送って、新しいプロジェクトのためにチームを立ち上げると発表したとしよう。そのプロジェクトは難しくて時間がかかるが、給料は変わらない——休暇は減るかもしれない。その立ち上げに参加する人はいるだろうか？　これは会社への情熱を試すにはもってこいのテストになる。

私は昔、総務部長に頼んで、このメモを社内に回してもらったことがある（これが私からだと知れると、ボスへの忠誠心が試されていると思って参加する人がいるかもしれないと思った。実際には仕事への愛情を見たかったのだ）。すると、ほとんどのスタッフがノートを片手に好奇心に顔を輝かせてやってきた。そこにいなかった人たちは？　私が予想した通りだった……そして彼らは私の中でクビの候補者リストに入った。

周囲を見回して、この一一の項目を自問してみよう。

1　あなたのスタッフは会社のロゴがはいったものを身につけていますか？　自由時間に？

会社のTシャツを着て公園をジョギングしていますか？

2 創業者は会社にとってどんな存在ですか？　恐い父親のような存在ですか？　愛され恐れられる亡霊のようなものですか？　社員は創業者の伝統を引き継ぐために働いていますか？　それとも会社の目的のために働いていますか？　その二つは相反するものですか？

3 あなたの職場では感情を表に出すことが弱さだと思われますか？　社員はチームの一員であることを誇りに思うと言いますか？　そんなことを言うと弱い人間だと――もっと悪い場合には本音を言っていないと――思われますか？

4 あなたの会社は無駄のない組織ですか？　社員は「働き過ぎ」だと感じていますか？　それとも「すごく忙しい」と受け止めていますか？

5 会社のために社員は自分を犠牲にしますか？　会社の備品を盗んで家に持って帰りますか？――それとも家から職場に何かを持ってきますか？　兄弟を手伝いによこす社員はいますか？

6 採用面接のとき、あなたの会社の製品やサービスを使うかどうかを訊きますか？　なぜ使うか、なぜ使わないかを尋ねますか？　自由時間に何をしているか訊きますか――そしてそれがあなたの会社のブランドに関係するかを考えますか？

7 社員は自社のブランドについて情熱的に話しますか？　彼らの行動は情熱を反映していますか？　彼らの口コミで、周囲は感化されていますか？

8 スタッフのミーティングをどのように行っていますか？　毎週同じ人が会合を開いていま

すか？　楽しい要素を盛り込んだり、みんなに話す機会を与えたり、新しいことに触れる機会をつねに取り入れていますか？

9　経歴はまったく見るところがなくても、大きな情熱をもっている人を雇ったことがありますか？　ジョージのような人はいますか？

10　あなたの会社では勤続年数の長さで社員を評価しますか？　それとも結果を出すことがいちばん大切ですか？　長年勤めている社員が最後にクビになったのはいつですか？

11　昇進はあらかじめ決められたこと――年功に添ったものですか？　それとも成果を出せば上の人を飛び越えて先に進めますか？

CHAPTER 8

ストーリーを知ってもらう

私がこの本の冒頭から引き合いに出している巨大企業について、ひとつ言っておかなくてはいけない。私はこの会社の製品が大好きだ。私の知り合いの多くもそれを愛用している。この会社の広告宣伝はいつもかっこよくて、たくさんのスポーツイベントやコンサートでこの会社のロゴを見かける。会議室で広告担当者たちが予算の削減にあわてふためいているのを見ながら、私の頭の中にいろんな考えが浮かんだが、そのひとつは、いったいだれが、みんなが愛してやまないあの製品を開発したんだろう？　という疑問だった。そのことをしばらく考えたが、自分がそれについてまったく何も知らないことに気づいた。私はその製品がどうやって生まれたのかも、この会社の歴史についても何も知らなかった。それが不思議だった。

物語は企業効率の対極にあるものだ。物語は感情的で個人的である。ときには幸運や偶然も関係する。つじつまが合わないことも多い。これらの特徴は企業が望むものではない。

物語があることさえ忘れている会社もある。プロ意識の高いエリートにとっては、創業者が多少乱暴なやり方でライバル会社をこてんぱんにやっつけてまんまと成功したなどという話はどうでもいいことだろう。それに、経営者が過去を振り返るのをやめて未来に目を向けようとするのも、わからなくはない。感動的な話はとりわけ語るのが難しい——何年もうまく行かなかったその会社の製品やサービスが、最後に何かが起きてすべてが変わったというような話はなおさらだ。脈絡がない。昔を懐かしんでいるだけだと思われて、好感を持たれないかもしれない。

たいていの場合、社員と顧客は巧妙につくられた話だけを耳にする。それはあらかじめ選り分けられ、毒を抜かれ、磨かれ、知的な感じのするものだ。なかには、ブランディングのコンサルタントが頭に残りそうな言葉を使ってつくり上げた、ありもしない話もある。それはそれで、お金を払うのはいいが（たいていはそんな大金に見合うようなたいした話をコンサルタントは思いつかない）、そこで犠牲になるのは過去から積み上げられた偉大な逸話と、会社の未来を示すすばらしい物語だ。これらの物語がただの娯楽ではないことを、経営者も、広告代理店も、スタッフも忘れがちだ。物語は、ステークホルダーに、会社が呼吸する生き物だと思い起こさせる。人々は物語を通して会社を知り、共感し、鼓舞される。物語を通して、組織の人間的な側面を見る。

企業広報は、人間性を見失いがちだ。プレスリリースにしても社内文書にしても、アニュアルレポートでさえも、無味乾燥な文章がきれいな写真と一緒に載っているだけで心に訴えかけてこない。

なぜ物語が大切なのか？　この巨大企業の社員は、四半期業績が落ち込み、クビ切りがありそうで、今回の予算削減も予想外だと嘆いていた。一方で、私はこの会社の製品が大好きなのに、その心臓部を知らないと考えていた――知っているのは心の通わない手足だけだった。この会社がどう生まれたのかも、その始まりから今までにどんな道のりを歩んできたのかも知らなかった。不満な社員の輪に入って同情したかったけれど、会社の個性を何も知らない私には、彼らがただぶつぶつと愚痴を言っているようにしか聞こえなかった。

私はなにも、物語が企業の痛みを取り除く万能薬だと言っているわけでもなければ、現代企業の問題を一気に解決する秘策だと言っているのでもない。ただ、非営利組織では物語が大きな違いを生む。物語は社員がひとつになることを助ける接着剤になる。会社やその仕事の意味を教えてくれるからだ――物語は、その会社の過去と現在と未来の軌跡、そして今にいたるまでの成功や失敗やその間にあった出来事をみんなが理解する助けになる。

物語が目的を知る唯一の手段ということもある。私たちは『アンネの日記』やエリ・ヴィーゼル(1)の自伝的物語『夜』を読むことでホロコーストについて学ぶ。ネルソン・マンデラの話を聞くことで、アパルトヘイトの実情がよりよくわかる。ハイチの大地震で生き残った人たちから話を聞かなければ、その悲劇を身近に感じることはできない。

ありがたいことに、ほとんどの企業では、最悪の時代でもこうした悲劇よりも幸運な逸話の方が多いはずだ。それらは、イノベーションのひらめきや、とっぴな賭けや、チームワークやコラボレーション、勝利や挫折の歴史だ――それらすべてが会社の物語になる。その費用は？　ゼロだ。

こうした物語を正しく、また賢く語ることで、社員は誇りを持ち、ブランドはライバルから差別化され、顧客はあなたの会社とつながりを感じ、またあなた自身の今の仕事が会社の歴史と結びつき、いままでよりも目的と意味を持つようになる。

ヒューレット・パッカードの創業物語を考えてみるといい。この会社は、一九三九年に二人の男がカリフォルニア州のパロアルトにある自宅のガレージで始めた。みんなこの話が大好きだ。七〇年後の今でもその話が心に響くのは、これが素朴だからだ。この話は、地に足のついた起業家精神を思い起こさせる。ＨＰは機械をつくる会社だが、その創業の物語には魂が感じられる。ＨＰはガレージで生まれた企業だ。そのイメージは広告にも使われている――オバマ大統領はよくＨＰをサクセスストーリーとして例にあげる。わかるだろうか？　アメリカ合衆国大統領が一民間企業の創業物語をスピーチの中で取り上げて、アメリカ企業にもう一度夢を抱くよう鼓舞している。素敵な

1) Elie Wiesel：米国のユダヤ人作家、ボストン大学教授。ルーマニア出身。ホロコースト体験を描いた『夜』など著作多数。1986年にノーベル平和賞を受賞。

無料広告じゃないだろうか？

どの物語が重要で、どれが本筋から外れたものか？　もっとも心に残る物語をどう見つけて伝えたらいいのか？　あなたが伝えたい物語を、今どきのメディアで話題にするにはどうしたいいか？

非営利組織を例にとって、その答えを探してみよう。

創業物語に注目する

「はじめに」——印象的な言葉だ。すべての古代文化は、創世記を口伝したり、経典にして記録した。人間はそのルーツを知りたがる。自分たちがどこから来たのかを知りたい。その歴史を理解したい。


非営利組織は、「創業者伝説」をブランドの位置付けに賢く利用している。コミュニティの遊び場を建設するカブーム（第六章を参照）の創業者、ダレル・ハモンドは、シカゴ西部の養護施設で八人の兄弟とともに育った。子供の頃、お気に入りの遊びは石けりと養護施設の遊び場をぶらつくことだったという。他人が見れば不幸な話だと思われるかもしれないが、ダレルはその場所を運営していたやさしいボランティアがいて幸運だと感じていたし、ただの子供になれる遊び場があることをありがたいと思っていたと言う。

大人になったダレルは、行き場のない二人の子供が廃車の中で窒息死したという記事を読んだ。彼は自分が行動を起こすべきだと思った。遊ぶ場所があったことで、自分は生き延び、成功した。

だからダレルと友人のドーン・ハッチソンは遊び場をつくることにした。彼らは、最初の遊び場をサウスイーストＤＣ(2)のリビングストンメイナーという低所得者層向け公営団地の中に造った。これには、七歳児がプロジェクトマネジャーとして関わり、遊び場はばらばらになったコミュニティをひとつにする助けになった。『ワシントンポスト』がこれを大きく取り上げたことで、新たな取り組みをしているこの組織が一躍注目を浴びた。その記事はダレル個人の生い立ちを取り上げていた。その後、この組織は、カブームという名前になり、ホームデポが最初の資金提供企業になった。ダレルの物語はカブームというエンジンを動かすためのガソリンだった。彼の物語は、説得力があり、現実的で身近に感じられ、そしていちばん大切なことに、本物だ。彼の物語はカブームの活動を生み出す源であり、そこには遊びの興奮——と大切さ——への彼の心からの情熱が感じられる。ボランティアは彼の生い立ちを知っている。社員は彼に大きく影響される。支援者は彼によって考え方を変えられる。そしてメディアは何度も彼の物語をくり返す。それは、ダレルの言う「内側からのきらめき」をつくることを助け、喜びと本物の輝きがそこから生まれる。彼の物語はカブームを勢いづける。この組織を他の非営利組織と差別化する。そして、ただ「土建屋」と呼ばれかねない組織に、本物らしさと特別な意味を与えている。彼の物語がなければ、カブームはただ遊び場をつくるだけの組織だ。創業者が遊びを通して幸福を見つけた物語のおかげで、それが新しい世代の子供たちに喜びをもたらす組織だと思われる。創業者の物語は、組織にとっての創世記になる。

　創業者の物語は、それ自体が命を持ち、広報係が記者たちに書いてくれと頼まなくても、それを伝えようとわざわざ努力しなくても、福音のように語られる。私にもそれが起きたので、よくわか

2）　Southeast D. C.：ワシントン DC の東南部。犯罪率の高さで知られる。

る――そのときはじめて私は物語の力を身を持って理解した。私はドレス・フォー・サクセスを成功させるために自分の創業物語を使おうと思ったことは一度もなかった。だけど、『ニューヨークタイムズ』の記者が、私が移民の祖父から受け継いだ五〇〇〇ドルを使ってこの組織を始めたことを記事にすると、その話は多くの人の心に通じた。

祖父のマックスは、家族の中で六番目の男の子だった。二〇世紀の初頭、彼ら家族はみなポーランドに住んでいて、ユダヤ人の男子は一八才になると徴兵され、二〇年間兵役することが法律で定められていた。五人の兄たちはこの運命を受け入れなければならなかった。しかし、マックスが生まれると家族はその存在を隠した。祖父には出生証明書も正式な届けもなかった。学校には一度も通わなかった。誕生日を祝ったこともなかった。彼が年ごろになると（彼が何歳なのかだれも知らなかった。誕生日をだれもおぼえていなかったからだ）、家族は彼をアメリカ行きの船に忍び込ませた。

祖父は自分の誕生日を知らなかったので、エリス島の入国管理官は彼の誕生日を一二月二五日ということにした。そうすれば忘れないだろうと思ったのだ。二週間後に祖父は遠いいとこを見つけて、手押し車を貸してもらった。こうして祖父は便利屋になった。お客さんが必要なものを何でも手に入れる、今で言うならパーソナルショッパーのような、プロの買い物屋といった存在だ。彼女に贈る素敵な結婚指輪を探しているなら？　マックスは安く手に入れてくれる。店で売るユダヤ風ピクルスがほしければ？　マックスがいちばん美味しいのを手に入れてくれる。ある時期、お風呂場の足ふきなら彼の右に出るものはいなかった。一文なしでアメリカにやってきて、家族を養い生活を築くために身をすり減らした祖父が五〇〇〇ドルも残してくれたことに私は驚いた――そしてとても頭の下がる思いだった。

そのとき、二月の雨に濡れて震えながら、小さいながらも暖かいアパートの部屋にもどるためにエレベーターを待っていた二三歳の私は、彼の勤勉さのおかげで、思いがけず五〇〇〇ドルを手にしていた。彼の思い出に報いるような何かをしなければいけないことはわかっていた。当時私はみじめな法学部の学生だった。法律の授業はあまりにも理論に偏っていて、人間味がなかった。同級生のほとんどは、いい成績をとり、法学雑誌に載り、一流の弁護士事務所で高給をとることにしか興味がなかった。ずぶ濡れで凍えそうになりながら、その小切手を握り締めていると、ある考えがひらめいた。ドレス・フォー・サクセスのアイデアが、そのエレベーターの中で突然浮かんだのだ。アメリカが祖父の新しい人生を助けたように、それは女性たちが人生を立て直すのを助ける仕事だと私には思えた。

この物語は女性のスーツや採用面接とはまったく関係ないけれど、これがドレス・フォー・サクセスの創業記だ。この組織の生い立ちを語る物語だ。そして祖父のマックスとみじめな法学生だった私の物語は、ドレス・フォー・サクセスと切っても切れない素敵な絆でつながった。それは、どんなことも可能だということや、つつましい始まりが思いもかけない大きなことに発展することを伝える、これ以上ないほどふさわしい話だった。ダレル・ハモンドの物語と同じく、この話はこれから成長してゆく組織に本物らしいおすみつきを与え、差別化のカギにもなった。

こうした物語がなぜ偉大かというと、希望や悲劇、危険や再生がその中に詰まっているからだ。

ロドリゴ・メンデスは、ブラジルで障害のある子供たちがアートを通して感情を表現し、他者と触れ合い、楽しむためのプログラムを運営している。ロドリゴ自身、首から下が麻痺している。彼は、自分がどうして車いすの生活を強いられるようになったか、その後どのようにこのすばらしい組織をつくったかという話をするとき、一八歳のある夜にブラジルの街中で暴漢に銃で撃たれたことから話すことはない。そのかわり、彼は微笑んで、サッカーが大好きだったと話しはじめる。そして、自分はけっこういい選手だったと言う。彼の子供の頃の夢は外科医になることだった。こうしたたわいもないことを話すことで、彼は聞く人の緊張をほどき、彼も昔は私たちとそれほど変わらなかったこと――そして、かつては彼の人生や夢が健常者と同じものだったことをはっきりと思い起こさせる。彼も私たちと同じ人間だと思わせるのだ。彼の物語は、彼――と彼が取り組んでいる障害を持つ子供たち――が何を失い、そして何を得たかを聞く人に考えさせる。彼とその物語を知れば、だれもがその成功を助けたいと思う。

賢い非営利組織は、その創業物語を、ウェブサイトやイベントや社内広報といった、組織のさまざまな側面に組み入れる。だが、それを壊れたレコードにしてはいけない――創業者がその話を始めたとたんに周りの人があくびをしはじめるほど、一字一句同じ話を何度も繰り返すべきではない――しかし、物語は記録され、尊敬され、くり返されなければならない。

二〇一二年に一〇〇周年を迎えるガールスカウトは、創始者のジュリエット・〝デイジー〟・ゴードン・ロウの業績を上手に讃えているが、現代のブラウニー(3)やスカウトたちが彼女の亡霊と寝泊まりしているような気持ちにならないよう、やり過ぎてもいない。彼女らは、ジョージア州のサヴァンナ

3) Brownies：小学校 1 年から 3 年生の会員。

にあるデイジーの生家を博物館にし、彼女の名前をつけた賞をつくり、彼女の伝記を出版した。彼女たちは、組織の過去と現在の間でちょうどよいバランスをとっている。

営利セクターにはたくさんの創業者物語がある――イノベーションや、創意工夫や豪放磊落《ごうほうらいらく》さにまつわる話がある。メイクアップ・アーティストのボビー・ブラウンは、気に入った色の化粧品が少ないことに不満をもったのがきっかけで自分のブランドを立ち上げた。レイ・クロック[4]は、たまたまマクドナルド兄弟が経営していたカリフォルニアのバーガーショップに売り込みに行ったセールスマンだった。ピエール・オミダイアは、妻が収集しているPEZ[5]のケースを探そうと思ってイーベイを立ち上げたとされているが、この話は評判が悪い。事実、これは近頃作り話だったことが暴露された……だとしても、この話はよくできていた。

これらの物語にはいくつかの共通点がある。ほとんどの会社は、ささいなきっかけから創業された。創業者やそのグループは、個人的な経験から生まれたビジョンを持っていた。ほとんどの創業物語は、偉大なアイデアと偉大な（わくわくする）リスクにまつわるストーリーだ。

私が例にあげた営利企業の例はすべて、驚くべき成果につながっている――価値創造、莫大な利益、大きな成功。生い立ちを知れば、グローバルな巨大企業がだれにでも身近な存在になる。**人は、人間的な企業と一緒に仕事をしたいものだ。**創業者の物語だけではこの目標を達成できないかもしれないが、その方向に会社を導くことはできる。

4) Ray Kroc：マクドナルド社の創業者。マクドナルド兄弟の店のフランチャイズ権を得てチェーン展開した。

5) オーストリア生まれのキャンディ。プラスチック製のケースにさまざまなキャラクターがあしらわれており、収集家が多い。

創業以降の物語を語る

創業者の逸話は、あきらかにいちばん語る価値が高いものだが、その他にもたくさんの物語が存在し、それらは組織のブランドや戦略や文化の一部になっている。

非営利組織は、そんな物語を発掘し、社員や支援者やボランティア、そしてメディアにどの物語を語れば組織の成果や活動範囲について口コミを拡げられるかを上手に判断する。少人数の集まりで語るべき話もあれば、特定の問題についての具体例もあれば、会社の核心を表すような物語もある。そうした物語は人々に語られたり、聞かれたりすることで記憶に残る。**物語が印象的でその組織にふさわしければ、人々は自然に何度もその話をくり返す。**

モジラのCEO、ジョン・リリーは、CES――最高物語責任者（チーフ・エグゼクティブ・ストーリーテラー）と呼ばれてもいいだろう。彼は、ブランドの認知度を高めるひとつの手段として物語をとらえ、それを上手に、しかも頻繁に語る。彼のいちばんお得意の話のひとつは、彼が出会ったナジという男性の話だ。モンゴルで育ち、ドイツ北部の学校に行ったナジは、モンゴルにいる両親とメールで連絡を取りたかった。北ドイツは決してテクノロジーの遅れた地域ではないが、彼が簡単に無料でインターネットに接続できるソフトウェアはなかった。ナジはファイアフォックスをダウンロードし、モジラのツールをモンゴル語に翻訳することで、二万人のモンゴル人が毎日このソフトを利用できるようにした。インターネットのソフトウェアを翻訳する作業はけっして派手な仕事ではないし、この場合は莫大な数の人々に影響を与えたわけでもない。だけど、これで恩恵を受けた人たちにとっては、通信環境が一変した。ウェブにアクセスできるようになったモンゴル人たち——とナジやその親族——にとっては、これがなければ生きられないほど重要なことだった。

この物語は何を語っているか？　まず、モジラの社員やボランティアがこの組織の一員であることを誇らしく思うようになる、ということだ。また、この物語は寄付につながるだろう——運よく聞き手がお金持ちなら、多額の寄付が期待できるかもしれない。しかし、この物語のほんとうの価値は、それがモジラの目的を印象的かつ説得力のある形でとらえ、伝えていることだ。ナジがモジラのツールを手に入れて個人的なニーズに合わせられたことは、モジラのブランドと哲学が国境を越えて伝わることを証明している。その製品は世界中に届いている。ヨーロッパやアジアの片隅にまで。インターネットを世界中のだれにでもアクセス可能にするというモジラの取り組みをこれほどよく表している話が他にあるだろうか？

創業物語を見出すのは、ナジのような物語を掘り起こすよりもずっと簡単だ（最初に起きたことだから！）。創業から長年が経ち何千人も社員がいる企業には、おそらく物語があふれているだろう——大型買収の話からIT部門のおもしろい社員が変わったスクリーンセーバーをつくったことまで、ありとあらゆる話があるだろう。その中から重要なものを選び出すのは難題だ。あなたの会社には、こうした逸話を集めるためのしくみや担当者がいるだろうか？

みんなが好きで記憶にのこる逸話のひとつは、組織がどう危機を乗り越えたかという話だ。多くの場合、こうした話には組織の価値観が現れる——リーダーがどう逆境に立ち向かったかや、大き

な困難を克服するためにどう勇気や統率力を示したかが語られる。ウェンディ・コップは、ティーチ・フォー・アメリカが倒産しそうになったときのことを話す（実際一度ならずあった）——大成功をおさめ、アメリカの大学生の就職先として人気ナンバーワンの組織になった今では想像できない。この組織が一度ならず給料を払えなくなったという話を聞けば、ウェンディが雲の上の人ではなく、私たちと同じように苦しい中で夢をあきらめなかった一人の人間だと思える。

私たちはサクセスストーリーを聞くのも好きだ。ドレス・フォー・サクセスの顧客がある銀行の人事部に就職し、生活保護から脱け出して働こうとする女性を採用するプログラムをつくった話。五〇歳の用務員が、自分が清掃する学校の社会人教育プログラムで読み書きを習い、地元新聞の記者として採用された話。

どんな組織にも、人間的な物語や危機を克服した逸話がある。そうしたストーリーを見つけよう。そして語ろう。みんなに知らせよう。こうした物語は、社員の仕事が他者の人生に影響を与えることを彼らに思い出させる。そして外部の人たちに、あなたの会社のスタッフや製品やブランドを身近に感じさせる。人々に共感とロイヤリティを抱かせ、ライバルと差別化させる。そして人々はこうした物語とその会社のことをいつまでもおぼえている。

物語文化をつくる

データ中心の今の時代には、図表や統計、目に見える評価方法や厳格な基準に重きがおかれる。

それ自体には何の問題もない――これらは業績や効果を測るために欠かせない。しかし、厳密に測れないものにも価値がある。**組織の活動によってある人の人生が劇的に変わったという逸話には大切な価値がある。**

国境なき医師団は、紛争地域の人々に医療を届けるために働く有名な国際組織だ。この組織は世界中の紛争地域や、医師がふつうは働かない地域、そして病院がほとんどないかまったくない地域に出向いてゆく。国境なき医師団は、感心するような統計を示すことができる。たとえばどれだけ早く紛争地域に医師を派遣できるか（四時間）や、どれだけの患者を救ったか（何百万人）だ。しかし、一人の女性の命を救った体験を医師から聞く方がもっと説得力があり、それを身近に感じる――その女性は、激しい戦火の中で助けを求めて赤ん坊を背中に結びつけて二日間歩き続けた――兵士たちに暴行されて止まらなくなった内出血を止める手術をしてもらうために。この話をだれが忘れられるだろう？

この数年で、マイクロファイナンスの組織は開花した。貸倒率が低いと証明されたからだろうか？　バングラデシュのグラミン銀行を創立したムハマド・ユヌスが、貧困層のために金融を再構築したとしてノーベル平和賞を受賞したからだろうか？　アキュメン・ファンド、キバ、アクシオン[6]などの組織がさまざまなメディアを使って物語を語り、理論でなく感情に訴えているからか？　たぶんその三つのすべてだと思うが、未来の方向性を示すのは三番目の理由だろう。

私たちはいま、洋服の修繕で生計を立てるためにミシンが必要なグアテマラの女性の写真や動画を見ることができる。数カ月後、私たちの助けで彼女がミシンを手に入れたあと、彼女の商売がど

6） ACCION International：国際的なマイクロファイナンス組織。1961年に南米ベネズエラでジョセフ・ブラッチフォードが創立。IFCなどと提携してアフリカ、北米、インド、中国にも拡大している。

う進展しているのかを見ることができる。私たちは「どこか遠くに」ただお金を送りつけているのではない。実在する人間とその夢に投資しているのだ。

営利企業は、メディアやウェブサイトを使って既存店売上の増加率や四半期業績、市場シェア、その他の「いいことらしいが意味のわからない」数字をこれでもかと押しつけてくる。もちろんこれは当然だ――新製品が売り上げを伸ばしていたら、それを話さないわけはない！　私のアドバイス？　事実や数字だけで議論しないことだ。これまでのやり方にとらわれず、数字の背後にある物語を語ろう。

非営利では情報管理システムを使って、データだけでなく物語をも共有する。これがスタッフと知恵を共有するためのいちばん簡単な方法だ。新興市場や買収戦略に関する情報がほしいなら、定量的なデータ――研究や統計など――だけでは充分ではない。その分野の専門知識を持った社員と元社員から、関連する事例を集めて蓄積し、定性的な物語をスタッフと共有すべきだ。これらの物語は無味乾燥な数字に命を吹き込み、データでは伝わらない洞察を与えてくれる。

現場の物語を共有しよう。現場の物語は、経営者の話や記念すべき出来事ほど派手ではないが、価値のあるものだ。営業マンが大口の顧客を獲得した話やテクノロジーのチームが会社のＩＴシステムを改革した話をしよう。優れた製品や卓越したサービスを示すような顧客からの話を伝えよう。アメリカンエキスプレスはイノベーターと起業家――有名な人もそうでない人もいる――の物語をいつも広告宣伝に使っている。トークショーホストのエレン・デジェネレスや、映画監督のマーティン・スコセッシから、ワシントンＤＣにケーキラブというベーカリーを開いたウォーレン・

ブラウンまで、アメックスは彼らのイメージを使って、自分たちのクレジットカードは情熱的な夢見る人が持つものだということを表現している。アメックスの物語は、こうした人々の物語であり、それはあなたの物語になるかもしれない、ということを表している。

物語を基にした組織の記憶を社内に築こう。あらゆる会社には歴史がある。どんなに若い会社でも、それを記録することは大切だ。だれも歴史を書きとめておかなければ、それは失われてしまう。こんなことわざを聞いたことがあるだろう。「過去を忘れる人たちは、それをくり返すはめになる」そう、物語は成功だけでなく失敗も伝え、危険な戦略や戦術に警告を与える。そして、企業のより俯瞰的なストーリー、つまり創業から現在までの長年の変遷と、今の姿がどこから来ているかを記録する。

組織の記憶は、有事のときのよりどころになるだけでなく、価値観や信条の土台になるものだ。企業とは共有できる歴史の上に成り立つ。組織は核になる価値観と考え方からつくられることを、みんなは――社員から金融アナリストまで――忘れがちだ。組織を歴史的な視点で見れば、その哲学や慣習をよりよく理解できるだろう。

私はなにも、社員全員が輪になって座り、パイプを回しながら物語を語り合い、年寄りから知恵を吸収しろと言っているわけではない。一日中そんなことをしていたら、ほとんど仕事にならない。それに、何千何万もの物語をホームページに掲載しても、みんながその全部をありがたがるとは思えない。常識を持つこと。物語を選りすぎること。たくさんのいい話よりも、少数の偉大な物語の方がはるかに心に残る。話の内容は良くても、その伝え方が退屈でつまらないこともある。ドラマチックで、ユーモアがあり、めったにないような、人の心にいつまでも残る物語を探そう。印象的な話でも、企業ブランドとあまり関係ないものもある。それはやめた方がいい。**あなたの会社の、はじめての、唯一の、より速く、より良く、より安い特徴を表現するような物語がいちばん効果的な物語だ。**

感情に訴え、何かを考えさせるような物語を探すことも大切だ。図書館や公園のベンチのためというよりも、エイズや赤ん坊のためと訴える方が心に響きやすい。たとえば、仕事にすごく誇りを持つ社員が二日間徹夜して、チームが直面する問題を解決した話。犬猿の仲の二人が吹雪のときに協力して時間どおりにすべての荷物を配達した話。その会社の製品を使ったことで、人生が変わるようなひらめきを得た顧客の話。どんな物語であれ、聞き手に物語を伝えているのであって、お説教しているのではないとわかるように、個性やディテールを交えて話そう。

予算ゼロで口コミを広める

告白しよう。私はアメフトがさっぱりわからない。スーパーボウル[7]はとくにそうだ。妙な手信号や、やたらとデカい男たちが折り重なっている中へ突進することや、これからずっと脳にダメージを与えるためだけにやっているとしか思えないプレーの数々や、とりわけ三〇秒の広告枠に――ほとんどの人はトイレ休憩しているのに――何百万ドルも使う企業のことが理解できない。

私はつねづね、広告担当重役たちは、スーパーボウルの広告枠を取ることで、自分がスーパー

7) NFL（ナショナル・フットボール・リーグ）の優勝決定戦。

ボウルでプレーしている気分になるのではないかと思っている。お金をかけたかっこいい広告に賞をもらえるかもしれないが、ホワイトハウスに招待されて祝ってもらえるわけではない。ほとんどの人はカンヌ広告祭なんて知らない。翌日にそのことが職場で話題になったり、朝のニュースでちょっと取り上げられることはあっても、その広告が巨額の費用のもとをとれるほど売上の増加につながったかは、だれにもわからない。

話題づくりのためにそれほどのお金を使う必要はないし、広告会社を雇ってばかばかしい話をねつ造する必要ももちろんない。そのかわり、社内を見回せば、社員やたくさんの物語を語れる人が助けてくれるはずだ。あなたの会社は、定期的に社員に成功事例を尋ねているだろうか？　あなたの製品やサービスが顧客の人生に影響を与えた事例を記録しているか？　喜んだ顧客からのラブレターを大切に保管しているか——人事部のだれかが慇懃《いんぎん》な感謝カードと割引券を送るだけだろうか？

事例を大切にし、逸話を集め、それを上手に伝えることは、非営利の「物語」文化のはじめの部分でしかない。組織はこれらの物語を多くの人に聞いてもらわなければならない。

紛争後の地域の問題に取り組むウィメン・フォー・ウィメン・インターナショナルのザイナブ・サルビは、自分の物語を出版した。(8)　ユースエイズの創立者、ケイト・ロバーツはカンファレンスで講演したり、大学で講義をしている。子供の飢餓と闘うシェア・アワ・ストレングスのCEO、ビリー・ショアは、ブログを使って組織の逸話を分かち合っている。どこかの記者がプレスリリースを取り上げてくれるまでじっと待っているような人は、この中にはいない。そのかわり、彼らは自分自身をメディアにした。物語を語る技術は、内容だけにあるのではないことを彼らは知っている

8)　2005 年に出版された『二つの世界の狭間で』（*Between Two Worlds,* 未邦訳）はベストセラーになった。

――それは語ることであり、語り継がれることにある。

もっとも機敏な非営利組織は、ツイッターやフェイスブックなどのインターネットメディアを使って自分たちの活動への興奮を呼び起こすことが得意だ。お金はほとんどかからない。

チャリティ・ウォーターは、ツイッターを上手に利用した最初の非営利組織のひとつだ。仲良しのスタッフたちが次々とツイッターに登録し、自分たちの活動を盛り上げるためにこれを利用する方法を真剣に考えた。チャリティ・ウォーターのスタッフたちは最初からひんぱんにツイッターでつぶやいた。たとえば、最近の出張のことや、会議のこと、ランチの間のつぶやきがフォロワーに伝わった。こうした日常のたわいもないことが、チャリティ・ウォーターの物語、つまり高い職業倫理と新鮮なものの見方を伝えることに役立つ。チャリティ・ウォーターのツイッターには百万人を超えるフォロワーがいるので、プレスリリースを出したり、CNNに頼みこんでストーリーを伝えてもらう必要はない――フォロワー自身が組織のメディアになっているからだ。

ソーシャルメディアは、かつてない速度で全世界の人々に物語を伝える。そのスピードと同じくらい重要なのは、こうしたメディアのおかげで、自分の言葉で物語を伝えられることだ。物語を伝えるためにニュースリリースを配っても、何百人という編集者の解釈によって、伝えたかったのとは違う物語が知らないうちに一人歩きしてしまう。アーキテクチャー・フォー・ヒューマニティー(9)のキャメロン・シンクレアは、『ハフィントンポスト』(10)にブログを掲載し、自分の言葉で組織の物語を語り、毎月三〇〇〇万人のユニークユーザーがこれを読んでいる。

9) Architecture for Humanity：人道上の危機や災害に際して建築デザインを通じた解決策を提供する非営利組織。1999年に米国のキャメロン・シンクレアとケイト・ストールが設立。

10) *Huffington Post*：米国の人気ニュースサイト。さまざまなブロガーによる記事が掲載されている。

イメージがすべて

私たちはビジュアルな世界に生きている。リチャード・ニクソンが汗だくの醜態をさらしてジョン・F・ケネディに負けたあの有名なテレビ討論は、ほんの五〇年前だ——長い歴史から見れば一〇〇分の一秒にすぎないが、大昔のことのように思える。それ以来、私たちは外見やイメージにこだわってきた。

非営利組織はこの教訓を学んできた（ニクソンから学んだわけではないが……）。そう、良い画像には何万語もの価値がある。ひとつの強いイメージは、人々の心に永遠に残り、大きな話題と議論を引き起こす。非営利組織は、イメージの力を知っている——飢えている子供、消えかかる氷河、流出した石油で覆われた海面。**私は言葉の力を過小評価しているのではない——この本にも言葉が詰まっている——が、できるかぎりビジュアルの要素を取り入れることを勧めている。**ウェブサイトを使って物語を伝えるときにはとくにそうだ。ウェブなら、最低限の費用で写真と動画を組み合わせたり、それらを頻繁に入れ替えたりできる。

非営利組織は、フリッカーのような無料のサイトに大量の効果的な画像をアップする。これを見れば社会貢献活動のイメージがわき、主張が伝わりやすくなる。フリッカーに「絶滅危惧種」と打ち込むと、七万五〇〇〇を超える画像が出てくる。フィリピンメガネザルやメキシコ狼といったためずらしい動物の、思わず抱きしめたくなるような画像を、組織や活動家が何万枚もアップしている。こうした画像を見れば、プロの珍獣ハンターたちも考え直しそうだ。

近頃PETA[11]は、潜入社員が携帯で撮影した屠殺場の映像をユーチューブに投稿した。私たちはみな屠殺の統計を見たり食用動物がひどい扱いを受けていると聞いたことがある（そして忘れようとしたことがある）。だが、このユーチューブの画像を見て私は数週間ほんとうに純菜食になったし、チーズバーガーを昔のようにおいしく食べられるようになるとは思えない。

あなたの会社は口コミやビジュアルの表現を拡げるために無料のメディアを最大限に活用してきただろうか？

語り手を選ぶ

だれが組織の物語を語っているだろう？　あなたがフォーチュン五〇〇社のCEOでも、非営利組織のリーダーでも、一般の人たちはたぶんあなたを知らないはずだ（残念ながら）。もしあなたの名前を知っていたとしても、みんなあなたから話を聞きたがるだろうか？　私は自分がおもしろいと思うし、祖母は私が話上手だと言ってくれるけど、私よりもずっと上手に組織のメッセージを伝えられる人が世の中にいることは間違いない。生まれつき華のある（時には人工的につくられた）セレブリティにはその資質がある。**だれもがその顔や声を知っているセレブは物語を際立たせることができる。メッセージを多くの人に伝えられる。有名人、とりわけ生番組に出ている芸能人は、ほとんどの人より上手に物語を伝えることができる。**

非営利組織は、有名人を使って自分たちの活動を輝かせるやり方を身につけている。マーロ・

11）People for the Ethical Treatment of Animals：動物の倫理的扱いを求める人々の会。1980年に米国で創立された世界最大規模の動物擁護団体。

トーマスは、亡くなった父親が創立したセントジュード・チルドレンズ・リサーチ・ホスピタル(12)にとって、信頼できる感動的な代弁者だ。サリー・ストルーザーズは、クリスチャン・チルドレンズ・ファンド(13)のコマーシャルで記憶に残る仕事をした——今や何百万人ものアメリカ人の心の中で、彼女の名前は、哀れで悲しげな栄養失調の子供たちの姿と強く結びついている。ジョナス・ブラザーズ(14)のニック・ジョナスは、青少年の肥満についての人々の認識を変え、その活動のために何百万ドルもの資金を集めた。私のお気に入りの例は俳優のデビッド・アークエットがフィーディング・アメリカのためにしたことだ。

全米最大の食糧支援機関であるセカンド・ハーベストは、二〇〇八年にフィーディング・アメリカに改名した。非営利組織にとって名前の変更は一大事だ。食糧を支給される人たちはどこへも行かないが——彼らは食べ物が必要だから——、「顧客たち」はどうだろう? 資金提供者やボランティアやセカンド・ハーベストに思い入れのある人たちは、新しい名前を別の組織と勘違いするだろうか? フィーディング・アメリカは、この変わり目に、積極的で能動的な呼びかけが必要だとわかっていた。戦略のひとつは何人かの有名人にイベントに参加してもらったり、報道陣を使って新しい名前と使命を宣伝してもらうことだった。あなたの考えていることは私にもわかる。デビッド・アークエット? コートニー・コックスと結婚してるってことだけで有名な人じゃない? そう、彼が『スクリーム』(15)シリーズでアカデミー賞を受賞することはないだろうし、『バニティーフェア』の表紙を飾ることもないだろう。彼は近頃、フィーディング・アメリカの資金集めのために、空中にぶら下げられたガラスの箱に入って数日間過ごした。ほとんどのセレブであれば、一〇分で

12) St. Jude's Children's Research Hospital：米国テネシー州メンフィスにある、親の低所得のため保険資格を持たない子供に医療を提供する病院。1962年にダニー・トーマスが設立。ダニーの娘マーロ・トーマスは女優、社会活動家として知られ、同病院のディレクターも務めている。

13) Christian Children's Fund：開発途上国の子供を支援するチャイルド・スポンサーシップ・プログラムを提供する非営利団体。1938年にChina's Children Fundとして創立。女優サリー・ストルーザーズは深夜のテレビ放送で積極的にこの団体をPRした。

14) Jonas Brothers：米国の3人兄弟のポップ・ロックバンド。

もイベントに参加してレッドカーペットの上で微笑んでもらうことさえ難しい――それなのに、デビッドは彼の人生の三日間を費やした。彼のすごいところは、この組織のためにイベントやその他の催しに何度も参加するだけでなく、まるで一二歳の少女がマイリー・サイラス(16)のチケットを手に入れるために地元のラジオ局に電話をかけ続けるように、フィーディング・アメリカのためにいつもブラックベリーで連絡を取り合っているということだ。彼はこれにかかりっきりなのだ。

フィーディング・アメリカがセレブをただの人寄せパンダだと思っていないことはすばらしい。彼らは、デビッドにきちんとした情報や物語を提供し、ある具体的なことを頼んだ。友達を勧誘してほしい、と。彼はひとつ頼みごとをすると、魔法のランプをこすってあと三つの願いごとをかなえてくれるような存在だ。

デビッドはフィーディング・アメリカと食糧危機が新聞の一面を飾るよう、大規模なキャンペーンの先頭に立っている。彼はスターとしての影響力や人脈を使って、その話がいつも注目されるように努力している。広告代理店サンシャイン・サックス・アンド・アソシエイツのブランディングとPRの専門家、ショーン・サックスは、デビッドをこう呼ぶ。「クオーターバックさ。彼がチームの中心なんだ」

あなたが使っているセレブは写真撮影に一日だけ現れて、その後二度と会うことがないだろうか？　物語の語り手は心からそれを信じているか？　彼や彼女に要点や統計だけでなく、それが大切である理由を話しているか？　セレブを上手に使うために、高級な代理店を雇ったり、ロスに支店を開いたりする必要はない（こうしたことが役立つこともあるが）。あなたの会社のファンを

15) *Scream*：若い層にファンを持つ、コメディタッチのホラー映画。

16) Miley Cyrus：米国のトップアイドルの一人。ディズニー・チャンネルのドラマ『ハンナモンタナ』で大ブレイクした。

見つけて、彼らに助けてもらおう。

素早く行動する

いつ物語を語るかは、何を語るかと同じくらい重要だ。成功している非営利組織はみな動きが早く、ただでメディアを利用する機会があれば、すぐにそのチャンスを利用する。私たちは人々の関心事に素早く反応し、機会をつかんで物語を伝え、それとブランドを関連づけ、キャンペーンを立ち上げる。チャンスが向こうからやってきたらすぐ出られるように、コートと靴を身につけてドアを開けようと待ち構えている。

二〇〇九年の二月、ロスで行われるグラミー賞の授賞式の前日、歌手のクリス・ブラウン(17)が、恋人のポップ界の歌姫リアーナ(18)にランボルギーニの車中で暴力をふるったことがニュースの一面を飾った。その後数日間、ニュースやインターネットはそれに関するゴシップやぞっとするような証拠写真でもちきりだった。多くの人が抱えるこの問題を若者の憧れだった二人も抱えていたことにだれもが驚いた。ドゥ・サムシングは一〇代の男女の暴力の問題についてそれまで一度も取り上げたことはなかったが、だれかがこれに取り組むべきだった。私たちはその事件の再現ビデオをつくり、一〇代の恋愛における虐待がどんなものかを人々に知らしめ、一〇代の三人に一人が暴力的な恋愛関係に陥る可能性があると教えることにした。

あるインターンがニューヨーク大学の友人二人を俳優として引き入れた。彼らは地下鉄に乗って

17) Chris Brown：米国の歌手、俳優。16 歳でデビューし、アルバム『クリス・ブラウン』は全米 200 万枚の大ヒットとなった。

18) Rihanna：バルバドス出身の歌手、モデル。世界的なヒット曲を多数発表している。

ミッドタウンにあるランボルギーニのディーラーに行き、ひとりがそこのオーナーの注意を引いている間に他の二人が車に乗り込み、ロス市警の報告書にある時系列と詳細な内容に添った再現ビデオをハンディカムで撮影した。それにかかった費用は二〇ドルくらいだったが（DVDをテレビ局がニュースに使うためのフォーマットに変換する費用）、ユーチューブで百万回を超えるヒットがあった。私たちのつくったクリス・ブラウンとリアーナの再現ビデオは二晩連続でエンタメ番組のトップニュースになった。『トゥデイ』[19]ショーで再現され、数々のブログにも取り上げられた。もし一日か二日待っていたら、これほどの反響はなかったに違いない。

私たちは座って計画を練るのではなく、すぐに動いた。「素早く反応する」ことは、すべての人やすべての状況に合うPR戦略ではない。だが、社員はブランドのために素早く反応する権限を与えられるべきだ。

正直なところ、ツイッターやユーチューブの時代に、顧客たちは、たとえばレストランにネズミがいたとか店の看板の綴りが間違っていたとかいうことに素早く反応する――数分もしないうちに、そうした写真がインターネットに流出する。**時には、素早く動くことは、その瞬間を利用するというよりも、流出してほしくない話に対応することだ。あなたはそれに追いつけるだろうか？**

さまざまなメディアを通して物語を語る

この章で私は、あなた自身が見たいメディアになることについていろいろと話してきた。それは、

19）*Today*：NBC テレビの朝のニュース番組。

ツイッター、ユーチューブ、フェイスブック、フリッカーやその他の無料のメディアを使ってあなたの物語を語り、イメージを投影し、人々があなたの話をどう感じているか知ることだ。

とはいえ、私は物語を伝える手段として従来のメディアを無視するつもりはない。信用できる報道機関があなたの会社を取り上げることで、物語の信頼度が大幅にアップする。コロンビア大学のジャーナリズム大学院で「シックスティミニッツ効果」と呼んでいるように、人気番組に登場することは、はかり知れないインパクトがある。だれもが知っているように、オプラ・ウィンフリー・ショーに出演すると――出演しなくても、この昼下がりのトーク番組の女王がほんの少しでも褒めようものなら――ブランドイメージは成層圏まで舞い上がり、知られざる物語が突如として主婦の日常会話にのぼるようになる。私自身もオプラに出てその効果を実感したからこそ、それがほんとうだと断言できる（おもしろいのは、自分の出演した回がいつ再放送されるかわからないことだ。ある日、昼下がりが終わる四時から六時頃にメールや電話が突然オフィスに殺到する。それで、わかるのだ。あぁ、今日全国で再放送されたんだ、と）。

人気番組に出演したい人はあまりにも多く、オプラに出て物語を話す機会にめぐまれるCEOはそれほど多くない。私は、企業リーダーはトーク番組にできるだけ出演すべきだ、と言いたいのではなく、どんなメディアでも頼まれれば快く積極的に受け入れるべきだと言いたいのだ。企業経営者がそうしない理由はいくらでもある。ライバルに自分たちの動向を知られたくない。自分の発言が曲解されたり、敵意を持ったインタビュアーに挑戦される可能性もある。**経営者はなるべく目立たない方がいい。だが、物語を語ることで得られる利益は、そうした不利益にまさるものだ。**もし、その物語がすばらしく、それを上手に伝えれば、アニュアルレポートなど及びもよらないほど関係者の心をつかむだろう。

あなたへの11の質問――ストーリーを知ってもらう

太古の昔から、人々は物語を愛してきた。それは今生きている人間だけでなく、私たちが祖先とも結びついてきた手段だ。それは頭では理解できない現象を説明するものでもある。そして、この広く複雑な世界の片隅に秩序と歴史をもたらすためにも物語は使われてきた。

いまどきの物語には共通の特徴がある。私たちは勝利の結末を好む。感動的な軌跡が好きだ。敗者を応援する。サプライズを喜ぶ。賢い言い回しや革新的な手法に惹かれる。

良い非営利組織はこれらすべてをわかっている。私たちは賢く物語を選び、伝えてきた――みんなに聞こえるように、芸術的に、そしてくり返し。物語のいちばんいいところは、それに一セントもかからないことだ。今では、インターネットから、テレビ、ラジオ、雑誌、携帯まで、物語を伝える多様なメディアを自由に選ぶことができる。使い方さえ知っていれば、ただかほんの少しの費用でこれらのプラットフォームをすべて利用できる。

営利企業は、心に強く残る歴史にことかかない。中には大人のためのおとぎ話――伝説やヒーロー物語のように何度もくり返され（時には脚色されて）――になった創業記もある。マイケル・デルが学生寮でどう過ごしたかを私たちは聞きたがる。リチャード・ブランソンが学校を中退してヴァージンレコードを始めた話が大好きだ。そしてビル・ゲイツの物語——ハーバードを中退するところから始まる——は何冊もの本の題材になり、それをもとにテレビ映画までつくられた。

それでも、私が知りたい企業の物語はまだまだたくさんある。私はターゲット[20]の物語を聞きたい。ペプシがコーラとどう違うのかを知りたい。シスコシステムズ[21]がどうやって生まれたのか、そのロゴがなぜ橋なのかを理解したい。もちろん、それはPRにかかわることだが、信頼の問題でもある。ブランドの背後に何があるかを恐れずに伝えよう。そうすれば、驚くほどのメリットがあるかもしれない。

次に挙げたのは、これまでとは違う発想で、物語の力を（ただで）利用するための一一の質問だ。

1　あなたの会社はどのように創業されましたか？　創業者はだれですか？　この製品やサービスを生むきっかけになった個人的な経験や苦労はなんですか？

2　あなたの会社は成功や失敗の軌跡を経てきましたか？　どんな人物や犠牲や運命のいたずらを取り上げるといいでしょう？

3　お客様から感謝された事例を集めていますか？　それらの手紙やメールはどこにありますか？　それらは感動的ですか？

4　あなたの会社の成功はデータや財務だけで語られていますか？　それとも、あなたのレストランでだれかが記念になる出来事を祝ったり、あなたの航空会社が世界の辺境地に飛ん

20）Target：米国の大手小売業者。

21）Cisco Systems：コンピュータネットワーク機器の大手企業。1984年設立。

でいることで緊急手術ができたといった話で測られていますか?

5 あなたはメディアを管理できていますか? あなた自身がメディアになっていますか? ツイッター、フェイスブック、マイスペース、ユーチューブ、フリッカーを使って自分自身の言葉や画像で物語を語っていますか?

6 自分の会社をグーグルで検索していますか? 語りたい物語を検索のトップに載せるためにアドワーズ[22]を買っていますか?

7 あなたの製品やサービスが大好きなセレブはだれですか? その人はいちばん有名でも魅力的でもないけれど、あなたの会社の熱狂的なファンだったとします。話題づくりのために彼を使いますか?

8 あなたの会社の経営者は熱心に物語を語りますか? それとも高級スーツを着てデータのことしか話さないロボットですか?

9 あなた自身は会社の物語を語っていますか? それとも他の人が話す物語に反応するだけですか?

10 あなたの会社のCEOがオプラ・ウィンフリー・ショーに出演するチャンスがあれば、オプラと何を話すでしょう?(ヒント:オプラは前四半期の業績や、生産拠点を海外に移転したことにはあまり興味がありません)

11 あなたのライバル企業はどんな物語を語っていますか?

22) グーグルのクリック課金広告サービス。キーワードに関連するページに広告を掲載する。

CHAPTER

9

財務を上手に管理する

何かおかしい気がする。そうじゃないだろうか？　非営利組織が営利企業に財務についてアドバイスすることがあるのか？　私たちのお金の使い道は営利企業とまったく違う。利益についての考え方も違う。投資対効果は、営利企業にはない基準で測られる。私たちの存在が必要のない世界が理想だとは言っても――世界中のあらゆる問題を解決できればほんとうにいいのだけれど――現実的には、この先投資が回収できるわけではない……永久に。それなら、なぜ私たちに耳を傾ける必要があるのか？

理由はたくさんある。**非営利組織の財務構造の伝統と精神性は、営利企業と違うからこそ価値がある。自分と違う人々の経験の中に、学ぶべき教訓があるのだ。**とりわけ世界的に金融が不安定なこの時代には、長年金欠をやりくりしてきた組織の経験の中に知恵を見つけることができるだろう。

あなたの会社はコスト削減に苦しんでいるだろうか？　管理職が支出に責任をもつような施策や慣習を実践しているか？　予算をめぐって社内にひびが入るような部門間の争いがあるか？　景気がいいときには、こうした問題は、将来の高業績へと続く平坦な道のりの中のちょっとした障害のように思える。だけど、ものごとがあまり思わしくないときや、業績が悪いときは、非営利組織でうまくいっている根本的で長期的な解決策を見てみるのも悪くない。少なくとも、それらは財務に関する新しい考え方を提起するものだ。

利益を捻出するために、企業はあらゆる種類の統制を課しているはずだ――費用の承認に二人以上の人のサインを求めたり、予算作成の過程を明文化したりする。こうした努力のいくつかは、収入を最大化し費用を最小化することに役立っているに違いない。一応ロースクールの勉強に精を出した私は、文書化された健全な手続きや慎重なプロセス（要するに書類仕事）が死ぬほど好きだ。だけど、書類のおかげで会社が劇的に改善されたか？

企業財務は複雑なものだ。私たち非営利組織は、革命的な財務ソフトウェアシステムや、ヘッジファンドと同じような最新の予測モデルや、業績判断ツールを持っているふりをするつもりはない。また、営利企業とまったく同じ問題に直面していると言うつもりもない。だけど、非営利にいる私たちは、お金に責任を持つことを知っている。利益を追求しなくても、お金を無駄にしないことがとても上手だ。持てるものの範囲で生活し、未来に備えることを私たちは知っている。

間接費の怖さを知る

非営利の世界では、間接費は悪だとされる。二〇〇九年七月号の『ファストカンパニー』誌の記事で私が言ったように、間接費はおそろしい人さらいだ。テレビドラマの『ロスト』[1]に出てくる黒い謎の霧のように、それはいつも暗闇に潜んでいて、はっきりと姿を現さない。紛らわしく、ミステリアスで、その上脅迫的でもある。この形のない怪物から身を守る唯一の手段は、つねに油断しないことだ。けっしてそれに背を向けず、それが行動を起こす隙を与えないことだ。

私たち非営利の人間は、社会貢献活動に直接関係のない費用すべてに対して、そんな風に感じている。時には恐怖も悪くはない。私たちが無茶をせず、節度を保つよう抑えてくれるからだ。間接費をこわがることは、私たちが使う一ドル一ドルの価値や可能性に注目し続ける助けになる。

1） *Lost*：2004～2010 年に米国 ABC で放送された人気ドラマ。墜落した飛行機の乗客が南の島で奇怪な体験をするオカルト的なストーリー。

うまく運営されている非営利組織では、一人ひとりが間接費の「数字」（たとえば一般管理費のように「無駄」と考えられている経費率）を把握しているし、スタッフ全員がそれを増やさないよう気をつけている。あなたの会社の全員が――ＣＥＯからメール室の従業員まで――経費に個人的な責任を感じていたらどうなるかと想像してみよう。会社のお金を全員が自分のお金のように扱っていればどれだけ違うか考えてほしい。ランチのときにワインをもう一杯追加するだろうか？　小型車ではなく大型車を借りるだろうか？　一八％のサービスチャージと配達代のかかるルームサービスを頼むか、それともレストランでハンバーガーを食べて切り詰めるだろうか？　一人ひとりの社員が無駄な費用を少しずつ、たとえば五〇ドル、一〇〇ドル、または五〇〇ドルと切り詰めたら、年間でどれほどの経費削減になるか考えてみてほしい。いくつかの非営利のベストプラクティスを実行に移すだけで、より多くの無駄を省くことができる。

非営利組織の間接費は厳しい社会の目にさらされるために――その結果、社内でもこれに固執する――油断して費用を使いすぎるということはめったにない。間接費は一年に一度だけ計算されるものでもなければ、四半期報告書にだけ掲載されるものでもない。私たちは何年かごとに承認や免許や認定を受けるのではない。つねに自分自身や関係者の監視の目にさらされている。いつもそのことを心配している。私が下す決定はすべて間接費に影響する。すべての費用、すべての予期せぬ出来事、すべての危機が間接費を左右する。

間接費の欠点のひとつは、それが財務だけの視点で計算されることだ。衣服はドレス・フォー・サクセスに欠かせない。衣服の在庫は私たちの活動の大きな部分を占めている。それがなくては女性たちに何もしてあげられないし、組織の目的もなくなる。だから間接費と直接の活動費用とを分けるときに、この在庫の価値を考慮すべきではないのか？　ドレス・フォー・サクセスは毎年何百万ドルもの価値のある衣服を受け取る――こうした寄付はある種の収入と考えられないだろうか？　もしそうなら、私たちの組織の総合価値は今よりかなり高くなる。衣服の価値を含めれば顧客あたりのコストや活動価値も変わってくる。

非営利組織ではコストを活動費用（直接費）と間接費に分けて計算する一方で、活動自体の価値を考慮に入れないことが多い――ドレス・フォー・サクセスにとっての衣服の価値や、ハビタット・フォー・ヒューマニティーのボランティアが仕事に費やした時間や、高齢者施設での労働者の時間やケアの価値などは計算に取り込まれない。これらの活動を金額に換算するとはかり知れない価値がある。私たちはそれらを取り込まずに、給料や家賃や備品などといったものだけを対象に間接費を計算している。つまり、測れるものだけを取り込んでいる。もしあなたの会社でもっとも価値のある資産が重要な財務指標に取り入れられないとしたらどうだろう？

「リーン・アンド・ミーン（一切無駄のない）」という表現を聞いたことがあるだろう。もともとは、アメフトの選手や闘鶏などに使われた表現らしいが、近頃では「非営利的拒食症」と呼ぶそうだ。ベター・ビジネス・ビューロー[2]（BBB）は非営利組織の間接費を総費用の三五％までに抑えるよう定めている。私たちのほとんどは、これよりもずっと低い水準にとどめようとしている。なぜなら非営利のリーダーが必ず訊かれる質問のひとつが「間接費をどれだけ使っていますか？」だからだ。支援者たちは、彼らの寄付のすべてか、もしくは大部分が社会貢献活動に使われることを

2）Better Business Bureau：米国の消費者擁護団体。1912 年に創立。広告や企業の信頼性評価などを行う。

求める。彼らの寄付するお金が、必要な人にわたるかそのための社会貢献活動に使われ、給料やオフィスの高級家具や、ぜいたくなスタッフの食事などには使われないことを知りたいのだ。

私たちが間接費にこだわるのは、他の非営利組織もそうしているからだ。私が「私たち」というとき、それはドゥ・サムシングの全員、つまり新人からベテラン社員、ＣＥＯ、理事まで全員のことだ。私たちはあらゆる費用と配分を精査する。**この厳しい監視が多額の節約につながってきた。私たちの組織は倹約の文化をもつ、節約家の集団だ。**出張に行くと食事には最低限のお金しか使わず、ホテルではなく友人の家に泊ることを誇りにしている。友人を口説いて、コンピュータ機器をただで寄付させたことを自慢する。オフィスにやって来た人が、私たちがスペースをどれだけ効率的に活用しているかに驚いたとき、私は誇らしくてたまらなくなった。その訪問者は、ひとつの机を二人のインターンが共有しているのを見て信じられないと言ったのだ。間接費の問題がつねに頭にあるので、スタッフはいつもなにかと工夫をし、斬新な節約方法を生み出している。お上品にいうとそうなるが、つまり私たちはケチで……そのことに誇りをもっている。

組織の全員がひとつの財務目標に向かっている。それは間接費の低減だ。ただ一つの目的と言ってもいい。私たちは一致団結してこの野獣と闘う。みんなに共通の敵がいたらどうするか？　みんなで力を合わせてやっつける。その闘いを支えるのはチームワークだ。間接費に目を向ける人は、「我々対彼ら」といった部門ごとの対抗意識を持たない。自分の部署に予算を確保するために他の部署と争ったりしない。私たちは、間接費の総額を抑えるよう自分にできることを喜んでやるし、ひとつのグループの予算や、ひとつのチームの成功よりもその方が大切だ。

だけど、文化が浸透していなければ、そううまくはいかない。全員が協力することが必要だ。また、その哲学が明確でなければならないし、スタッフ一人ひとりがくり返しそれを実践しなければならない。私の知っているある会社では、出張費と交際費に関して、社員は会社のお金を自分のお金だと思うべしという哲学がある。その企業の経営者は、質素倹約は当たり前で——社員は自分のお金を使うのと同じくらい慎重に会社のお金を使うべきだ——と考えている。会社の売上が落ちたときに、社員はまさにこれを実践した。だが少数の社員は、自分のお金を使うときと同じように、無駄遣いをした。同僚たちが一〇〇ドル以上は使わないよう苦しんでいるときに、ある女性は一泊四〇〇ドルの、お気に入りの高級ホテルに泊まった。この問題は明らかだ。この会社の哲学は全員に浸透していなかったから節約につながらなかった。そしてある社員がチームのために協力しないことを他の社員は苦々しく思った。

財務規律をもう一段強化するための方法はたくさんある。ひとつの方法は目標を定めることだ。無駄と思われるものを定量化できるか？　間接費を抑え、慎重に経費を使っている社員や部署を報いているか？　社員たちは消耗品にどのくらいの費用がかかっているか知っているだろうか？　必要かどうかで区別するより、どれが製品やサービスに直接かかわる費用かという基準で考えてみてはどうだろう？

厳しい規律に従って予算を組む

私たちは彼らを「数字屋」と呼ぶ——これは褒め言葉ではない。私は頭の中にそのはっきりとしたイメージがある。いつ買ったのかわからないような古いスーツを着てふくれっつらをした、汗だくで陰気でものすごく不機嫌な男性が、計算機を握りしめて、金のかかる希望や潤沢な資金が必要な夢を、ゴム底の靴で踏みつけている場面を想像してしまう。う〜。このケチオヤジは、出張にエコノミークラスを使わせ、一五ドルを超える支出にはすべて申請書類に記入させ、カラーコピーの枚数を制限する権限を一手に握っている。

あなたは、予算の規模を、自分の社内的な立場を測るものさしだと思っていないだろうか？ 予算が大きければ感心し、少なければバカにしていないか？ それをみせびらかさないだろうか？ マネジャーたちは、自分が監督する部下や活動のために資金を「確保」する責任があり、予算獲得のために「闘う」ことも少なくない。そしてそれが減らされることを「切られる」と言う。予算づくりはホラー映画か流血の戦争のようだ。きれいなものではない。

あなたは予算を水増しして、ほんとうに必要な金額より多くを要求したことがないだろうか？ それはよくある交渉術で、あらゆる階層の人々が経営者に対抗するゲームだ。たとえば、政府機関は倹約を恐れ、たとえその必要がなくても年度内に予算をすべて消化しなければいけないと思っている。「数字屋」がそれに気づいて次年度の予算を削ることを恐れているのだ。あなたやあなたの会社の経営陣は、自分が気に入っているからというだけで、またはやり手のスタッフを飼いならすために、企業目的には必要がないプロジェクトに予算を割り当てたことはないだろうか？　もしこれらの質問のひとつでも答えがイエスなら、私が言うべきことはたった一つ。「無駄！」

いや、あまり批判ばかりするつもりはない。非営利にもこういうことはある。だが、非営利では予算づくりのプロセスを上司の恣意で左右することはできない。非営利の予算は、たいてい規制や伝統によって縛られているからだ。

支援者が非営利にお金を寄付する場合、その寄付金を特定の社会貢献活動や費用に充てるよう指定することができる。たとえば、地元のガールスカウトに寄付して、金融リテラシーの教育にそれを使うよう要求できる。あるいは、母校に寄付して、食堂にフランス人シェフを雇うよう頼んでもいい（これは実際にあった話だ。オクスフォード大学のカレッジのひとつにこのような寄付があったらしい）。受け取った組織はその目的のためにお金を使わなければならないが、相手に目的を変えてもいいか訊き、だめなら寄付金を返すこともできる。これを「ひもつき資金」と呼ぶ。監査人はこうした寄付の使い道を調べるだけでなく、指定された資金の使い道に寄付者が満足したという確認の書面も求める。監査人が余剰資金や寄付の意図にそぐわない資金の使途を発見すれば、寄付者はお金を返してもらうよう要求できる。

非営利はひもつきでない資金、つまり私たちが必要だと思うどんな目的にも使っていい資金――そして、いわゆる「事務所を開いておくための」お金を受け取る方が何倍もありがたい。ひもつきでない資金は間接費をまかなうためにも使うことができる。また、それらは、ひもつき資金のない活動を支えることにも使える。たとえば、非営利のホームレスシェルターが、注射針を交換する活動を行うことがある。それは地味な活動で、寄付者の関心を引きにくい。企業はどんな種類でも薬物の使用を認めているように思われては困るし、清潔な注射針のために資金集めのパーティーを開くわけにもいかない。ではこの重要な活動にどうやって資金を集めるか？　それはひもつきでない資金を使うのである。

もちろん、予算づくりの過程でひもつきとそうでない資金のちょうどいいバランスをとるのは難しい。だがバランスを考えることで、予算のプロセスに、財務の慎重さと経理の知識を反映した規律が生まれる。正直に言えば、そんなことをあまり気にかけずにいれたらよかったのにと思うこともある。たとえば、**アイデアリストの創始者兼CEOのアミ・ダーは、寄付者たちが気にかけていることをほとんど暗記している。彼はどの寄付金がどういう性質かを詳細に説明できる**——そのお金がひもつきかどうか、寄付金の期間、寄付者が要求する報告期間などを。実際、非営利組織のリーダーは全員そうだ——目を閉じていても、そしてワインを一～二杯飲んだあとでも。

あなたは会社のお金がどう使われているか知っているだろうか？　そのお金がどこからきたのか？　うんざりするかもしれないが、この種の規律は予算づくりの際に驚くほど役に立つ。なぜなら、そうすれば、収入と費用のバランスに敏感にならざるを得ないからだ。非営利組織は、ある社会貢献事業にどれだけの費用がかかるか知る必要がある。もし知らなければ、ひもつき資金を集め過ぎて、余りを返さなければいけなくなるからだ。その他の必要な費用をまかなうために、ひもつきでない資金もきちんと確保しなければならない。期限つきの資金は、いつも注意して使い道を逐一監視しないと大変なことになる。部外者に資金の利用期限を指図されるのがどのようなものか、想像できるだろうか?

ひもつき資金やきまぐれな寄付者、不透明な景気、その他の深刻な課題がある中で、毎年適正な予算のバランスをとり続けるのは、決して楽な仕事ではない。しかし、その結果規律が生まれるおかげで、よく練られた実行可能性の高い予算ができる。このような財務計画には、ほとんど削るところがない。予算の中に余分なものや足りないものがほとんどないのだ。だから予算がそのまま目標になる。変更の余地がほとんどない。総予算には無駄がなく、優先順位の高い活動やプロジェクトには適切に資金が配分され、二番手のプロジェクトは延期されるか、資金が足りないときには中止される。皮肉なのは、私たちは営利目的の商売をしているのではないのに、ウォール街のもっとも非情な銀行家よりもお金に厳しいということだ。

営利企業は非営利組織の予算への規律から何を学べるか? 一見ばかばかしく見えるいくつかのアイデアを提案させてほしい。そこからまた新しいアイデアが生まれるかもしれない。**まず、資金をひもつきとそうでないものに分けて考えてみよう。**非営利組織のように実際にそれをする必要はないが、なんらかの財務規則をつくると役に立つだろう。たとえば、ある製品の利益はすべて、その製品の研究開発チームへの資金として指定する。それが彼らにとって売上げを伸ばし市場化に集中するインセンティブになる。なぜならそのチームの資金は、市場での成功に左右されるからだ。もっと重要なのは、あなたがこれらのお金に対して非営利的な責任のプロセスを使えることだ。もし営業チームが研究開発チームの仕事に満足しなければ、研究開発チームは今後はお金をもらえないかもしれない——もしかすると、もらった資金を返さなければならない可能性もある。これで、リスクに見合った報酬のシステムが生まれる。

また、予算の目論見が狂ってしまうこともある。非営利組織には年中いつでも、時には予想外のひもつき資金が新たに課せられる。たとえば、さっきのオックスフォード大学のフランス人シェフという突飛な例を考えてみてほしい。ひもつきの資金のせいで新しいシェフ（それも特定の料理に限定した）を雇わなければならず、その卒業生が寄付をするたびにカフェテリアにだれか加わることになる。シェフをひとり雇い入れると間接費率が変わり、他の部署の出費を切り詰めてその分を埋め合わせる必要が出てくる。これが財務にどう影響するか。計画が狂うのは日常茶飯事で、それを創意工夫で埋め合わせなければならないということだ。予算がいつも変化するので、年間を通して監視する体制が生まれる。

複数年で考える

非営利組織は長い間活動を続けることを前提に計画を立てる。私たちの仕事は終わりのない長い道のりだからだ。**もっと多くの企業が遠い先の未来に向けて計画を立てるべきだ。**この本のために取材した組織のほとんどでは三年間の予算計画を標準にしていた。しかし、ほとんどの営利企業では単年度予算が標準だ。このやり方には確かに利点があるが、結果として長期目標の重要性が損なわれたり無視されたりすることも少なくない――長期目標が外向きに明言されている場合でもそれが起こりうる。

間接費への恐れやひもつき資金の制約から、多くの非営利組織は、支出の長期的な優先順位を決めるために複数年予算を組んでいる。私たちは高い勉強代を払って、世界は思いがけないことの連続だと学んできた。今年は寄付金額が目標を超えたからといって、来年もそうなるとは限らない。残念ながら、こうした寄付金をこれからももらえる約束などどこにもない。不景気、大口の資金提供者を失うこと、ライバルの出現（同じような目標を持つ別の非営利組織は星の数ほど存在する）など、多くの出来事が私たちの収入に影響する。法律も変わる可能性があるし、実際に変わっている。大きなイベントの失敗も予算計画を台無しにしかねない。

ドゥ・サムシングは、一九九〇年代にアメリカでもっとも有名な非営利ブランドのひとつだった。創始者のアンドリュー・シューのおかげで――そう、『メルローズ・プレース』[3]のビリーだ――この組織は多くのセレブが集うイベントを開き、マスコミに取り上げられ、大物の資金提供者がたくさんついていた。だが、突然音楽が止まり、ドゥ・サムシングは座る椅子がないことに気づいた。文字通りに。『メルローズ・プレース』は打ち切られ、よりどころはなくなり、資金はあっという間に消え、ニューヨーク市の以前MTVがあったビルの中に無料で借りていたオフィスからも追い出された。二〇〇三年に私が呼ばれてその経営を任されたとき、ドゥ・サムシングの口座には七万五〇〇〇ドルしかお金がなく、二二人中二一人の社員を解雇したばかりだった。着任して二週目に、アンドリューが私に、今後二年間で六〇万ドルの寄付をしてくれるというある企業の財団と会うように言った。へぇ〜、それはいいかも、と私は思った。でもふたを開けてみると？　彼らはドゥ・サムシングの拠点を新たに開設してほしがった――彼らの指定した地域に。おかしなこと

3) *Melrose Place*：1990年代の人気トレンディードラマ。

に、それらの地域は彼らのコールセンターがある場所だった。私は言った。「ありえません」一文無しだったのに、私は六〇万ドルを断った。なぜか？　このひもつき資金が私たちのクビをしめることになると思ったからだ。すでに拠点の数が多すぎるのに、そんな指図に従っていたら、ますます負担になっていたはずだ。

私はクビになりかけた。アンドリューが電話をかけてきて、ぶっきらぼうにこう言った。「君を雇ったのは間違いだったようだ」私は、たった数カ月のためにこの仕事を引き受けたのではないと言った。数年かけて組織を運営するつもりだった。これほど目的が限定され、要求の多いひもつきの寄付金を受け入れれば、長期的な資金調達の計画に支障がでるはずだ。まったくお金がないのにこれほど多額の寄付金を断るのは恐かった。でも、私は正しいことをした。

非営利組織はものすごく不安定な状況にさらされているので――大きなイベントのおかげで一度に多くの寄付金で溢れることもあれば、次の瞬間には企業スポンサーが別の組織とタイアップすることになって破産しそうになる――複数年の予算を組むようになった。一見それはバカバカしくて不可能に思える。予期せぬことばかりが起きるのに、三年はもちろんのこと、一年の予算だって立てられるのか？　私の答え――なぜそうせずにいられるのか？　**複数年の予算を立てることで、パニック的な判断を避け、短期的なプレッシャーに動かされず長期的な目標に目を向けることができる。**

多くの企業は、突然の予期せぬ不況やその他の危機に直面すると、その年度だけの予算を立てて、その中で数々の活動や支出を削減する。困難で不透明な時期には心配のあまり、『エルム街の悪夢』に出てくるフレディーのように、予算ををバッサバッサと切り捨てる。あれ？　それって『一三日の金曜日』のジェイソンだっけ？　いずれにしろ、合理性や原則や健全さが乱暴に切り捨てられることになる。

複数年予算では支出に優先順位をつけることができる。そうすれば財政が厳しいときにも性急に切り捨てられない。支出を見る視点が変わるからだ。今年は不調だったとしても、来年は良くなるかもしれないし、そのときには活動資金も調達できるかもしれないことにも気がつく。複数年計画は、突然の不況や出費といった危機に対する自然な心理的反応を和らげる。長期的な予算があれば、心理状況がより安定し、ローラーコースターのような浮き沈みもなくなる。

私の提案は、複数年予算をとりあえずつくってみることだ。それが難しいことはわかっている。考え方を根本から変えなければならないし、大変な仕事になるのは言うまでもない。社内で勇気のある部署が試験的に複数年予算を導入し、その実効性を判断することは可能だろう。試してみてほしい——意外と気に入るかもしれない。

ガラスの家に住んでいるようにふるまう

多くの大企業では、財務の開示が法律で定められ、純粋に透明性を求めるからというよりも、必要にせまられてそうしている。だから必要なことだけを開示して、それ以上はやらない。素人でもわかるように平たく表現しようという努力はほとんど見られない。財務諸表の多くは普通の人には理解不可能だ。その読み方がわかっていて、たくさんの数字を読み解くことに喜んで時間を使う人でなければ、ちょっと見ただけではほとんど何もわからない。賭けてもいいが、大企業の社員の多くは、自分の会社の財務状況についてそこらへんの外部の人より詳しいわけではない。

財務の透明性の欠如はこれまでいつも問題だったが、エンロンやワールドコムをめぐる最近のスキャンダルがきっかけになってサーバンス・オクスレー法（Ｓｏｘ法）がつくられ、より多くの財務情報の開示——と書類事務——が義務付けられた。多くの企業はＳｏｘ法が求める大量の書類にうんざりしているらしい。彼らはそれがものすごい時間と労力の浪費だと感じている。へえ、そうなんだ。企業のみなさん、私からの同情は期待しないでほしい。

透明性は非営利にとってお馴染みのものだ。私たちはＩＲＳ[4]**（内国歳入庁）の規定に従って包括的な財務情報を一般に公開することを義務付けられている。その透明性はＳＥＣ（証券取引委員会）が義務付けている１０Ｋ（年間業績開示）や１０Ｑ（四半期業績開示）よりもはるかに細かいものだ。**私たちは費用の詳細をすべて開示する必要があり、一般管理費などをひとまとめに括って大きな項目だけを開示することは許されない。私たちはすべての費用を公開する——すべてだ！　切手や郵送にいくら使ったか、旅行や会議、電話やインターネットにいくら使ったかがすべて筒抜けだ。

ＩＲＳの書式を理解できない人のために、ガイドスター[5]やチャリティナビゲーター[6]といったサイトでは私たちの財務情報がよりわかりやすい形式で掲載されている。そして、だれでも——そう、だれでも——私たちに電話して、いつでも財務諸表の送付を頼むことができる。それを送ることが

4）Internal Revenue Service（IRS）：連邦税の徴収を行う政府機関。日本でいえば国税庁にあたる。

5）GuideStar：米内国歳入庁（IRS）に登録しているすべての非営利団体の情報を公開している。1994年に設立。

6）Charity Navigator：米国の慈善団体の事業内容等を評価して公開している非営利団体。2002年に開設。

法律で義務付けられている。

非営利組織は社会の善のために存在するので、つねに高い透明性が求められる。それは税の優遇と引きかえに私たちが支払う対価だ――いくつかの慈善団体にとっては、開示があまりにも細かく費用がかかりすぎるため大きな負担を強いられることもある。私たちのような組織――二〇人か三〇人のスタッフを抱えているだけの組織――が支出を開示するのはそれほど大変ではない。アメリカ赤十字のような二五億ドルの純資産を持つ巨大組織が、切手代や郵便代までも報告するとなれば、これはまったくレベルが違う（もし、あなたが知りたければ、二〇〇八年のこの費用は六九〇〇万ドルだった）。

非営利セクターにとって透明性は欠かせない。なぜなら私たちは一般の人々の信頼（と寄付）がなければ生き残れないからだ。だけど、透明性が義務付けられていたことが、私たちにとって関係者の信頼を獲得し維持する助けになってきた。営利企業も同じように一般の信頼が高まることで恩恵を受けるのではないか？

信頼は、高い透明性の明らかなメリットだ。しかし、メリットはそれだけではない。透明性は、非営利のすべてのスタッフにお金がどう配分されるかを深く考えさせる。隠れる場所はどこにもない。ライバル会社ではあなたと同等の人に二人しかアシスタントがいなければ、あなたがトラックいっぱいのお金を使ってアシスタントを一〇人も雇うことはできないだろう。あなたの行動はみんなに筒抜けだ。数字を見ただけで、あなたが賢くお金を使っているか、それとも無駄遣いしているかがわかる。

もし経理の人たちがつねにあなたを見張っていたら、あなたは違う判断をしていただろうか？中にはほとんど考えずにお金を使う企業もある。透明性はその可能性を減らし、私たちに——一〇セントでも使う前に——間違いを犯せばそれが公になると知らしめる。

すべての社員向けに、収入と主な費用のわかりやすい要約をつくって配布してみよう。それはほんとうにだれにでもわかるものでなければいけない。社員に理解してもらうことが目的なのであって、彼らがただそれを受け入れることが目的ではないのだから。

毎年株主や社員に配られる財務諸表はあまりにも長くて複雑なために、それは透明性を高めるどころか、読んでいると混乱して眠くなる。主な予算の変更や売上の増減、経営陣の給料やボーナス、その他の主な指標を読みやすく、凡人にもわかるように一ページに要約したものがあればいい。わかりやすく財務を要約すれば、その会社には何も隠すことがないことが伝わる。多数の企業がそうしたやり方を採用すれば、他社もそれに従わなければならないと感じるだろう。

財務の決定について広くみんなに説明してみてはどうだろう？研究開発費を大幅に増額すると決めたら、その理由を説明すべきだ。重役に並はずれた多額のボーナスや報酬の増額を与えるなら、それを公表し、理由を述べるべきだ。取引で損失を出したなら、率直に認め、損失額を公表し、なぜそうなったかを説明しなければならない。財務の悪い情報はなかなか伝えにくい——経営陣は社員や株主やメディアの前で恥をさらしたくないからだ——だが、難しくても、透明性と信頼を得ることのメリットはすべてに勝る。また、悪い情報だけでなく、財務の良い情報や説明もメールで配信すべきだ。

業績が低迷して社員の給料が据え置かれているときに、経営陣がストックオプションやその他の高額報酬を受け取っていれば、社員は自然と疑いの目を向ける。コスト高の名目で価格を上げたのに、新しい拠点を一〇も開き、他の企業を買収するような企業を、一般の人々は信頼しない。だから、財務の問題で不信を生むのではなく、非営利組織を真似て、財務を透明にすることで信頼を築こう。

収入源を多様化する

アイデアリストの収入の大部分は、ウェブサイトに採用情報を掲載する他の非営利組織が支払う手数料だ。二〇〇九年は不況で採用が激減したために収入も落ち込んだ。この組織は、こうしたサービスへの手数料以外に、財団からの支援や企業スポンサー、そして個人の寄付金を受け取っている。これこそ私たちが「収入源の多様化」と呼ぶものだ。アイデアリストの収入源を円グラフで表すと、たくさんの素敵な色で色分けされているはずだ。

非営利組織の運営者たちは、「全部の卵をひとつのカゴに入れる」と不安になる——それは円グラフが一色になるということだ。GMはガソリンを大量に食うSUVとピックアップトラックに過剰投資した。モトローラは携帯電話の市場シェアを維持することに力を入れすぎた。そして銀行はといえば、住宅ローンという鶏が永久に金の卵を生み続けると過信した。

私が勧めているのは製品の多様化ではなく収入源の多様化だ。それは将来の変動や不確実性に対する最良の備えになる。**少数の主要製品やサービスからだけではなく収入源を広範囲に拡げ――その上に特別なイベント、ライセンス、提携、投資などの収入を加えれば、財務状況は格段に安定するだろう。**さまざまな収入源のある組織もなかにはあるが、収入源とは名ばかりで、経営陣がそれらをおまけのように見ていることも少なくない。私は、主要なドル箱事業を開拓するのと同じエネルギーと集中力でその他の多様な収入源も開拓することをお勧めする。

非営利組織はこれをあたりまえにやっている。その結果、私たちは多くの企業が苦しんでいるローラーコースターのような変動にはさらされない。非営利組織の多くは多様な資金源を持っている。イベント、政府の助成金、財団からの支援、社会貢献マーケティングの提携、そして個人献金などだ。もっと重要なのは、多様化された収入源の中でさらに多様化していることだ。私たちには大口の寄付者、中くらいの寄付者、そして小口の寄付者がいる。そしてそれぞれの寄付者ごとに違う戦略がある。私たちはひとつの財団からの資金に頼らない。より多くの財団から支援を得ようとつねに働きかけている。年に一度の大きなイベントを開くが、派手なイベントだけに頼らないよう、小さなイベントも頻繁に開くよう努力している。

非営利はこのようにして予期せぬ不況――多くの営利企業を破産や崩壊に追いやった経済危機のようなもの――に対して脆弱にならないようにしている。

あなたの会社の収入の半分以上はひとつの製品またはサービスからきているだろうか？　他の製品やサービスからの収入を増やせないのはなぜか？　すべての可能性を真剣に考えてみただろうか？　財務部は主要製品やサービスの活力を維持しながら収入源を多様化する方法を提案している

か？　付帯的な活動から収入を生む方法はあるか？――たとえば、ライセンス、提携、フランチャイズ、コンサルティング、研修セミナーやワークショップ、ウェブビジネスなどはどうだろうか？　周りにあるすべてのものを収益化しているか？

あなたへの11の質問――財務を上手に管理する

非営利とは利益がないことではない。私は赤字の組織を経営したことはない。利益がない組織とは、GMや、ほとんどの航空会社や、多くのドットコム企業のことだ。非営利組織とは、利潤追求以外の目的のために存在する組織のことだ。私たちも良い業績をめざす――経費を下げ、収入を上げ、収入源を多様化し、資金調達の目標を達成しようとがんばる。だけど、私たちの目的は利益ではないので、お金に対して違った見方をする。それはよく考えれば目がさめるような見方だ。「ゼロのちから」はあなたのビジネスにとって意味を持つか？　以下の質問は、あなたの目をさますだろうか？

1　間接費を監視していますか？　現金支出だけをもとにそれを計算していますか？
2　全社員が特定の間接費率を下回ることを目標にしていますか？
3　あなたの会社の経費の使い方の規則には、ただ「切り詰める」以外の哲学がありますか？

なぜこうした決まりがあるのか社員は理解していますか?

4 経理の担当者や会計士を心の中でどう思っていますか? とくに必要がないときに財務スタッフとおしゃべりしたことがありますか? 会社についてや、その歴史、目標、そして未来について、話したことはありますか?

5 あなたの会社のいちばん大きな費用はなんですか? いちばん大きな収入源はなんですか?

6 さっきの質問は簡単すぎました。ではいちばん損を出しているのはなんですか? 収益がないのにたくさんのお金を使っているのはどんなことですか? 私はそうするなと言っているのではないのです。でもそれが何かを少なくとも知っておくべきでしょう。

7 どのくらい先まで予算を立てていますか?

8 一般管理費をより細かく開示すると、何が変わるでしょう?

9 あなたの会社の収入は多様化されていますか? それとも収入の半分近くが一つの収入源からきていますか?

10 予算を見るときに、全社の予算を見ますか? それともあなたに関係のある項目だけですか? それともまったく見ませんか? 全社員が全社の予算を見られたら何が違うでしょう? もしそれが一般に開示されたらどうでしょう?

11 他の部署と比べた予算の大きさで、会社の中の自分の価値を測っていますか?

CHAPTER 10

物々交換を活用する

非営利組織ではすべてがゼロから始まる。すべてがそうだ。何もない――人も、お金も、広告代理店の助けも、パソコンも机も、仕事場さえない――ことが大前提だ。それなのに、やっかいな問題を解決したり、グローバルな課題に取り組まなければならない。どうやってそれをやり遂げるのか?

非営利組織は、いつも無料の取引――つまり物々交換――を行っている。限られたお金を最大限に活用するために、必要にせまられてやる。だけど、物やサービスを交換する必要がなくても、おそらくそうするだろう。なぜなら、**物々交換には目に見えるメリット以上の大きな価値がある**からだ。それは、アイデアや専門知識を交換するネットワークにつながる。もっとすばらしいのは、物々交換を通して大切な人たちと関係が築かれ強化されることだ。

お金による売買は割り切った取引だ。物やサービスを受け取り、その対価を支払う。物々交換には、もっと人間味がある。小さな子供のいる人なら、人間がどれほど「柔軟な」生き物かよく知っているはずだ。私たちは、伸び、動き、飛び、気持ちを切り替え、さまざまなことができる。人間は柔軟だから、世界中のあらゆる企業で物事を始め、契約に調印し、友人をつくる。私たちは人間だ。ロボットではない。そして話し合うことができる。

物々交換は、人間の柔軟性や創造力や信頼という能力を最大限に活用する場だ。ただの売買に比べて多くの触れ合いや会話がそこにある。その中で関係が生まれ、結びつきが強くなる――人と人、会社と会社、そしてブランドとブランドの間に。私があなたのコンピュータシステムを設計するかわりに、あなたが私に製品をくれるという場合、お互いが得をするようにうまく事を運ぼうとするので、二人の間にたくさんの会話が生まれる。環境が変化すれば、物々交換の条件もそれに合わせなければならなくなる。それにはお互いをよく知り、相手が自分に何を期待しているのか、自分が相手に何を与えられるのかを理解する必要がある。

物々交換がそれほどすばらしいものなら、なぜ大企業はそれを活用しないのか？　くだんの巨大企業（あの美味しそうなクッキーがある役員会議室での話にもどるが）は、なんでもお金で片づけるか、さもなければ取引相手に「無理強い」させることばかり議論しているのはなぜだろう？　私はただでできるアイデアをいくつか提案したのに、それがまったく無視されてしまったのは、彼らがこう感じていたからではないだろうか。

- 物々交換は職業人らしくない。古代メソポタミア時代にはよかったかもしれないが、現代の企業社会にはそぐわない。
- 物々交換は定量化できない。ということは、財務スタッフが怒り狂う。
- 物々交換は前例がない。これまで一度もしたことがないのに、なぜ今さら始めなければならないのか？

確かにそうかもしれない。これまでずっと物々交換などせずにやってこれたのに、なぜ今になってする必要があるのか？

まずはじめに、**会社には埃をかぶったままの資産がある。**不況やその他の経済的な痛手、またトレンドの変化のせいで、倉庫は商品でいっぱいだし、店には売れない品物が置かれたままになっている。あまり仕事のない社員もいる。また、職場にはだれも使わないスペースがあり、カフェテリアは五時以降にはだれもいなくなる。こうした資産を利用しないままでおくのはビジネス上の犯罪だ。これらの余剰は物々交換にもってこいだし、企業は必要な物やサービスを提供してくれる相手を見つければすむ。

次に、**物々交換はライバルに差をつけることにつながる。**高度に画一化された社会では、ライバル企業も自分たちと同じテクノロジーや資源を手に入れることができるため、差をつけることは難しい。非営利組織は、賢く物々交換することが、費用をかけずに必要なものやサービスを安く手に入れる戦略だと知っている。格安か無料でより多くの助けを得ている組織に、ライバルはかなわない。IBMが、テクノロジーのコンサルティングサービスやソフトウェアをそれが必要な輸送会社に提供すれば、輸送コストを半分にできるかもしれない。バンク・オブ・アメリカが、学習塾のカプラン(1)に全国の会議室を教室として貸し出して、その分の電気代や清掃日や警備代を支払ってもらえば、施設費を三割削減できるかもしれない。

三つ目に、**大きなビジネスが関係で動く今の時代に、物々交換は、多様化されてより意味のある長期的な関係を築くひとつの手段になる。**はじめから大々的に物々交換をやる必要はない。たとえば、非営利組織は事務用品やソフトウェアを相手からもらう。そのかわりに、相手を自分たちのサイトで取り上げたり、相手のイベントを宣伝したりする。小さく始めたものが大きくなることもある。非営利組織では、現在のいくつかの大口のスポンサーが、最初はちょっとした取引相手だった

1) Kaplan：全米首位の進学および資格試験予備校。

というケースも少なくない。物々交換は、双方の組織のスタッフがお互いを知り合い、仕事の相性が合うかどうかを試してみるいい機会になる。もしつながりができて、その関係が小さな仕事でうまく行くと、規模を拡大してみようということになる。物々交換はきっかけにすぎない。企業はこれまでにない多様な関係を積極的に模索しているが、そのための戦略を持っているとはかぎらない――それまで付き合ってきた取引先や顧客以外の相手とどう関係を築いたらいいのかわからずにいる。物々交換は、多くの新しい相手と知り合い、ちょっとした取引をすることで「お試し」のチャンスになる。

ドミノピザとハズブロ(2)は、最近、人気のパーカーブラザーズ(3)のゲームをピザ箱の表紙に載せるコラボレーションを行った。スプリントとダンキンドーナツは近頃、いくつかの商品でタイアップ広告を打った。こうしたマーケティングの協力は、すばらしいきっかけだ。ドミノの割引券をゲームのおまけにしてはどうだろう？　ダンキンドーナツのすべての店舗でスプリントの無線サービスを提供しては？

いますぐに始めよう。すべての組織が、最小限のものから最大限のものを生みだす必要がある。費用を削り、強みを生かす方法をみんなが模索するべきだ。これまでにない、より強力な協力関係を築かなければならない。

物々交換にはこうしたメリットがすべてである。ここに私が見つけた最良の事例のいくつかを紹介し、営利企業が「ゼロのちから」を実践することにどんな恩恵があるかを示したい。

2) Hasbro：米国の玩具メーカー。2000年にインフォグラム社に買収されたがブランド名としては存続している。

3) Parker Brothers：ハズブロ傘下の大手机上ゲーム開発会社。モノポリーの発表元として有名。

不可能なことを頼んでみる

ドナーズチューズは助けを必要としている教師と、それをかなえる資金を提供する支援者を結ぶ組織で、全国的な認知度を得るためにウェブサイトを一般に公開することにした。だが、そのままの設計では、サイトを公開できないとわかった。既存のコンテンツ管理システムは予想される大量のトラフィックに対応できなかった。あなたならどうするか？　もっとも技術力の高いテクノロジー企業数社に提案を依頼し見積もりを取るか？　広告代理店経由で外注するか――それとも代理店につくってもらうか？　社内のスタッフに他の仕事を中断させて無理にやらせるか？

ドナーズチューズには、お金をかけてウェブサイトを設計し直す余裕はなかった。だがCEOのチャールズ・ベストはヤフーの重役を何人か知っていたので、電話をかけてエンジニアを何人か貸してくれないかと頼んでみた。かなり突飛なお願いだ。「あのさ、ちょっと頼みがあるんだけど。オタクの高給とりのコード屋さんたちを何カ月かただでウチによこしてくれない？」チャールズは、スターウォーズのジェダイみたいに、電話で他人の心を操ることができるらしい。ヤフーは六人のエンジニアに六カ月間のサバティカル(4)を与え、ドナーズチューズのサイトを再構築するために彼らを「貸し出して」くれた。

チャールズはヤフーに施しを求めたわけではない。彼は**「ドナーズチューズは相手のためになることをすることで、自分たちも成功する」**とつねづね言っている。彼はヤフーに見返りを約束した。つまり、ヤフーに忠実で満足し感謝している、非常にやる気のある社員たちに、この機会を提供し

4)　sabbatical：研究や調査、趣味や個人的な目的のために与えられる長期の有給休暇。

たのだ。グーグルが優秀なエンジニアを引き抜こうと手ぐすね引いている中で、ヤフーが技術者を引き止める新たな方法を編み出すことは、極めて重要だった。このサバティカルは、その六人のエンジニアをやる気にさせる以上の効果があった。このことが大きな話題になり、ヤフーは社員や社会を気にかける企業だというイメージづくりに役立った。

物々交換では、同じ種類のものを交換する必要はない。お互いが自分の強みを与え、必要なものを受け取る。ドナーズチューズはより短期的な目に見える恩恵を受け、ヤフーは目に見えにくいが長期的な見返りを受け取った。

ある意味で、これは伝統的な取引よりも得になる。余っているものと引きかえに足りないものを得るからだ。物々交換によって、より柔軟に、相手からほしい物を得ることができる。

フェアな交換をする

「お互いが得をする物々交換がベスト」だとチャールズ・ベストは言う——同じだけ得をするという意味ではなく、ただお互いが恩恵を受けるという意味だ。これがいちばん大切なポイントだ。私たちの役員のひとり、ダリル・ウォッシュは、これを印象的な言葉で表現した。**「僕たちが勝ったからと言って、必ずしも相手が負けるわけじゃない」**

大切なのは、みんなが満足することだ——両方が同じくらい満足しなくても、ただ満足できればいい。物々交換の片方が利用されたと感じると、その取り決めは悲惨で痛々しい「死」に至る——

ティーンエイジャー向けのホラー映画のように。それは醜いものだ。見返りもないのにだらだらと何かを与え続けるべきではない。それは施しだ。ビジネスではない。

「価値のある何か」がカギになる。**物々交換では双方がほぼ同じ価値のありそうな何かを交換しなければならない。**その価値が比較的簡単に測れることもある。たとえば、あなたが私に一〇万ドル分のコンサルティングサービスをしてくれれば、そのかわりに私があなたに一〇万ドル分の事務用品をあげましょう、というように。しかし、多くの場合、交換されるものやサービスの価値はなかなか測れない。そういう場合は、双方がフェアだと思う取引にしなければならない。自分たちがあげたものとだいたい同じくらいのものをもらったと思えることが必要だ。

企業は物々交換を狭い範囲でとらえがちだ。それは、一〇〇〇個の製品Aと一〇〇〇個の製品Bを交換するイメージだ。非営利では交換できるものの定義を拡げてきた。簡単に言うと、フェアであればなんでもいいのだ。

自社製品とサービスをもっと利用する

製品は、さまざまに創造的な方法で物々交換に利用できる。たとえばあなたが大手の家具メーカーだとしよう。家具を何点か配送業者にあげれば、配送費をまけてもらうことができるのではないか？　あなたの会社の家具をその企業の本社や全支店に提供しよう（支店のウィンドウにロゴを張らせてもらえるかもしれない。『この椅子が気に入りましたか？　チェアコ[5]で手に入ります』）。

5） ChairCo：人間工学に即したオフィスチェアなどを販売するオーストラリアの家具メーカー。

自動車メーカーなら、航空会社に社用車を提供して、そのかわりに重役の航空運賃をただにしてもらってはどうだろう？　製造メーカーは、あり余った自社製品をさまざまに工夫して利用できる。スケールメリットのおかげで割安に生産できる製品を交換すれば、経費の節約になるだけでなく、現金を使うよりもより多くを得られる。

とりわけ在庫が余っているときはそうだ。多くの企業在庫は、季節性がありトレンドに左右される。余剰在庫を処分するのに、アフターマーケット、たとえばサンプル販売やアウトレット販売という手法がある。それには、輸送費や人件費がかかる。また、昨シーズンの高級ネクタイがインターネットで半額で手に入るとしたら、今シーズンのものを正価で買おうという気がなくなってしまう。だったら何かに交換してみてはどうだろう？　ネクタイ会社の大きな費用のひとつは、おそらく紙代だろう――包装紙、レシート、カタログなどの用紙代だ。紙の会社に電話して、二〇〇〇本のネクタイをあげるかわりに一カ月間分の紙をただでもらってはどうだろう？　相手は社員のために高級なクリスマスプレゼントを確保できるし、自分たちは費用を節約できる。ドレス・フォー・サクセスは、「昨シーズンもの」を利用することにかけては超一流だ。ディナバックマン[6]からナインウェスト[7]までさまざまな企業が昨シーズンの商品を献品してくれる。私たちはそれを取りに行くだけでいいし、企業にとっては節税になる。

二〇〇八年の一一月に『ニューヨークタイムズ』誌は、資金に余裕のない企業が物々交換をとおして余剰在庫を処分するようになったことに触れている。「（物々交換を通して）企業は余剰在庫を活用して新しい顧客を見つけることができる……物々交換の相手が商品を気に入ればお金を払って

6)　Dana Buchman：女性向け高級アパレルブランド。

7)　Nine West：ニューヨーク発のトレンドを意識した女性靴のブランド。

買ってくれる顧客を紹介してくれ……参加者は貴重な現金を節約できる」

あなたの会社の余剰物はなんだろう？　まず、あなたの会社で製造しているものを考えてみよう――たとえばネクタイとか。それから、そのネクタイを販売している会社のリストがあるだろう。立ち上げたばかりのネクタイピンの会社がリストを買いたがるかもしれない――顧客やサプライヤーなどのリストを。非営利組織は寄付者のリストを売買している。美術館の後援者はたいてい芸術が好きなので、地元のオーケストラや芸術家を支援する組織がこうしたリストを買い入れる（自分の名前が何十万社にも売られていることが気がかりならば、プライバシー保護のために寄付者の名前を非公開にしている非営利組織もあることをお知らせしておこう）。

コンサルティングサービスを提供する

非営利組織は、知識は力だとだれよりも知っている。知識以外には何もない、という場合も多い。非営利は、それぞれが特定の社会貢献分野の深い専門知識を持っている――たとえば、肥満や、特定地域の有権者の投票率といったことに。他の非営利組織や企業はこうした専門知識を手に入れたがるので、私たちはそれを利用してコンサルティングをするのと引き換えに、物やサービス、または現金を手に入れることができる。

ティーチ・フォー・アメリカは全米二七都市で活動を行っている。これまでに、優秀な教師を採用し訓練することに関して多くの知識を蓄積してきた。他の学区がこの知識をほしがったため、ティーチ・フォー・アメリカはコンサルティングを提供する部門をつくり、料金を取ることにした。それは彼らの競争優位をお金にする賢い手段だ。

営利企業も同じことができる。企業はさまざまな分野——ソフトウェア、戦略、人事——で高い水準の専門知識を保有している。**その専門知識を使って、他業種の企業を助けてはどうだろう？** 見返りに、自分たちがあまり得意でない業種の専門知識や製品をもらってもいいし、コンサルティング料金を受け取ってもいい。

人材を物々交換のリソースと考える

「**もし人生にレモンしかなければ、レモネードをつくりなさい**」、ということわざを知っているだろうか？　非営利組織は、レモンバーやレモンチキン、レモンメレンゲパイをつくり、そのゴミをたい肥にして庭にまきキュウリを育てる。私たちはすべての社員を丸々と熟したみずみずしいレモンだと考えている。

あなたの会社のテクノロジーの専門家を他社の生産管理の専門家と交換しよう。専門性は違っても同じような状況にある社員同士を交換することは可能だ（仕事が少ない社員や、ある時期だけ手が空く社員などだ）。また、社員同士でなく、ドナーズチューズのチャールズ・ベストがやったように、物やサービスやコンサルティングと社員を交換することもできる。お隣さんが、パートタイムの経理担当者を探していたら？　そしてあなたにはもっと広いオフィスが必要だとしたら？

お隣さんと駐車場で会釈を交わすくらいでほとんど話したことがないなら話しかけてみよう。大切なのは、**人材には大きな価値があり、しかも何にでも交換できるリソースだ**と気づくことだ。

人材の交換を研修の機会として活用することもできる――他社のブランディングの達人から学ぶために、マーケティングの責任者にその会社で数カ月仕事をさせてもいい。しかし、たいていの場合、人材の交換は特定のプロジェクトの達成を助けたり、足りないスキルを補ってもらったりするためのものだ。非営利組織は足りない人材も多いので、他の非営利組織と人材を交換するのは理にかなったことだ。私たちは、穴を埋めるためにだれかを採用するまで、長期にわたってそうした人材に教えを請うたり、ボランティアを頼んだりする。

創造性豊かな非営利組織は、営利企業の若い社員の教育に役立つ基礎的な訓練を提供できる。ニューヨークを拠点とするローヤーズ・アライアンス[8]は非営利組織にプロボノ[9]の（無料の）弁護士を紹介している。この組織を通して大手（と中小の）弁護士事務所が非営利組織にサービスを無償で提供している。それが若手の弁護士の実績として記録される。広告会社もプロボノの仕事を引き受け、訓練のため若手に非営利のキャンペーンを担当させる。私たちはこうした才能のある若者を受け入れる。そして彼らに賞がとれるような大きな仕事を担当するチャンスを与え、広告に大金をかけるクライアントにはとれないリスクをとって、彼ら若手に指導と経験を与える。そのかわり、彼らは、私たちがお金で買えない特別なサービスを提供してくれる。

今、企業の経費が削減される中で、人材が不足している。必要な人材を――必要なときに――すべて雇い入れる予算がいまだにあるだろうか？　ＩＴシステムを改良し、新しいシステムへ無理な

8）　Lawyers Alliance：非営利組織や助けが必要なコミュニティに弁護士を紹介するNPO。

9）　pro bono：ビジネスパーソンが自分の経験・スキル等を活かしてボランティアを行うこと。

く移行するために、システムの専門家を雇う必要があるとしよう。まず最初に考えるべきなのは、だれかを雇うことか？　それとも他社に外注することか？　非営利組織なら、まずは近所にある他の会社か、まったく関係ない業種にいる大学時代の友人に電話してみようと考える。そして自分たちの人材と彼らの人材を交換できるか訊いてみる。または、名前を売りたいスタートアップ企業に引き受けてもらえるか頼んでみる。これから非営利組織のように考えてみよう。こうした人材を利用することを考えるのだ。

評判を交換する

刺青をしてトラック（後ろから変なにおいのする煙が出る）に乗っている「悪い子」たちと一緒にいるのを見られちゃだめだと母親に注意されたことをおぼえているだろうか？　彼女は、あなたが刺青をしてクスリをやることだけを心配したのではない。あなたがそういう子供たちの仲間だと見られることも恐れたのだ。あなたの母親は正しい。あなたの評判は一緒にいる人に左右されるからだ。

第五章では、社会貢献の後光を借りて、顧客に大義を売り込むことについて話した。**社会貢献マーケティングとは、実際には、非営利に備わったある種の評判の交換だ。**私たちはお金やものをもらい、お返しに相手に社会的なおすみつきを与える。たとえばヨープレイがスーザン・G・コーメンに何百万ドルも寄付したおかげで、ピンクリボン[10]はヨーグルトの容器以外の場所にも浸透し、

10）Pink ribbon：乳がん予防の啓発キャンペーンのシンボル。乳がんで死亡したスーザン・G・コーメンの妹が設立した基金が 1991 年に配布したのが始まり。

ヨープレイは乳がん研究をサポートしていることで、スーパーで買い物をする女性が他のブランドよりヨープレイを選ぶ理由になった。これが社会貢献マーケティングだ。それはブランドの善意を取引することだ。

評判の交換は社会貢献マーケティングだけにとどまらない。非営利組織にはその他の評判にかかわる資産がある。それは由緒正しさや科学知識の専門性や地元密着といった組織のイメージだ。それぞれが交換価値のあるブランド名と評判を持っている。もちろん、名前を交換する相手を慎重に選ばなければならない——たとえ相手方には提携のメリットがあったとしても、自分たちは関わりがあると思われたくない組織もある。また、自分たちの名前を相手がどう使うかについても慎重になる必要がある。単にいちばん高い対価を支払ってくれるというだけで名前を売ってはいけない。しかし、これらのことを心にとめておけば、社会貢献マーケティングと同じように、必要なものを得る手段として、自分たちの評判を「貸す」ことができる。

ニューヨーク・ロード・ランナーズのＣＥＯ、メアリー・ウィッテンバーグは、ＵＰＳ[11]から支援を受けるかわりに彼らの評判を上げる手助けをしている。ニューヨーク・ロード・ランナーズは、毎年一一月のマラソンデーにスタート地点のスタテン島からゴール地点のセントラルパークまで四万人のランナーの荷物を運ぶ。これにはトラックと運転手とシステムが必要になる。だがこの費用は、非営利の予算をはるかに超えるものだ。ＵＰＳはこのサービスを引き受けるかわりに、このマラソン大会に関連づけて自分たちの名前を売り込む。何万人もの人々がマラソンルートのゴール地点にＵＰＳのトラックが連なっているのを見てＵＰＳに良い印象を持つ。ＵＰＳはランニングに

11）United Parcel Service（UPS）：米国最大手の国際貨物輸送サービス会社。

関心があるか？　たぶん。しかしそれよりも、人々はマラソンとの関わりから、卓越したサービスを連想する。ニューヨーク市でマラソンを企画することを想像できるだろうか？　公道を二六マイル以上も封鎖するなんて？　ニューヨーク・ロード・ランナーズはその実行力に定評がある。また、これは伝統あるマラソン大会だ。ＵＰＳはこうした卓越した活動と関わりを持ちたいのだ。

これは、この章の冒頭で紹介したドミノとハズブロの事例に似ている。この二つの企業にはなんの関連もない――ピザと机上ゲーム？　でも、どちらも家族の時間や娯楽に関わりがある。この二つのブランドを結べば、お互いの地位が強化される。

物々交換の内容をきちんと決める

物々交換は単純だと思われがちだが、やるなら戦略的に始めるべきだ。履き古した靴と中古の上着を取り換えるわけではない。自分が提供したり受け取るべき物やサービスを分析せずに取引を始めても、おそらくそれに満足できないだろう。また、取引に関してなんらかの取り決めをせず、定期的にそれを見直さなければ、物々交換はうまく行かないだろう。

非営利組織はこれまで長いこと物々交換を行ってきた。次の六つのルールが成功の決め手になる。

①自分たちのコアコンピタンスを見つける

自分たちの強みや、自分たちがあり余るほど持っているものは何かを自問しよう。さまざまな角度から答えを考えてみよう。もしかしたら、すばらしい顧客サービスのシステムがあるかもしれない。財務部は売掛金の回収にかけては右に出るものがないかもしれない。自社用ジェット機を多数保有しているかもしれない。**あなたがとくに自慢できる、またはたくさん手元にある物やサービスや知識はなんだろう? 交換しなければならないのは、それらだ。**

コアコンピタンスを自問するとき、制約をつけてはいけない。どんな資産も物々交換に活用できる——人材も物も。オフィスに空いたスペースがあれば、それを急拡大中のコンサルティング会社に貸し出して、見返りに彼らの専門的なアドバイスを受けることもできる。交換に使える何らかのテクノロジーがあるかもしれない。もしそれが非常に価値のあるもので、部分的に共有できるものなら、とてもいい取引ができるはずだ。

アダム・スターリングは自分たちのコンサルティング能力の高さに気づいた。スーダンからの投資引き揚げに数年間力を注いでいたので、彼らは紛争地域のお金をめぐる駆け引きに精通するようになっていた。スーダン・ダイベストメント・タスクフォースの中に金融コンサルティングの部門をつくることで、スターリングはこの金融の専門知識に興味のある企業やジャーナリスト、その他の人々に役立つ助言を提供している。そしてこの能力を価値のある品物や収入に変えている。

②自分たちの弱点を見つける

自分たちに欠けているものや弱点はなんだろう。自分たちの強みと引きかえに何がほしいかを見極めることが必要だ。これには厳しい自己評価が必要だし、他社が自社より優れた製品やサービスや知識を持っていることを認めなければならない。ときには、欠けているものを手に入れる経済的な余裕がない場合もあるだろう。またどこでそれらを手に入れていいかわからないということもある。会社によっては弱みを強みと勘違いしていたり、特定の能力や製品が必要ないと思いこんでいることもある。

③ニーズに合う相手を探す

物々交換には地道な努力が必要だ。普通の売買で何かを手に入れるのと違い、売り手が何社もいるわけではなく、特定の要素（価格、費用、スピードなど）で売り手を評価することもできない。そのかわり、あなたが探しているのはニーズに合う取引相手だ。あなたの持ち物が相手にとって必要で、相手の持ち物があなたにとって必要でなければならない。

私たちは知人をあたることが多い。物理的に近場にいる相手を探してみよう。隣のビルはどうだろう？　その複合施設の中に知っている企業があるだろうか？　仕事以外の知り合いはどうだろう？——大学時代の友人、子供の友達の親——があなたの必要なものを持っているかもしれない。別のところですでに信頼関係のあるだれかは？　リンクトインに質問を載せて仕組み債の知識がある人を探したり、事務所の壁を塗ってあげるかわりに、机を貸してもらってペンキ屋を始めてもいい。

④物々交換の条件を明文化する

契約をきちんと明文化することに関して、非営利組織はいいかげんだと思われているようだが、それは間違いだ。私がプロボノの弁護士について話していたことをおぼえているだろうか？　弁護士が無料なら、たくさん仕事をさせてもあまり気にならない。彼らを何時間使ってもいいので、私たちは何でもかんでも書面にする。

食べ残しをケチャップでごまかして食事と呼ぶような取引を始めてはいけない。はじめから条件をはっきりさせてそれに合意しなければ、この先意見が合わなくなるのは火を見るより明らかだ——とりわけ、これまでにないやり方で異なる種類のものを交換しているのだから。何を与えて何を受け取るか、それをどんなやり方でやるのかを最初からお互いが理解していなければ、自分から問題を呼び込んでいるようなものだ。条件を明文化することで双方がより満足できるはずだ。

⑤進展を見守る

物々交換の取り決めは流動的で、条件やビジネス環境が変化すれば形を変える。進展をきちんとチェックしよう。はじめはすばらしいと思ってもそれが続くとは限らない。取り決めが思いどおりに進んでいるかどうかを手軽に評価するなんらかの手法を定めよう。あなたが品物をもらっているなら、その品質はいつも高いだろうか？　サービスを提供しているなら、それは相手のニーズを満たしているだろうか？　担当者を決めて物々交換の過程を監視しよう。そうしなければ、この仕事は見えないところにすべり落ちて忘れ去られてしまう。

⑥調整する

物々交換を監視していて、何かを変える必要に気づいたとしよう。あなたは裏切られたと感じるだろうか？　相手方も同じように思うか？　双方がより対当になるよう取引の条件を変えることはできるだろうか？

場合によっては取引をやめる潮時だという結論になるかもしれない――続けていても不満が募るだけだと。また、理想的な関係なら、物々交換をさらに利用しようと思うかもしれない。今あげているものをもっと提供して、より多くの見返りを受け取りたい、と。あるいは、今の相手は相性がよく成果も上がっているので、それを違う形で、より大きな取引に発展させたいと思うかもしれない。

あなたへの11の質問――物々交換を活用する

「何もない」ところから始めるというのが、この本のいちばん突拍子もないところだ。「ゼロのちから」はあなたの背中を押してくれるって？　この章を二度読まないといけない理由はたぶんそこにある。

どんな会社もゼロから始まったのに、どこかの時点でお金も人も物もふんだんにあることに慣れてしまう。初期のころ、つまりアイデア以外には「何もない」創業期に持っていた創造性をもう一度働かせよう。非営利組織は組織を活性化するためにかけるお金はないことを自覚しているので、あらゆる問題や新しい機会、そして日々の業務にゼロの視点で取り組む。ゼロのかわりに、自分が持てるあらゆるものをもっと活用してみるといい。この質問を自分に問いかけることから始めよう。

1 余剰在庫がありますか？　値引きしたり、倉庫に寝かせておくかわりに、何かのためにそれを必要としている人と何かを交換できますか？
2 使っていない余剰スペースがありますか？
3 ヒマな社員はいますか？　彼らは利用できそうなどんなスキルを持っていますか？
4 付き合える会社は近所にありますか？　──たとえ相手がパン屋さんであなたが会計事務所であっても。会社の悩みを気軽に話し合ってみれば、そこから何かが生まれるかもしれません。
5 お隣さんより外の世界に目を向けたことはありますか？　リンクトインのようなソーシャルネットワークで問いかけてみたことはありますか？（取引相手を募集してみないことには、だれも応えてくれないでしょう）
6 アイテックス(12)やユーエクスチェンジ(13)といった物々交換サイトに登録していますか？
7 今ある物々交換の取り決めを見直したことがありますか？　もっと多くのものを交換できますか？　みんなが満足していますか？
8 あなたの顧客が必要としているもの──品物、共感、悩みなど──で、他のだれかが提供しているものはありますか？　そのだれかと関係を築くことはできますか？

12）ITEX：1982 年に北米で企業間（B2B）の非現金取引の仲介業者として設立。2 万 4000 の会員企業を擁する。

13）U-Exchange：7 万人以上の会員を擁する物々交換サイト。本部はカナダのオンタリオ州ケンブリッジ。

9　自社製品やサービスを提供することによって帳消しにできる負債はありますか？　あなたの会計士は、あなたの会社のリゾートホテルへの宿泊やあなたのレストランでのパーティーといった形の対価を受け取りますか？

10　物々交換はやむにやまれぬことだと思いますか？　その偏見を捨てましょう。物々交換は賢いビジネスの手法です。

11　あるものはなんでも使いましょう。この本を人にあげたら何が手に入りますか？

CHAPTER 11

イノベーションを生み出す

昔一度だけ、大富豪のドナルド・トランプに会ったときに彼からこう訊かれた。「へえ、非営利にいるんだ。退屈じゃないかい？」

トランプさん、ぜんぜん退屈じゃないですよ！　解決しなくちゃいけない問題が世界中に山ほどあるし、それも今すぐ差し迫ったことばかりだし、私たちはお金も持ち合わせていないので。この組み合わせが大っきらいな人もいる――いらいらしたり、何もできなかったり、ドナルド・トランプの言葉を借りると、退屈だったりするらしい。だけど私みたいな人間にとって、これは退屈と正反対だ。実際、これこそが創造性や新鮮なアイデアを生みだす組み合わせなのだ（それから、私は彼に仕事はなんですかと尋ね、それっておもしろいですかと訊いてみた。ほんとうだ）。

イノベーションといわれて、いちばん最初に頭に浮かぶのは非営利組織ではないだろう。非営利組織はイノベーティブである必要はなく、また野心もなく、勤勉さと献身だけに頼っていればなんとかやっていけると誤解している人も少なくない。

実際は、**非営利組織にイノベーションはつきものだ**。それがきちんとしたプロセスを経ずに生まれることもある。特別な合宿をするわけでもなく、マディソン街のコンサルティング会社に頼むわけでもない。特別な時間や場所を確保することもない。しかし、イノベーションは日常業務の中心にある。非営利組織はイノベーティブでなければ生き残れない。創造性を目いっぱい働かせて、費用を減らし、新しい資金源を見つけ、安月給で働きすぎのスタッフをやる気にさせ、斬新なイベントを毎年行う必要がある。資源も人手もない私たちにとって、イノベーションは生きるすべだ。

イノベーションの成功事例は大企業だけではない。非営利セクターにはイノベーションを実現し

ている小さな組織がたくさんある。一二才の白血病患者、パット・ペドラジャは骨髄移植が必要だったが、適合するドナー（提供者）はなかなか見つからなかった。パットはキューバ人のハーフで、ドナー登録者の中にヒスパニックはあまり多くなかったからだ。運よく適合者がみつかり、回復しはじめると、彼は母親に訊いた。「もっと多くのヒスパニックにドナー登録してほしいんだ。国中を回ってドナーになってもらうように頼みたいんだけど」彼にはなんのビジネスプランもなかった。旅行を計画してくれる組織もなかった。お金もなかった。事実、旅費を捻出するために、人名や企業ロゴを頭に書くことを提案した――坊主頭が広告の看板になるというわけだ。それから二年のうちに、彼と母親は五〇都市を訪れ、ドナーになる可能性のある一万二〇〇〇人以上の人々と言葉を交わした[1]。そして、なんと彼らが勧誘したドナーの中に適合例がいくつか見つかった。パットと母親は何人かの命を救ったのだ。

イノベーションはたいてい必要性から生まれ、緊急性によって発展する。差し迫った危機に対処するために非営利組織は冒険野郎マクガイバー[2]のような役割を演じることになる。マクガイバーが阻止しなければ、爆弾が今にも爆発して街が吹っ飛んでしまう。ダクトテープや安全ピンやチューインガムを使って、爆発まであと一秒というところでプルトニウム爆弾を解除するのだ。ただし、私たちが取り組んでいるのは、絵空事ではない。がんは何百万人もの人間を殺している。アイオワの全人口よりももっと多くの人々を。毎年、六〇万人の人々ががんで死亡する――これは毎分ひとりの割合だ。総人口の約四割は一生のあいだになんらかの形のがんにかかるという。こうした数字はイノベーションを起こす差し迫った動機になる。

1）ドライビング・フォー・ドナーズという名称のイベントとして2007年から2008年にかけて行われた。

2）MacGyver：1985～1992年に米国で放送されたテレビドラマ。主人公マクガイバーが数々の事件を解決していく物語。

残念ながら、この必要性（必要は発明の母だ）が多くの企業には見られない。社員には危機感があるだろうか？　居心地のいい仕切りのなかで仕事をし、今すぐに大きなことを成し遂げる必要性はないと感じているかもしれない。**仕事熱心で能力があっても、社員は、自分を取るに足らない存在だと感じている。自分たちの仕事が会社の生き残りを左右するほど重要だとは思っていない。**何千、何万人という社員の一人にしかすぎず、チームの一員と感じたり、仲間とともにひとつの目標に向かっているとも思っていない。新しいものを生みだそうというやる気もない。お気に入りのプロジェクトに膨大な労力と創造性を発揮する気にもならない。なぜならお気に入りのプロジェクトがないからだ。それって淋しくないか？

ほとんどの大企業が抱える問題のひとつは――大きな非営利組織もそうだが――官僚主義だ。新しいアイデアが承認されるプロセスは、腰が引けそうになるほど威圧的なこともある。企業はイノベーションを口先ではもてはやし、そのために合宿やワークショップを開く一方で、その邪魔をしている。有望なアイデアを上司に承認してもらうために迷路を奔走するさまは、まるで日本のテレビゲームのようだ。だれもがこのややこしい社内政治の現実に気づいている。自分の考えを実行に移せるのはいちばんコネのある人間で、もっとも創造性豊かな人や、いちばん説得力と将来性のある考えの持ち主ではないのだ。

企業は「リスク」といえばまるでダーティーな言葉だと思いこみ、必ずそこに「避ける」や「ヘッジする」という言葉をつけたがる。意外性のない社員や伝統を守る社員、また現状に満足している社員が重宝される。古いやり方に疑問を持ち、新しい発想を生みだし、これまでにないやり方を議論し、実行に移そうと試みることには、もちろんある程度のリスクが伴う。その各段階にリスクがある。全部の扉の後ろに狙撃手が隠れているテレビゲームのようなものだ。ビジネスの世界では、みずからがリスクを背負ってイノベーションというゲームに参加する。リスクを負わなければ、大きな見返りも期待できない。

企業はクリエイティブな人材にこと欠かない――大企業には賢くて創造性の豊かな社員がありあまるほどたくさんいる。企業経営者がイノベーションを嫌っているわけでもない――まったく反対に、その必要性を事あるごとに説いている。それでも、ブレイクスルーになるような手法を考えたり、それらを現実の製品やサービスにすることが、企業文化や慣習のせいで実現しないのが現状だ。

モジラはもともとネットスケープAOL(3)の内部にある組織だった。ネットスケープ・コーポレート・コミュニケーションの一員だったミッチェル・ベイカーが、モジラ創立の立役者だ。彼女とその仲間は、マイクロソフトのインターネットエクスプローラーに替わる、「つまったりしない」ブラウザを開発したかった。そのために、世界中のユーザーや開発者の手を借りることにした。彼らに参加してもらうために、モジラは、オープンソースのソフトウェア開発に情熱を燃やす人たちを取り込む仕組みをつくった。オンラインのコミュニティによってブラウザが開発され、ファイアフォックスの最初のヴァージョンが出荷された。その後もみんなが自然に参加してバグを取り除いたり、機能を改良したりして、このブラウザはもっと良いものになっていった。そしてついにファイアフォックス一・〇という画期的なブラウザが生まれ、業界に旋風を巻き起こした。今ではインターネット利用者の二割がファイアフォックスを利用している。

3) 初の商用ブラウザ「ネットスケープ・ナビゲーター」を開発したネットスケープ社が1998年にポータルとECビジネスを行うAOLに買収され、ネットスケープAOLとなった。

モジラにとってのほんとうの転換点はＡＯＬの傘下を離れたときだった。ＡＯＬの重役だったテッド・レオンシス[4]には、先見の明があり――おそらくミッチ・ケイパー[5]のような熱烈なファンがそそのかしたのだろう――モジラを切り離して独立させた。ファイアフォックスの成功は、その開発に個人的な意義を見出し、膨大な時間と労力を無給で注いでくれる献身的な人々のおかげだとミッチェル・ベイカーは言う。彼らが市場の隙間を埋めた。そしてインターネット体験をよりよいものに変えることのできる何かに力を注ぎ、リスクをとって新しい手法を試し、限界に挑んだ。こうした「発明者」全員の相互協力が、それまでにつくられたどんなブラウザよりも革新的な製品の開発につながった。

ＡＯＬの環境は、少人数で創造性のあるチームが生まれやすいものだった。ＡＯＬ自体は大企業だが、**イノベーションを生み出すチームは少数精鋭で目立たないことが必要だ。**グーグルは、小さなチームに大きな権限を与え、それが膨大なリスクを負いながら、偉大なイノベーションを実現したことで有名だ。アップルも同じである。

考えてもみてほしい。権力階層と書類と法律用語だらけの巨大企業からウィキペディアが生まれただろうか？　ウィキペディアは、無料のオンライン百科辞典というアイデアに魅せられた少数の人たちが生んだものだ。この人たちは、金儲けに固執せず、知識の管理と伝達手法を根本から変えることにこだわった。

ウィキペディアの種は、もう何十年も前にまかれていた。ジミー・ウェールズは子供のころ百科辞典に取りつかれていた。母親と祖母は、フロリダで「ハウス・オブ・ラーニング」という小さな

4) Ted Leonsis：AOL 重役を 13 年務めた。スポーツチームのオーナー、著述家、慈善活動家。

5) Mitch Kapoor：ロータスデベロップメント創業者、表計算ソフト Lotus 1-2-3 の開発者。2003 年にモジラ・ファウンデーションの初代理事長を務めた。

私立学校を運営していた。彼はそこで読書の楽しさを知り、好奇心が強いこともあって、長い時間あきずに百科辞典を読んで過ごした。百科辞典が初恋の相手だったと言ってもいい。彼がはじめに起業したのは、ボミスという「男性専用の」検索サイトだったが、それをすぐに売却して本来の目標にお金をつぎ込んだ。それがオンラインの百科辞典をつくることだった。二〇〇〇年にジミーはヌーペディアという営利企業を立ち上げた。すべての内容がユーザーの書き込みによるもので、とても厳格な正確さの基準を満たした書き込みだけを掲載していた。しかし、この基準が厳しいせいで、書き込みがなかなか増えなかった。

この時点で——失敗の瀬戸際で——ウェブページの創作と編集にぴったりのツールがあることにジミーたちは気がついた。ユーザーが自分で百科辞典のページをつくり、インターネットで編集できるテクノロジーを開発したのだ。それが後に「ウィキ」として知られるようになったやり方だ。手間をかけずに書き込みができるシステムをつくり、ユーザーがさまざまな記事に集中し、無限に書き足しができるようにするのがねらいだった。すべてにボランティアを利用すれば、大量の情報を蓄積することができるはずだ。ジミーは、はじめはこのプロジェクトにほとんど期待せず、ヌーペディアの何分の一かの記事でも集まれば上出来だと思っていた。だが数日のうちにウィキペディアへの書き込みはヌーペディアを超えた。現在ウィキペディアには英語だけでも一七〇万本もの記事があり、二六四の言語に翻訳されている。サーチエンジンウォッチ・ドットコムによると、ウィキペディアのトラフィックはこの五年間で八〇〇〇%も増加したそうだ。ジミーはいま、みんなにこう説いている。「地球上のあらゆる人が人類のすべての知識を無料で手にいれることができれば、どんな世界になるか考えてみてほしい。それが僕たちのやっていることなんだ」

ジミーは、高い志を持ち、官僚主義や政治的文化的な制約から自由になって、自分の資産をより現実的でイノベーティブなものへと転じることができた。彼は大きな予算もなく、ソフトウェア業界の大物たちの助けもなく、オンラインですぐに口コミが広がるほど目立った宣伝もせずにサイトを立ち上げた。クリエイティブな地域性に恵まれたわけでもない。ウィキペディアが生まれたのは、テクノロジーの集積地ではなく、シリコンバレーでもケンブリッジでもマサチューセッツでもロンドンでもベルリンでもない。フロリダ州タンパだった。

環境さえ整えば、イノベーションはどこでも生まれる可能性がある。巨大企業は、ウィキペディアやモジラのような、ゲームのルールを変える怪物をつくることはできないだろう——パッド・ペドラジャがやったような規模のプロジェクトでさえ無理だろう。

大企業は規模の大きさが足かせになり、部署の垣根、規則、伝統、そして官僚的な組織にありがちなその他の要素によって手足を縛られる。巨大企業が大きな目標を達成するためにイノベーティブな製品やサービスを開発しようと努力しても、その努力はたいてい実らない。大企業は安全を優先するからだ。多様な意見を取り入れることもできない。社内政治のために多くの妥協を強いられる。もちろん、大企業でもイノベーションは生まれる——アップルからスリーエムからファイザーまで——だがそれは、特権的な裁量を与えられた少人数のチーム、つまり非営利によく似た環境で起きる。

ここに非営利のイノベーティブな環境の事例をいくつか紹介しよう。

小さくて、混雑していて、仕切りのない環境をつくる

創造性は、みんながいつもひじをつつき合う環境で生まれる。ほとんどの非営利組織では、比較的小さなオフィスに全員が膝を寄せ合って働いている。部署ごとに壁で仕切られていたり、いくつかの建物に分かれていることはほとんどなく、組織のトップは仕事の経験が一年もないような若い社員に囲まれて働く。ドレス・フォー・サクセスでは一時は一〇坪弱の部屋に六人もいた。お互いの電話はつつ抜けで、みんながものすごく親しくなった。数カ月もすると、最後まで言わなくても相手が何を言いたいかわかるようになった。お互いの強みも弱みもわかったし、何が気に障るかや、どんなくせがあるかもわかった。同じ場所で働いた人間には強い絆ができる。それぞれが居場所を持つべきだけれど、仕事仲間が壁で隔てられない小さな部屋の中でそうすべきだ。気が合わない同僚でさえ、お互いの要求や関心に気を遣い、尊重するようになった。

この職場の親密さが、社員同士の間にありがちな境界線を取り除く。**私の組織では、相手を怒らせるんじゃないかと心配したり、バカにされるかもしれないと恐れたりせずになんでも発言できる。**アイデアを出すのも、それを拒否するのもまったく自由だ。すばらしいアイデアがあればどんどん突き詰めるが、政治的な正しさや出世争いなどは考えない。それらが入りこむ余地はない。その結果、たくさんの偉大なアイデアが生まれ、それが組織を前進させる。

たとえば、ドレス・フォー・サクセスにはたくさんのスーツが寄付され、スーツ寄付活動（スーツ

ドライブ）を催したいというさまざまな団体からの要請も多く、私たちはいつもてんてこまいだった。これらの寄付を整理するのに、みんなが一年中かかりきりになっていた。この難儀な仕事をなんとかきちんと管理することが私たちには必要だった。ある日とうとう私は大声を出した。「ぜんぶの寄付を一週間に詰め込まないとダメ」すると三メートルほど離れたところにいた広報部長のホリー・ローゼンタールがこう返した。「そうよ、それを大々的な『全国クローゼットお片づけ運動』ってことにして、いろんな女性誌に特集してもらうのよ。すごくわかりやすくて、いい記事になるわ」みんなが賛同した。

そして三月のある一週をそれに充てることにした――三月は「女性史の月」だし、春が始まる月でもある――だから春先のお掃除ということで『クローゼット一掃週間』（クリーン・ユア・クローゼット・ウィーク）と銘打ち、この名前を商標登録した。その上三社にスポンサーになってもらった。このキャンペーンにはまったくお金がかからなかった。もし壁のある職場で仕事をしていたら、こんなことは実現できなかっただろう。

仕切りのない職場が創造性を刺激するという考え方は秘密でもなんでもない。これを長年行っている業界もあるし（たとえば昔の報道フロアのイメージだ）、ニューヨーク市長のマイケル・ブルームバーグが自分の会社と市庁舎にこれを導入して効率を上げたおかげで、地方自治体では今これが流行っている。

仕切りのない職場のおもしろさは、それがシャーレのような効果をもたらすことだ。その空間が反応を呼び起こす。社員が大部屋の隅に自分の居場所をつくろうとしても、一日の大半はみんなと一緒に過ごすことになる。**小さな仕切りのない職場はある程度の軋轢をも生み、その軋轢がクリエイティブな情熱を生みだす。**あらゆる組織が職場の空間をよりオープンで密度の高いものにすることができるはずだ。

それなのに、多くの企業は大部屋を練習場、つまり大きな試合の前の待合室くらいにしか見ていない。個室が与えられるまでの腰掛だと。

創造性を伝播する

この本のために取材させてもらった非営利組織では、スタッフがまるでミックスサラダのようにみんな一緒に働いていた。スタッフを混ぜ合わせてアイデアを交流させるために職場の仕切りをなくすなら、スタッフも多様化し、さまざまな経歴や考え方や能力を持った人たちを集めるべきだ。

インターネットのマイクロレンディング組織、キバのスタッフは、経験という点でも、ものの見方という点でも多様な人たちの集まりで——ただし共通の目的で結ばれている——つねにお互いから新しいことを学んでいる。経営陣を見ただけでもそれがわかる。この組織の共同創設者でCEOのマット・フラネリーは、スマートテレビのティーボ[6]のコンピュータ・プログラマーだった。キバの社長、プレマル・シャーは、ペイパル[7]で貧困層を助けるための社会貢献を担当していた。その他の経営陣の経歴も、非営利、金融、会計とさまざまだ。自転車屋で働いていた者さえいた。

といっても、すごい経歴の多様な人材をただ取りそろえればいいというわけではない——それで

6) TiVo：ハードディスクにテレビ番組を録画する装置およびその開発会社。毎月定額料金を課金するモデル。

7) PayPal：インターネットを利用した決済サービス。取引先にクレジットカード番号や口座番号を知らせずにPayPal口座間やクレジットカードでの決済ができる。

何をするかが問題だ。さまざまな経歴を持つキバのチームは、多様な経験や能力を活用して、多角的な方法で難題に取り組んでいる。為替のリスクヘッジはそうした難題のひとつだった。キバと現地の提携組織はドルで取引するが、モンゴルの農民は違う。だが為替レートは変動する。それが市場というものだが、それでは先が読めない。モンゴル通貨が安くなれば、農民は困る——借金が増えるからだ。キバは、二〇%までの変動なら、地元の提携企業が為替差損を負い、現地通貨がそれより値下がりした部分については、寄付者が損失を負う、とした。こうした複雑な問題は、なかなか一人では解決できない。金融の専門家にはコンピュータの開発者にはない知識があり、コンピュータの開発者は非営利組織の運営者とはまったく違うものの見方をする。ペイパルやティーボや自転車屋時代に蓄積された知識が、この前例のない状況に対処する知恵を生んだ。

専門性はさまざまでもひとつの目標で結ばれた人々がアイデアを交換し合うことで組織の創造性が育まれる。チームメンバーを入れ替えて会話を新鮮に保ち続けよう。五年間で一三回も同じ顔ぶれと働いていれば、あまり考えずに同じような問題解決策に陥りやすい。新しいメンバーは古いアイデアに挑戦する。ふたつの相容れないアイデアがひとつになると、新しい第三のアイデアができる。そのためには経験の多様性が必要だ。五五歳の経験豊富なマーケティング担当者が二五歳のコンピュータオタクと手を組めば新しいものが生まれる。私はこれを「リースのピーナッツバターカップ的コラボ」と呼んでいる。別々な二つのいい味が(いやいやにしろ)ひとつになれば、さらにおいしいものができる。

全員参加

非営利組織では、必要なところに助けの手を差し伸べるのはあたりまえだ。ある程度より「上の」仕事しかしない、というのは許されないし、スタッフにはそんな気持ちもない。みんな自分が電話を取り、自分でメールを読む。多くの非営利組織では、CEOが高校生のボランティアと一緒にイベント用のギフトバッグにものをつめている一方で、総務部長がイベントを告知する原稿を書いている。

あらゆることをしていれば、広い視野が身につく。組織全体の問題に関われば、お金の価値や活動の価値、そして一緒に働く人たちの貢献の価値に目が向く。一人ひとりはある分野の専門家でも、その分野だけにしか貢献しないでいいということはない。

下働きの仕事を末端のスタッフだけに任せていないだろうか？　そもそも何が下働きといえるのか？　あなたの会社の重役が最後に直接顧客と触れ合ったり、研究所のエンジニアと時間を過ごしたり、設計チーム――チームリーダーではなく、チーム全員と――膝突き合わせて彼らの夢を話し合ったのはいつだろう？

プレッシャーをかける

私は締め切りが大好きだ。ある日、ある時までに何かを仕上げなければと思うと、集中できる。

私は、何カ月も前から考えを整理して、マーサ・スチュワート[8]のレシピに従うようにそれを慎重に実行するタイプではない。みんなと同じように、ぎりぎりになってどたばたする方だ。しかし、そういうプレッシャーのかかる瞬間こそ、頭がさえる。そうでなければいけない。

非営利のスタッフは、追いつめられているように感じることも多い——資金集めが目標に届かなかったりイベントが中止になったりすると、組織が崩壊して世界が終わるのではないかと感じる。刻一刻と世界の終わりが迫っているという感覚が、007を、ジャック・バウアー[9]を、そしてもちろん非営利組織のリーダーを、ただの人間から問題解決のスーパースターに変えるのだ。

あのトランプ氏が私に非営利の仕事は「退屈」じゃないかと訊くなんて、まったくおかしな話だ。**人手不足だとだれもが忙しいので、退屈なんてありえない。人を雇わなければお金の節約になるだけでなく、集中力が上がり効率的になる。非営利の世界に怠けものはいない。**

反対に、大企業では社員が多すぎて仕事は少ない。だから、社員には、自分が目標を達成しなければ大惨事になる、といった危機感はない。あまりに多くの時間と資源が多数の人に配分されることは、イノベーションの天敵だ。仕事がなかなか終わらないだけでなく、考えることも面倒になる。社員は、ひとつの課題に真剣に集中したり、これまでにない試みをしてみたり、卓越した結果を出すために必要なリスクを取ったりする気持ちにならない。

なにも私は、『愛と憎しみの伝説』[10]のフェイ・ダナウェイの真似をして強迫的な支配者になれと言っているのではない。部下を神経衰弱に追いやるほど小突きまわすのは現実的でも人間的でもない。プレッシャーを与えることは、必ずしも脅したり声を荒げることではない。むしろ、締め切り

8) Martha Stewart：米国の実業家。料理や園芸などライフスタイルにかかわる情報を提供している。

9) Jack Bauer：テレビドラマ『24』の主人公。さまざまな難事件に挑む捜査官。

10) *Mommie Dearest*：ハリウッド女優ジョン・クロフォードによる幼女虐待の実話を描いた映画。フェイ・ダナウェイがクロフォードを演じた。

を定めること——そして、それに間に合わなければどうなるかをはっきりと示すこと——が、大きな違いを生む。どうしたら成功といえるのかの基準をつくること。たとえば、ボランティアマッチなら、一カ月以内に五万人の新規ユーザーを獲得するという目標を立てるかもしれないし、トルコの「母と子供の教育財団」(11)なら、妊婦死亡率を翌年には五％引き下げるという目標を掲げるかもしれない。こうした具体的で計測可能で、かつ理にかなった目標は、組織のコアコンピタンスの中に存在する。こうした目標をただ上から命じるのではなく、チームの目標として設定し——書き記すことで——プレッシャーが生まれ、すばらしい結果につながる。

なぜイノベーションが必要なのかをわからせる

社員はなぜイノベーションが必要なのか知らなければならない。 部下の前で創造性の大切さについて演説したり、会社の核になる価値観としてイノベーションを挙げても、あまり効果はない。社員は外向きの目標以上のものを必要としている。社員はそれを正当化する必要がある。過去の古い考え方を捨てて新しい境地に自分を押し出す理由が必要なのだ。

非営利組織では、わかりやすい目標をスタッフに伝え、それが組織の大義とどう結びつくかをはっきり示す。 六カ月以内にあと百万ドルの資金が集まらなければ、主要な活動が続けられなくなるかもしれないとわかれば、スタッフはなんとかお金を工面する。資金が調達できなければ、河川は汚染されたままで、子供たちは飢えてしまうと思えば、創意工夫して解決法を見つけようという

11) Anne Çocuk Eğitim Vakfı：トルコで母子向けの教育プログラムを提供している非政府組織。1992 年に創立。

気持ちになるものだ。

ほとんどの会社員には心が揺さぶられるような目標がない。だが、市場シェアや品質や顧客満足は誇りと業績を高める目標になりうる。

イノベーションの理由として避けなければならないのは、「経営陣の願望」だ。CEOが送りつけてくる、びっくりマークや「なんとかイズム」という言葉でいっぱいのメールは、まったく創造性を刺激することにつながらない。「イノベーションがここにある」と謳ったポスターなど、ホワイトハウスの前で撮った写真を自宅と呼ぶようなものだ。何かを口にしたからと言って、それが必ず実現するわけではない。

燃費のいい自動車を開発するために、ゼロベースで考えろとエンジニアにはっぱをかけることもできる。だが、原油価格が一バレル一五〇ドルを超える状況で、燃費のよい自動車の開発に会社の未来がかかっているとエンジニアが知れば、また話は別だ。危機感を持つ。上司が一〇分おきにメールを送りつけてきたり、一日に何度も目の前に現れて「どうだい?」と訊いたりしても、イノベーションは生まれない。危機感は、人が押し付けるものではない――それは市場のギャップ、つまり埋めるべき空白によって生まれる。

ライバルの存在はいちばんやる気を促す要因だ。そう。私たちは、世界を救いたいからといって、みんなでお手てをつないで仲良く一緒にやりたいと思っているわけではない。非営利の競争は熾烈だ。がんについてもう一度考えてみよう。この分野では何百という組織がしのぎを削っている。その多くは似たような名前で、たとえば全国がん連合、アメリカ乳がん財団、反乳がん連合、全国乳がん連合財団などだ——が、最後の組織だけが、アメリカ慈善協会[12]（ＡＩＰ）からＡの格付けを取得しているのに対して、この中の二つは間接費が多すぎるためにＦの格付けがついている。ＡＩＰによると、これらＦの組織こそ「化学療法を受けて、悪い細胞を取り除く必要がある」という。

ヒューマン・ソサエティー、アメリカ動物愛護協会（ＡＳＰＣＡ）、動物の倫理的扱いを求める人の会（ＰＥＴＡ）が、動物公園でみんな仲良く遊んでいると思う？　まさか。セーブザミュージック[13]と、グラミー財団と、地元の「学校に音楽を」の会が、学校の音楽活動を存続させるためにみんなで電話会議を開いて協力するだろうか？　絶対にない。**言うまでもなく、同じ分野の非営利組織同士が協力しないのは無駄だ。しかし、競争があるからこそ、これらの組織が活発になる。一番になりたいという欲望がイノベーションの原動力になる。もっと競争させるべきだ。**

営利企業にも、もちろんライバルがいる。以前に一度、ペプシの本社でミーティングをしたときに、飲み物は何がいいですかと訊かれたので、ダイエットコーラと答えた。私はけっこう笑えると思ったのに、だれも笑わなかった。ほんとうに、だれ一人として。

あなたは、ライバルをやっつけよう！　と部下を鼓舞するか？　それともライバルの名前を小声でつぶやくか、「彼ら」としか言わないか、またはライバルの名前が出ると真剣な顔で目配せするだけか？　大声で自慢しよう。なにも企業スパイを勧めているわけではないが、レッドソックス対ヤンキース程度の前向きなライバル意識なら毒にはならないはずだ。

12）The American Institute of Philanthrophy：慈善団体の財務健全性を調査し格付けする機関。

13）VHI1 Save the Music Foundation：米国の公立学校で音楽教育を存続させるために活動するNPO。

顧客の近くにいる

脊椎損傷患者の問題に取り組むクリストファー・アンド・ダナ・リーブ財団の理事長兼CEO、ピーター・ウィルダロッターは、顧客をイノベーションの源に変えた。ピーターは言う。「私たちにとって最高のお客さまは、車いすの人たちです」**この財団は、だれもが真似できるベストプラクティスを顧客から集める。**脊髄損傷患者は、身体や心の面だけでなく、お金の面でも人生が変わる。彼らは、損傷の税制面での影響に取り組む方法を見つける必要があった。

ニュージャージーの会議室にじっとしているのではなく、彼らは脊髄損傷患者のコミュニティにアドバイスを求めた。ペンシルバニアに住む深刻な損傷を負った女性が税務関連のモデルを開発したいと申し出てくれた——その後彼女はいつでもアドバイスを頼める存在になった。「ゲームを知りつくした人たち」の情熱をみんなで共有することが大切なのだ、とピーターは言う。

ウィキペディアとモジラは参加者の手でイノベーションを起こした非営利の実例だ。この二つの例に学ぶことは——クリストファー・アンド・ダナ・リーブ財団もそうだが——**イノベーションの輪を外部に開放することで、エンドユーザーにより近づける**ということだ。もしエンドユーザーが開発チームの一員なら、よりかゆいところに手がとどくものをつくれるだろう。

営利企業はより消費者に近づこうとして、お金のかかること、たとえばフォーカスグループから市場調査まであらゆることを行っている。だけど**いちばんいいやり方（それにいちばんお金のかからないやり方）は、みんなに参加してもらってアイデアを訊くことだ。**自社サイトやフェイスブックやウィキといっただれでも参加できるページにアイデアを送ってもらうよう、実際に頼んでみるといい。CEO宛ての切手つき葉書を買い物袋に入れよう。ジェットブルー[14]の創業者、デビッド・ニールマンは、毎週ジェットブルーに乗って乗客と同じ体験をした。今は後継者のデイブ・バーガーが同じことをしている。

イノベーションを特別扱いしない

イノベーションを特別プロジェクトや特殊チームの任務にしてはいけない。創造性を特別な出来事や訓練として考えると、日常業務から創意工夫がなくなってしまう。イノベーティブなアイデアを育てるための合宿をしたり、ホワイトボードを置いたり、強いメッセージを壁に掲げてブレインストーミングをすると、イノベーションが人工的で型にはまったプロセスに陥ってしまう。合宿やブレストは「ほんとうの」仕事ではなく「骨休め」のようなもので、日常業務ではない。もちろん、こうした取り組みからすばらしいアイデアが生まれることもあるけれど、組織の目的やブランドに欠かせないアイデアは、枠にはまらないところから生まれる方が多い。

多くの企業では毎年四月に「職場への家族参加デー」を実施している。これが子供たちに将来の職業を考えさせる機会だと考える人は多い。アキュメン・ファンドのジャクリーン・ノヴォグラッツは、これがイノベーティブなアイデアを生むすばらしいきっかけだと私に教えてくれた。子供はどんなことにも疑問を持つ。そして驚くほど正直だ――たまにこちらがショックを受けるほど――

また彼らの率直な質問は、新鮮な目で仕事を見直すことにつながる。意味のない手続きに対して子供たちが見せる素のリアクションは、自分たちの目を覚ますいい機会になる。子供を職場に連れてくることは、単調な仕事に刺激を与えるイノベーティブでお金のかからないやり方だ。子供ならではの熱心さが、どんな業界の人たちをも活気づける。ホテルでの合宿会議でこうしたものは得られない。

多様な経験をさせる

馴染みのない仕事や部門にスタッフを転属させることは、よりイノベーティブな文化をつくるすばらしいやり方だ。**イノベーションは、多様な経験から生まれる。さまざまな経験をすれば、それだけ想像力が豊かになる――いろいろな角度でものを見るようになり、新しいものをつくり出す素地ができる。**人事、財務、マーケティング、顧客サービスで何週間かごとにローテーションしたり、インドで二年間技術者をやった人の隣に座ったりすれば、さまざまなアイデアを得ることができる。彼らの世界とその経験は、あなたの中に少しずつ蓄積される。

企業の管理職育成プログラムにも、多様な経験を積ませるものがある。たとえば、ペプシは幹部候補生たちを世界各地の仕事に配置する。彼らが将来途上国で支店を運営するからではなく、この経験が彼らを成長させ、より柔軟で深い考えを持つリーダーにさせるからだ。こうした管理職育成プログラムでは、社員を多部門の混成チームに配置したり、違う経歴を持つ人々と仕事ができるようなグループに入れたりする。その経験を通して未来のリーダーは視野を拡げ、将来の課題に取り組むためのさまざまな手法や知識を身につける。

チームの予算を削る

私のいちばんお気に入りの数字は一一だが、二番目に好きなのはゼロだ。非営利組織は、新たな難問にぶつかっても、それに取り組む予算はたいていゼロだ。今ある人材や労力やアイデアをなんとか使い回すのは骨のおれる仕事だ。お金で問題を解決しようとするのは脂肪吸引みたいなものだ。高くつくうえに、組織の他の部分にしわ寄せがくるかもしれないし、結局長持ちしない。

いまあるものを工夫して使うこと――ゼロの予算で――は、それ自体がイノベーティブな行動だ。それまでに慣れ親しんだやり方でないことを考える必要に迫られるからだ。

予算を削減すること――予想数字を下げること――も、新しい考え方を刺激することになる。ティーチ・フォー・アメリカのウェンディ・コップは予算を見直す過程が楽しみだと言う。ウェンディによると、年間予算の調整は役に立つ訓練で、これが自分にもチームにも、先を見る目と計画性を持って活動することを強いるという。ティーチ・フォー・アメリカのような組織にとって、資金集めはその使命と市場を深く考える機会になる。大企業もまた、媒体予算が削減されたら、それを深く考えるチャンスととらえるべきだ。予算の見直しを、成長の可能性をもう一度見直す良い機会と思えばいい。

イノベーションを個人の報酬と結びつけない

大企業の社員たちは生きるか死ぬかの競争にさらされていないので、目標を達成するためにアイデアを誇張し予算を水増しする。みんなそうだ。経営者は社員同士の競争を煽るが、創造的に協力するよう励すことはあまりない。しかし、経営者は社員に自由な発想を奨励し、目標達成のために全員で想像力を発揮するよう説かなければならない。

非営利組織の成功（第一章で見たように）は、結果につながるいちばんの要因がお金ではないことを示している。それはイノベーションにも言える。イノベーションはお金では買えない。

「ノー」と「だけど」を禁句にする

「ノー」と言うのは、「イエス」と言うより簡単だ。大きな組織ではなおさらそうだ。官僚的な文化がリスクテイクの障害になることは、これまでもたびたび取り上げられてきた。伝統的な大企業は、証明されていない新しいアイデアや、政治的に受け入れにくいもの、また確立された方針や経営慣行に反するものを避けたがる。管理職にとっては、ノーと言って現状を維持するほうが安全だ。

非営利の世界では、スタッフに実験させ、これまでにないものに挑戦させ、固定概念を打ち破る

よう促すことで、「ノー」に対抗する。実際、私たちの仕事はイノベーションを起こすことで、それを制限することではない。非営利組織のCEOはイノベーターの集団を率いる人ではなく、その人自身がイノベーションの先駆者であることを期待される。先駆者はいつもではないが、できるかぎりイエスと言う。イエスと言って起こりうる最悪の事態は、せいぜい失敗するか、計画通りいかないというだけだ。失敗はうれしいことではないが、それが致命的ということはめったにない。非営利では、スポンサーの更新に失敗したら、そのスポンサーを別の方法で説得するか、それに替わる新しいスポンサーを探すだけだ。イエスと言って新しいことに挑戦する利点は、そのうちどれかが成功するということだ。一度の成功のために一〇回失敗することになっても、もしその成功が大きな意義のあるものなら、失敗を補ってもあまりある。

イエスということは社員の自信にもつながる。結果は失敗でも過程の中に役立つアイデアがあるかもしれない。まあ、よくあるポジティブ思考と言えばその通りだが、それをイノベーションに当てはめることに大きな意味がある。なぜならイノベーションはそれ自体がリスクを持つものだから、社員に充分な自信がなければ疑問を持ったり新しいことに挑戦したりできないからだ。

あなたへの11の質問――イノベーションを生み出す

私は非営利組織が営利企業よりイノベーティブだと説いているのではない。ただ非営利組織は必要に迫られてつねに創意工夫を強いられる。そうせざるを得ないのだ。非営利でも営利でも、私たちの周囲にイノベーションの要素は多く存在する。賢い人材や、創造的な才能は豊富にある――いまそこにあるすべての資産、たとえば、職場のＰＣゲームで時間をつぶしたり、官僚的な書類仕事の山にうずもれている人材を最大限に活用するかどうかは、あなたとあなたの会社次第だ。

チップ・ハースとダン・ハースは、最新著『スイッチ！――「変われない」を変える方法』（早川書房）の中で、**イノベーションに最適なタイミングはイノベーションがもっとも難しいときだ**と述べている。最適な時は、ライバルがそれをしていない時だ。そうすれば自分たちが優位に立てるからだ。今がその時なのだ。

今、想像力のない企業が多すぎる。非営利組織はイノベーションの新しい方法を提供できる。外国企業がより速くより安い製品やサービスを提供しているなかで厳しい立場に立たされている国内企業にとって、創意工夫が競争優位を回復する助けになる。あまりにも多くの企業が生き残ることだけに汲々としていて、より強く、より機敏で、よりイノベーティブな組織をつくることがおろそかになっている。しかし、それは間違いだ。景気が回復する頃には、みんながこう考えるようになるだろう。「よし、また動きはじめよう」と。新しいアイデアやイノベーションを考えはじめる最適なタイミングは「昨日」だ。でなければ、今日から始めるべきだ。

1　あなたはたくさんの社員のなかの一人にすぎないと感じますか？　それとも、自分は特別だと思いますか？　あなたの新しいアイデアを、だれかが聞いてくれますか？　そしてそれを信じてくれますか？

2 リスクは悪いことですか？　それとも時にはいいことですか？

3 六年生の子供たちにあなたのアイデアを聞いてもらってはどうでしょう？　子供たちはだれより正直です。新鮮な意見が出るかもしれません。

4 社内で配置転換したことはありますか？　一日他の人について仕事をしたことはありますか？　馴染みのない状況で新しいアイデアが生まれることも少なくありません。

5 だれのためにイノベーションを起こそうとしていますか？　顧客はだれで、彼らのかゆいところはどこですか？　ニーズはなんですか？　イノベーションのためのイノベーションは必ず失敗します。問題解決のためのイノベーションはより成功しやすいでしょう。

6 ライバルは何をしていますか？　あなたがうらやましいと思うのはどんなところですか？　ライバルを負かしましょう。市場シェアではなく――レシピや包装や価格で。

7 あなたが最後に自社の製品やサービスを使ったのはいつですか？　あなたが顧客になってみましょう。顧客と同じように生活しましょう。同じように消費しましょう。同じように考えましょう。

8 危機感を持ち、締め切りを決め、イノベーションを起こさざるを得ない理由をつくりましょう。

9 創造性を育てるために予算を増やすのはやめましょう。今ある予算を減らしましょう。職場をもっと騒々しくて混み合った、活気のある場所にしましょう。夜ホワイトボードをきれいに消すのはやめましょう。乱雑でごちゃごちゃなままにしておきましょう……ヒューレット・パッカードが生まれたガレージのように。

10 多様な人々の小さなチームをつくりましょう。

11 「厚顔無恥」を身につけ、それを好きになりましょう。

拝啓　巨大企業の経営者様

御社にはすばらしい製品があり、御社のブランドにはまだ開拓されていない大きな可能性があります。しかしながら、御社は今では怪物のような企業になり、御社の社員は数字と恐怖だけに動かされています。これは御社のイノベーション能力を弱め、財務効率を下げ、成功を遠ざけています。お金のかかった御社の広告キャンペーンは成功といえなくもないですが、この不景気で貴殿の取引相手は、御社の支払いが滞るのではないかと心配するでしょう。率直に言わせていただければ、商売相手は御社を自分たちが生き残るためのオイシイ金づるとしか思っていません。表面をとりつくろってはいても、御社はイノベーションに失敗しています。ロゴをおしゃれにしてみたり、製品ラインを拡げてみても新規市場に参入する手助けにはならないでしょう。それに、そうしたことは御社のイメージアップにつながらないし、優秀な人材も御社に入社しようと思いません。逆に、御社の潜在顧客たちは同じ地域にあるライバル会社に流れるでしょう――「古い会社」と思われていないライバル会社に。

では、それを止めようではありませんか。

貴殿はビジネス書をたくさん読んでいらっしゃるとお察しいたします。御社の経営陣も『ビジネスウィーク』を読まれたり、『ハーバード・ビジネス・レビュー』にまで目を通して、偉大な新しいアイデアやだれにも知られていない妙案を探していらっしゃることでしょう。御社の社員のおそらく半分は『ビジョナリー・カンパニー』を本棚に置いていることと思います。でもうまく行っていませんよね。御社は「ビジョナリー・カンパニー」ではありませんから。

御社に必要なのは、外の世界に飛び出して、御社をこんな状態に導いた――そしてそこから抜けられなくしてしまった――これまでの思い込みから脱け出すことです。そこで、僭越ながら私が一一の教訓を本書で紹介させていただきました。これらの教訓が、貴殿にとって御社をこれまでとは違う視点で考える助けになりますよう――そして非営利やそこで働く人々に対する見方を変えることになりますよう、願うばかりです。少なくとも貴殿がいくつかの提案に目を止めて、「はぁーん、そういうこともできるかもしれない」、とか「う〜ん、これまではそう考えたことはなかったけど、たぶんそうすべきかもしれない」などと思っていただければ幸いでございます。

最後に、いくつかアドバイスがございます。少ない資源で多くのことを成し遂げたいと本気で思っていますか？「ゼロのちから」を最大限に活用したいと本気で考えていますか？それなら、この本を読むだけではだめです。

仕事を辞めて非営利で働きましょう

ぜひこれをお勧めします。あなたならできるはずです。とはいっても、非営利の仕事につくのはそれほど簡単ではありません。非営利組織は金銭以外の基準で人材をどう評価したらいいかを知っています。情熱的な社員を見つけて育てるやり方もわかっていますし、給料は安く、福利厚生も充分ではなく、ストックオプションもないのに、スタッフは私たちのために、そして私たちとともに働きたがっているのです。非営利への就職は競争率が高く、辞める人も多くありません。

もし非営利の仕事につけるならそうすべきです。天国の一等席をもらえるからとか、お母さんが感心するからではありません。もちろんそうしたおまけはありがたいことですが。非営利の仕事についた方がいいというのは、それがビジネススクールに行くよりお金がかからないからです――そしてより多くを学べるからです。中小規模の非営利組織で二年間働けば、お金を使わずに人を使うことや、必要なものを手に入れるために物々交換すること、また効果的にものを頼むことを経験できるでしょう。そのうえ、優雅なマッキンゼーのコンサルタントを自由に使うほどお金がないので、自分でイノベーションを起こさざるを得ません。

非営利に転職するような経済的な余裕がない？　あなたを雇ってくれる非営利が見つからない？　では次のことを試していただきたいと思います。

偉大な非営利でボランティアしましょう

資金集めに参加しましょう――そうすれば、形のないものしかお返しできないときに、自分をどう売り込んだらいいかを学ぶことができます。理事会の役員になって、外部の人を最大限に活用し、発展を監視するために統治機構を利用し、財務の透明性を考える訓練をしましょう。マーケティング担当者と力を合わせて（といっても、一人のスタッフがマーケティングと広報とＰＲとブランド管理を兼務しているかもしれませんが）、組織の物語を語って人の心に訴えることを学びましょう。

非営利から採用しましょう

非営利のスタッフは全員がＭＢＡ取得者ではありませんが、才能があり、賢く、そして人と違う考え方ができます。スタッフを取られたくないからこんなことは言いたくありませんが、非営利のスタッフを何人か雇ってみてください。もっと多くの営利企業が非営利の人材を採用すべきです。ＧＭはザイナブ・サルビをＣＥＯに雇い入れることを考えたほうがいいのです。彼女は戦争で引き裂かれた地域の女性たちを援助し、商売を始めるよう励ますことができるのですから――しかも年間二六〇〇万ドルの予算で――おそらくデトロイトだって復興できるはずです。あるいは、パット・ペドラジャを今すぐ雇うべきです。まだ一二歳ですが、彼は一万二〇〇〇人を説得して骨髄提供者のリストに載せることができたのですから、御社のマーケティングを活性化できることは間違いないでしょう。

非営利組織のリーダーは障害を乗り越えることに慣れています――高価なロープと滑車がなくても。私たちはお金を使わず、人材を最大限に活用し、間接費を抑えることができます。私たちは御社のお役に立てるでしょうか?

私が断れないような仕事を提示していただきたいと思います。

そうすれば貴殿のために働きに行くでしょう。誓って言いますが、お互いから学ぶことがたくさんあるはずです。そしてそれは必ずや楽しい(それにお金がかからない)ことを保証いたします。

敬具

ナンシー・ルブリン

謝辞

ありがとうと言わなくちゃいけない人たちがいる。もう一度ありがとう。そしてもう一度。何度ありがとうと言っても足りないくらいだ。

『ファストカンパニー』の編集者、ジェフ・チューに会うまで、私は自分にものが書けるとはつゆほども思わなかった。彼は超人的な才能の持ち主で、私の文章がもっと私らしくなるようにしてくれた。編集の才能があるだけでなく（編集の才能も人間離れしているが）、書き手に自信を与えてくれることにかけても一流だ。彼には天賦の才があり、それにあやかれた私は幸せだ。

ジェリー・コロナにも感謝している。私には詩の才能はないが、彼の言うことにはすべて耳を傾ける価値がある。

アディーナ・シュラッセル、ジェイムス・エルバオア、ジョージ・ワイナー、バリー・ネイルバフ、リサ・ウィッター、クリアリー・シンプソン、ケン・ヒックスと私の親友マット・リンゲルは、最初の頃の下書きを読んでくれ、ためになるアドバイスをくれた。アディーナはすばらしい仕事ぶりで取材と調査を手伝ってくれた。ジェイムスは財務の章のアイデアをくれて、この章は私のお気に入りのひとつになった。ブルース・ウェクスラーは、初稿を手伝ってくれて、私がこの本をほんとうに自分の手で書く必要があることを理解してくれた。

私の書籍の代理人で友人でもあるマコーミック社のピラー・クイーンは売るべき相手にこの本を売り（ポートフォリオ社のエイドリアンヌとエイドリアン）、私からの昼夜を問わない携帯メールに耐え続けてくれた。そしてポートフォリオ社の人たちはこの本の成功を信じ、私を励ましてくれた。

フェントン社のリサ・ウィッターと彼女のチームが、本を宣伝し、私を新しい境地に押し上げてくれたことに感謝する。

ジェイソン・ディアスは私がこの本の締め切りのためにハロウィーンのお祝いができないことをわかって……おいしいチョコレートを私のためにいくつかとっておいてくれた。彼はすばらしい父親、夫、そしてウォートンの卒業生で本の虫でもある。

両親はタイプミスやスペルミスに目をつぶって原稿を読んでくれた。彼らと祖父母のおかげで私は非常に質の高い教育を受け、非営利で働くことを選んだ。

グレッグ・ボールドウィン、ザイナブ・サルビ、ケイト・ロバーツ、スティーブ・ブッフォン、パット・ペドラジャ、アダム・スターリング、ダレル・ハモンド、ピーター・ウィルダロッター、ジョン・リリー、ジミー・ウェールズ、スコット・ハリソン、ジョイ・ゴードン、アリア・フィンガー、マルシア・ブラウン、メレディス・ブレイク、ホリー・ローゼンタール・ワークマン、クリスティン・ナイグリーン、シクハ・グラティ、レズリー・ウィーラー、ローガン・カーシュ、リンダ・ロッテンバーグ、チャールズ・ベスト、ウェンディ・コップ、カミ・アンダーソン、ビリー・

ショア、ジム・ベリエン、ダン・ルービン、アーロン・ペレイラ、ショーン・サックス、レイド・ホフマン、ジュリー・チャイケン、マージ・マグナー、ベロニカ・コロンダム、ロドリゴ・メンデス、メラニー・スティーブンソン、ジェイド・ガードナー、ジョン・キャシディー、そして過去に私が一緒に働いたスタッフ（インターンたちも！）、ドゥ・サムシングの理事会の役員全員、ドレス・フォー・サクセスで私を助けてくれた多くの人々、ヘレン・チャップマン、ダイアン・ヴォン・ファステンバーグ、とりわけアミ・ダーに、彼の友情と、彼がこれまでずっと仕事の相談に乗ってくれたことに、お礼を言いたい。もし私が非営利世界の変人だとしても、このゼロの国で私には少なくともすばらしい兄弟姉妹がいる。

訳者あとがき

五年ほど前からバングラデシュに女子大を設立する活動をお手伝いしている。この大学では、これまで高等教育を受ける機会がなかった女子を東南アジアから広く募集して、必要な学生全員に奨学金を支給する。今では一四カ国から四〇〇名近くの女子が学んでいる。授業はすべて英語。教授陣はアジアと欧米の大学から招へいする。設立資金も大変な金額だったが、運営にはもっとたくさんのお金がかかる。ここ日本でも、年に数回資金集めの会を開く。この資金集めのイベントを支えているのが、東京に住む外国人のママさんたちだ。講演者を選び、会場を確保し、オークションの景品を募り、寄付をしてくれそうな人のリストを作り、招待状を出し、写真を撮り、マスコミに声をかけ、感謝状を出し……しかも子育てと仕事をしながらこれをこなす。そして億単位のお金を集める。これはすごいことだ。寄付をしてくれる人たちにも、私たちボランティアにも見返りがあるわけでなない。支援者のほとんどはバングラデシュに行ったこともなければ、学生と知り合いでもない。それに、他にも支援したい活動はたくさんある。行動を起こさない言い訳ならいくらでもある。

非営利の競争は熾烈だ。欲張りな私たちは、ルーム・トゥ・リードを助けてネパールに図書館も建てたいし、ヒューマン・ライツ・ウォッチに参加して人権も守りたい。アフリカの難民も助けなくちゃいけないいし、学習障害児も気になる。乳がん予防のためのピンクリボン運動も大切だけど、エイズの啓蒙活動だって無視できない。どのコーズ（社会貢献活動）に時間とお金を使うかを決めるのは、ほんとうに難しい。さまざまなＮＰＯが同じ人たちの時間とお財布をねらっている。目に見える見返りを約束できない非営利は、いろいろな方法で自分たちを差別化し、人々を共感させ、行動させる必要がある。物やサービスをお金で買ってもらうことよりも、これははるかにハードルが高い。その上、寄付によって成り立つ非営利組織には、ブランドづくりや広告宣伝にかけるお金はない。スタッフに給料を支払う余裕さえないＮＰＯもある。

それなのに、だ。ここ数年の非営利組織の躍進ぶりには目を見張るものがある。また、それが営利企業の衰退と同時に起きているのは非常に興味深い。たとえば、ティーチ・フォー・アメリカという貧困地域の公立学校に優秀な教師を派遣するＮＰＯは、いまやアイビーリーグの大学生の就職人気ランキングで一位だという。ひと昔前ならマッキンゼーやゴールドマンサックスに就職していただろう学生たちが、今や非営利組織をめざす。手元資金に余裕のある人たちは、銀行に預金するかわりに、キバをとおして途上国の起業家に投資する。クロックスのかわりに、トムズでエスパドーリュを買ってみる。ウィキペディアやモジラといったおなじみのサービスもボランティアの力で成り立っている。どうして見返りもないのに組織に尽くすのか？　なんの宣伝もしない非営利組織が短期間で世界的なブランドになれるのはなぜか？　非営利にあって営利企業にないものとはなにか？　それが、「ゼロのちから」だと著者は言う。

著者のナンシー・ルブリンは、二つの非営利組織を成功に導いた辣腕リーダーだ。その彼女が、非営利界のスーパースターたちから得た知恵をもとにして書いた「経営指南書」がこの本である。著者自身も言うように、これは「善行を施す」ための本ではなく、営利企業へのアドバイスが書かれたビジネス書だ。倹約を旨とする多くの日本企業にとっては当たり前と思われる教訓もあるかもしれないが、ブランドを効果的に構築する手法やストーリーを活用するやり方、社員をやる気にさせる方法、またこのところよく見かけるようになった社会貢献マーケティングなど、参考にできるアイデアがたくさん盛り込まれている。本書がユニークなのは、これらをゼロの予算でやる秘訣を教えてくれるところだ。この不景気にはなんともありがたいアドバイスではなかろうか。つぶれそうな某航空会社の方々、わざわざダボスまで行って旧交を温めている経営者のみなさま、大企業の取締役を兼任している元ナントカや前ナントカという立派な肩書きを持ったおじいさま方には、ぜひご一読いただきたい。もちろん、非営利組織がすべて成功しているわけではないが、大成功を収めている非営利組織のリーダーたちはみなカリスマチックで野心家で、情熱的でちょっとずうずうしい。このゼロの国に住む変人たちの知恵と物語を、読者のみなさんが楽しんで下さることを祈っている。

それからもうひとつ。本書の最後尾の著者からの手紙にもあるが、読者のみなさんにも非営利の活動に参加してみていただきたい。最近は仕事のかたわらプロボノ活動をする方も増えていると聞く。この本に興味を持って下さった方ならもうすでになんらかの形で非営利の活動にかかわった経験をお持ちかもしれない。興味はあるがこれまでチャンスがなかったという方々は、これを機会に試してみてはいかがだろうか。必ずや仕事に役立つなにかを得られるはずだ。
この素敵なメッセージの詰まった本を私に任せてくれた英治出版の高野達成氏にお詫びと感謝を。彼の忍耐と寛容を見習いたい。一流の編集者と仕事ができて幸運だった。二人の子供たち、慶と薫に愛を。いつもありがとう。

関 美和

二〇一一年二月

索引

● 著者

ナンシー・ルブリン

Nancy Lublin

社会起業家。ドレス・フォー・サクセス創業者、ドゥ・サムシングCEO。1996年、低所得の女性に衣料品やキャリア開発プログラムを提供して経済的自立を支援する非営利組織ドレス・フォー・サクセス（Dress for Success）を創業。米国、カナダ、メキシコ、英国、オランダ、ポーランド、オーストラリア、ニュージーランドなど幅広い地域で年間5万人以上の女性を支援している。2003年、10代の若者にボランティアの仕事を仲介する非営利組織ドゥ・サムシング（DoSomething.org）のCEOに就任。2000年ニューヨーク女性委員会の選ぶ「ウーマン・オブ・ザ・イヤー」に、2007年世界経済フォーラム「ヤング・グローバル・リーダー」に選出された。ユーモアあふれる語り口でメディアでも人気が高く、『ファストカンパニー』誌にも多数寄稿。イェール大学ファカルティーメンバー。

● 訳者

関 美和

Miwa Seki

翻訳家。慶應義塾大学文学部卒業。電通、スミス・バーニー勤務の後、ハーバード・ビジネススクールでMBA取得。モルガン・スタンレー投資銀行を経てクレイ・フィンレイ投資顧問東京支店長を務める。現在は、ベビーシッター会社のメイ・コーポレーション代表取締役。ダイヤモンド・ハーバード・ビジネス・レビュー誌などの翻訳を行う。主な翻訳書に、ハワード・ビーハー／ジャネット・ゴールドシュタイン著『スターバックスを世界一にするために守り続けてきた大切な原則』（日本経済新聞社）、デビッド・マギー著『ジェフ・イメルト　GEの変わりつづける経営』（英治出版）、レイチェル・ボッツマン／ルー・ロジャース著『シェア――〈共有〉からビジネスを生みだす新戦略』（NHK出版）がある。

● 英治出版からのお知らせ

本書に関するご意見・ご感想を E-mail (editor@eijipress.co.jp) で受け付けています。
また、英治出版ではメールマガジン、ブログ、ツイッターなどで新刊情報やイベント情報を配信しております。ぜひ一度、アクセスしてみて下さい。

メールマガジン：会員登録はホームページにて
ブログ　：www.eijipress.co.jp/blog/
ツイッター ID　：@eijipress

ゼロのちから
成功する非営利組織に学ぶビジネスの知恵11

発行日　2011 年　3 月 15 日　第 1 版　第 1 刷

著者　ナンシー・ルブリン
訳者　関美和（せき・みわ）
発行人　原田英治
発行　英治出版株式会社
〒 150-0022 東京都渋谷区恵比寿南 1-9-12 ピトレスクビル 4F
電話　03-5773-0193　FAX　03-5773-0194
http://www.eijipress.co.jp/
プロデューサー　高野達成
スタッフ　原田涼子　岩田大志　藤竹賢一郎　山下智也
杉崎真名　鈴木美穂　下田理　渡邉美紀　山本有子
牧島琳　佐藤晋平　千葉英樹　野口駿一
印刷・製本　大日本印刷株式会社
装丁　英治出版デザイン室

ISBN978-4-86276-099-9　C0034　Printed in Japan